O coração de Heidegger

Dados Internacionais de Catalogação na Publicação (CIP)
(Câmara Brasileira do Livro, SP, Brasil)

Han, Byung-Chul
  O coração de Heidegger : sobre o conceito de tonalidade afetiva em Martin Heidegger / Byung-Chul Han ; tradução de Rafael Rodrigues Garcia, Milton Camargo Mota. – Petrópolis, RJ : Vozes, 2023.

  Título original: Heideggers Herz.
  Bibliografia.
  ISBN 978-85-326-6542-3

  1. Afetividade 2. Filosofia alemã 3. Heidegger, Martin, 1889-1976 – Filosofia I. Título.

23-165087
CDD-193

Índices para catálogo sistemático:
1. Heidegger : Filosofia alemã 193

Eliane de Freitas Leite – Bibliotecária – CRB 8/8415

BYUNG-CHUL HAN
O coração de Heidegger
Sobre o conceito de tonalidade afetiva em Martin Heidegger

TRADUÇÃO DE
Rafael Rodrigues Garcia
Milton Camargo Mota

EDITORA VOZES

Petrópolis

© 1996 Wilhelm Fink Verlag, um selo do Grupo Brill
(Koninklijke Brill NV, Leiden, Niederlande; Brill AS Inc., Boston
MA, USA; Birll Asia Pte Ltd, Singapura; Brill Deutschland GmbH,
Padernon, Deutschland).

Tradução do original em alemão intitulado
Heideggers Herz – Zum Begriff der Stimmung bei Martin Heidegger

Direitos de publicação em língua portuguesa – Brasil:
2023, Editora Vozes Ltda.
Rua Frei Luís, 100
25689-900 Petrópolis, RJ
www.vozes.com.br
Brasil

Todos os direitos reservados. Nenhuma parte desta obra poderá ser
reproduzida ou transmitida por qualquer forma e/ou quaisquer meios
(eletrônico ou mecânico, incluindo fotocópia e gravação)
ou arquivada em qualquer sistema ou banco de dados
sem permissão escrita da editora.

CONSELHO EDITORIAL

Diretor
Volney J. Berkenbrock

Editores
Aline dos Santos Carneiro
Edrian Josué Pasini
Marilac Loraine Oleniki
Welder Lancieri Marchini

Conselheiros
Elói Dionísio Piva
Francisco Morás
Gilberto Gonçalves Garcia
Ludovico Garmus
Teobaldo Heidemann

Secretário executivo
Leonardo A.R.T. dos Santos

Editoração: Maria da Conceição B. de Sousa
Diagramação: Monique Rodrigues
Revisão gráfica: Anna Carolina Guimarães
Capa: Editora Vozes

ISBN 978-85-326-6542-3 (Brasil)
ISBN 3-7705-3106-X (Alemanha)

Este livro foi composto e impresso pela Editora Vozes Ltda.

Sumário

I – *Introdução* – Circuncisão do coração, 7

II – A magia do aí, 42

III – Pele de galinha como imagem mental, 76

IV – Voz, 107

V – Tonalidade afetiva das imagens, 163

VI – Pele de galinha como rastro do divino, 182

VII – A órbita excêntrica, 218

    1 A respiração sustida, 237

    2 Jogo final, 253

        2.1 Angústia ou terror, 257

        2.2 Recato, 278

        2.3 Espera ou contenção, 302

VIII – Dor, 320

    1 Dialética da dor, 333

    2 Dor e inter-cisão, 355

3 Luto e trabalho de luto, 383

4 O resto cantável, 438

IX – As batidas do coração para o todo, 455

Referências, 467

I
Introdução
Circuncisão do coração

> *Quem à noite arranca do peito*
> *seu coração e o atira alto:*
> *Não erra o alvo [...].*
> Paul Celan

> *Circuncidai, pois, o prepúcio do*
> *vosso coração, e não mais*
> *endureçais a vossa cerviz.*
> Dt 10,16

> *O gênio do coração [...], que a tudo*
> *estridente e autocomplacente faz*
> *calar e ensina a ouvir, que alisa*
> *as almas ásperas e lhes dá novo*
> *anseio a saborear – estender-se*
> *imóveis como espelho d'água, para*
> *que nelas se espelhe o profundo*
> *céu [...] o gênio do coração, de cujo*
> *toque cada um sai mais rico [...]*
> *mais rico de si mesmo, mais novo*
> *do que antes, partido, acariciado*

e sondado por um vento brando, mais inseguro talvez, mais suave, delicado, frágil, porém cheio de esperanças ainda sem nome, cheio de uma nova vontade e novo fluxo, novas aversões e refluxos [...].
Friedrich Nietzsche

Kant era conhecido por ser um hipocondríaco. No *Conflito das faculdades,* ele faz uma confissão incomum: "Por causa do meu peito chato e estreito, que deixa pouco espaço para o movimento do coração e dos pulmões, eu tenho uma predisposição natural para a hipocondria, que em anos anteriores beirava o tédio da vida"[1]. O coração encerrado no peito estreito pertence à anatomia biofilosófica do sujeito. O peito estreito era o espaço ressonante do ouvir-se-falar hipocondríaco-narcisista.

Na *Crítica da faculdade de julgar,* Kant fala de uma expansão não inofensiva do coração que teria consequências desastrosas em vista de seu peito estreito. Ele observa que o

---

1 Kant. vol. 6, p. 379.

anseio expande o coração, o faz definhar e assim esgota as forças[2]. Se o anseio fosse a necessidade do outro, a necessidade de sair do perímetro do sempre-igual, ela acarretaria a agonia do sujeito. A superação do sujeito estaria assim ligada à correção dessa anatomia biofilosófica. Ela implica uma correção do coração, ou seja, a *circuncisão do coração*.

O anseio também não é indolor para Heidegger. Mas sua dor de anseio difere da dor do coração kantiano. De acordo com Heidegger, o anseio é a "dor da proximidade da distância"[3]. A proximidade [*Nähe*], que mantém o feitiço do sempre-igual, somente na qual a afecção-de-si autoauditiva é possível, é *superada* pela distância. É a dor da *costura* [*Naht*], em que a proximidade e a distância são entretecidas [*vernäht*]. É o lugar exposto da circuncisão do coração. A circuncisão do coração consistiria em introduzir na proximidade do sempre-igual uma distância inatingível, em abrir em direção ao outro o coração enamorado pela proximidade do

---

2 Cf. Kant, vol. 5, p. 209.

3 *VA*, p. 104.

igual. A "costureira" [*Näherin*] de Heidegger, que "trabalha com a proximidade"[4], é também uma circuncidadora do coração. O coração fica nu com a circuncisão do prepúcio. Esta nudez, que torna o coração *vulnerável*, faz o pensamento lembrar-se de sua *finitude*.

A história da metafísica é a história de uma escuta errada ou defeituosa. A circuncisão do coração implantará um tímpano totalmente diferente no *espírito* para que o persistente defeito auditivo do pensamento metafísico seja corrigido. A circuncisão do coração metafísico remove do coração seu prepúcio ensurdecedor-cegante, ou o curte convertendo-o em tímpano hétero-auditivo. A fórmula acústica do pensamento não metafísico não deve ser chamada de *ouvir-se a si mesmo falando*. Equipado com o *ouvido do coração circuncidado*, o pensamento escuta as vibrações distantes do ser ou do evento, em face de cuja distância todo cálculo, toda *economia* falhará.

No Heidegger mais jovem, efetua-se apenas uma circuncisão parcial. A semicordialidade

---

4 *Gelassenheit*, p. 71.

com a qual Heidegger realiza a circuncisão do coração deriva de seu amor ao si. Heidegger concentra o mundo em torno do "coração do ser-aí"[5]. Este forma, como "si-mesmidade" do ser-aí, o meio e a origem de um espaço transcendental. O "coração do ser-aí" palpita pelo horizonte transcendental que, como sabemos, bloqueia o caminho para o *ser mesmo*. No Heidegger tardio, a constrição da circuncisão penetra mais profundamente. Esta profundidade tem uma marca, aquele hífen que se inscreve no ser-aí e assim separa o ser do aí: *Da-sein*. No entanto, com isso ainda não está consumada a circuncisão completa. É a "viragem" final que a realiza. Ela transforma o "coração do ser-aí" no "coração dos mortais"[6].

A circuncisão liberta o coração da interioridade subjetiva. A afecção-de-si autoauditiva é perturbada pela intrusão do outro. Ela leva ao conhecimento de que o suposto interior é o exterior virado para dentro. Assim, a interioridade seria o verso da exterioridade. A chamada

---

5 *WM*, p. 70.

6 *GA* 4, p. 120.

"desconstrução" de Derrida também é uma circuncisão do coração. Ela descentraliza e exterioriza o coração. Derrida situa o coração além da interioridade subjetiva, além do juntar-se narcisista. Ele resiste persistentemente à "reapropriação no seio da família do sujeito"[7]. A circuncisão do coração de Derrida expõe-no ao perigo de um despedaçamento. Eis o lema de seu coração: é melhor deixar-se despedaçar do que render-se a uma felicidade doméstica da "família do sujeito": "Este 'demônio do coração' nunca se junta; antes, se desencaminha, se desvia, se perde (delírio ou mania), ele se expõe à boa sorte; o mais provável é que se deixe dilacerar e despedaçar pelo que se lhe sobrevém"[8]. Trata-se de um coração enamorado por uma exterioridade e que se perde nela, de um coração singular que deve ser mais antigo, mais demoníaco que todos os corações do arquivo científico-filosófico-literário: "O coração. Não o coração no meio das frases que

---

7 DERRIDA, J. *Was ist die Dichtung?* – Este texto não contém paginação.

8 *Ibid.*

circulam sem perigo nos cruzamentos, e assim se deixam traduzir em todos os idiomas. Não simplesmente o coração dos arquivos cardiográficos, o objeto dos vários campos do saber e de técnicas, filosofias e discursos bio-éticos-legais. Talvez nem mesmo o coração da Escritura (i. é, as Sagradas Escrituras, *Écritures*) ou o de Pascal, nem mesmo (*mas isto é menos certo*) aquele que Heidegger prefere a estes corações"[9]. O coração circuncidado de Derrida questiona a oposição metafísica entre interior e exterior: "O coração bate para ti, nascimento do ritmo, para além dos opostos, do interior e do exterior, da representação consciente e do arquivo abandonado"[10]. Ele escapa ao domínio do saber: "Um agradecimento, um reconhecimento agradecido [...] precede o conhecimento e o saber, previne-os: tua bênção antes do saber". Ele é o órgão do dom que "surpreende tua paixão, tua *passion*, e irrompe sobre ti como se viesse de fora". É "ouriço" parecendo

---

9 *Ibid.*

10 *Ibid.*

uma "coisa", "com *pathos* contido, comedido, o *pathos* da discrição" – "muito rasteiro, muito pequeno e quieto, próximo da terra"[11].

Sem dúvida, Derrida estabelece uma diferença entre seu coração e heideggeriano. Mas esta distinção é, como foi dito, "menos certa". Assim, Derrida também reconhece uma procedência não-metafísica para o coração de Heidegger. Mas em que consistiria a possível alteridade? Seria a alteridade do *outro*? De fato, o coração de Derrida imita o de Heidegger até certa medida, mas é baseado em outro ritmo, em outra arquitetônica. O exterior (*hors de chez soi*) ao qual o coração de Derrida se rende não é tão juntado e ensamblado quanto a estrutura vocal do silencioso coro do mundo. O coração de Derrida ouve, antes, um burburinho. Ele é o lugar da "*dissémination*". Esta, de acordo com uma definição de Derrida, significa *magoar os ouvidos*. Ela provoca um burburinho fantasmagórico, um "zumbido nos ouvidos". Isto tornaria impossível a "*concentração*" do coração. O coração de Heidegger, por outro lado,

---

11 *Ibid.*

escuta a *uma só* voz, segue a tonalidade e gravidade do "uno, o único que unifica". Heidegger descreve o ouvido de seu coração da seguinte forma: "Esta escuta não está ligada apenas ao ouvido, mas ao mesmo tempo à pertença do humano àquilo com qual sua essência está sintonizada. O ser humano permanece sintonizado com aquilo a partir de onde sua essência é determinada. Na determinação sintonizadora o homem é afetado e chamado por uma voz que soa tanto mais pura quanto mais silenciosamente ela ressoa através do sonante"[12]. Derrida, por outro lado, desconfia de toda junção e reunião (logos). Seu coração evidentemente ama a *dispersão*. Para ele, o ser de Heidegger ainda seria logocêntrico.

No entanto, a *junção* do coração heideggeriano não é organizada dialeticamente. O ritmo segundo o qual o coração de Heidegger bate não é o "ritmo dos conceitos" que está subjacente à dança de roda dialética em torno da identidade. Uma *dissonância* ou dispersão

---

12 HEIDEGGER. *Der Satz vom Grund*. 5. ed. Pfullingen, 1978, p. 91.

total, à qual Derrida teria desejado expor seu coração, por outro lado, apenas o paralisaria. As "batidas do exterior" (*coups du dehors*), pelas quais Derrida faz seu coração bater, terão sempre submetido cada coração a um ritmo. A *vida na morte* começa com o "nascimento do ritmo": "O coração bate para ti, nascimento do ritmo, para além dos opostos, do interior e do exterior, da representação consciente e do arquivo abandonado". A "canção" que, segundo Derrida, escande sua escrita, é uma visitação musical do exterior que ritma e tonaliza seu coração. O fato de que o coração deve bater sempre de acordo com um ritmo e que suas batidas são sempre baseadas em uma *tonalidade* caracteriza precisamente a *mortalidade do coração*. A "mudança de notas" sem uma tonalidade *determinada* só resultaria em uma indiferente justaposição de tons. A "polifonia" que Derrida opõe à *totalidade* não exclui a *tonalidade*. A justaposição de notas seria equivalente à monotonia de um coração perturbado, que certamente seria distinto do *coração atonal*. Um cardiograma atonal não exclui a *articulação das notas*. A tonalidade no *sentido mais amplo* denota assim a ensambladura das notas em uma estrutura sonora que pode ser organizada tanto "tonalmente" quanto "atonalmente". Em Heidegger, *ser ensamblado* torna-se sinônimo de *estar sintonizado, afinado*. Ele não possui a violência que a totalidade necessitaria para reprimir o diferente ou o particular. O um-com-o-outro ensamblado, harmônico é a vitalidade do mortal. Um cardiograma sem qualquer articulação, sem qualquer afinação, é o de um *coração doente*. Somente o *coração infinito*, que não seria um *coração*, é resistente à visitação musical do *outro* ou do *exterior*. Mas esta resistência seria sempre um engano cardiográfico. A circuncisão do coração, que lhe devolve sua finitude, o expõe a um ritmo *determinado, sintonizado*. O nascimento do coração mortal é o do ritmo. Este *junta* as notas ao seu redor. Ele é uma espécie de *junção*. A arte de viver de Heidegger, sua arte da fuga, se revelará, entretanto, limitada onde o mundo começa a se povoar com os corações *dos outros*, onde não nos encontramos mais na proximidade do *estético*. O *conflito dos corações*, que Hegel queria resolver dialeticamente, não aparece em Heidegger. A poética do coração de Heidegger não seria idêntica à política do coração.

A dialética do coração de Hegel se desdobra em uma tensão que prevalece entre o particular ou individual e o universal. Após o fracasso do sujeito do prazer faustiano[13] diante da "necessidade" e do "destino", o indivíduo busca "conhecer a necessidade como *si*". Ele se imagina, *sente-se* na *posse imediata* do "universal" ou da "lei". Ele se esforça em realizar a "lei do coração". Na realização, porém, a lei do coração deixa de ser a lei *do coração*. O indivíduo não se reencontra na ordem universal estabelecida por ele. A abertura imediata do coração para o universal, a universalização do coração faz que autoconsciência "enlouqueça". A colisão frontal entre o universal e o particular fende a consciência. A impaciência do coração, a tempestividade da "singularidade

---

13 Hegel cita o *Fausto* de Goethe (Parte I, "Schülerszene"): "Despreza o entendimento e a ciência / Que são do homem os supremos dons / Entregou-se aos braços do demônio / E deve perecer".

da consciência, que quer ser imediatamente universal"[14] resultam em esquizofrenia. A consciência da individualidade e a da universalidade se negam mutuamente: "No resultado da experiência que se mostrou aqui, a consciência, em sua lei, está consciente de *si mesma* como essa realidade efetiva, e ao mesmo tempo, justamente porque essa mesma essencialidade, essa mesma realidade efetiva se tornou *estranha* a ela, ela é, como consciência de si mesma, como realidade efetiva absoluta, consciente de sua não-realidade efetiva; em outras palavras, ambos os lados valem para ela, conforme sua contradição e de modo *imediato*, como sua essência, que é, portanto, enlouquecida no mais íntimo"[15]. O "pulsar do coração" para o universal se transforma na "fúria de uma presunção desvairada". A consciência projeta sua demência no exterior. Ela postula o desvario da ordem universal. O coração efetivado é repressivo. Ele se efetiva ao reprimir outros corações. Devido à contradição entre

---

14 Hegel, *PdG*, p. 272.

15 *Ibid.*, p. 271.

o conteúdo particular e a forma universal, o coração do indivíduo transplantado para a efetividade desencadeia uma resistência geral. O estado resultante é o *conflito dos corações*, "uma resistência universal, uma luta de todos contra todos"[16].

Hegel terá de circuncidar o coração para que não ocorra o conflito de corações. Com a circuncisão dialética do coração, Hegel vai querer libertar o coração de sua presunção desvairada. A circuncisão do coração é a do particular por parte do "espírito". Ela *suprassume* o particular em favor do universal. Ela permite ao coração "saber a *lei do coração* como lei de todos os corações, e a consciência do Si como a ordem universal reconhecida". No momento da circuncisão, o conhecimento desperta: "O todo é um equilíbrio estável de todas as partes, e cada parte é um espírito indígena, que não busca sua satisfação fora de si, mas a possui dentro de si, pelo motivo de que ele mesmo está nesse equilíbrio com o todo. De

---

16 *Ibid.*, p. 273.

fato, esse equilíbrio só pode ser um equilíbrio vivo por surgir nele a desigualdade, que é reconduzida à igualdade pela justiça"[17].

Heidegger não poderá escapar do desejo de um feliz enlace entre o particular e o universal, entre a parte e o todo. O cuidado pela integridade permaneceu *o* cuidado de Heidegger durante toda a "viragem". Nisto, o coração se apresenta como um órgão da totalidade. Ele bate para a "mais suave de todas as leis"[18], que não deveria ser apenas a lei do coração, mas a lei de todos os corações. Heidegger opõe à lei hegeliana do universal, que por fim estrangula o particular em nome do espírito, outra lei, a lei da *casa* (*oikos*), do fogo doméstico para além da economia dialética. No entanto, ela deve sua suavidade a um recuo. A mais suave de todas as leis não deve pisar no palco dos discursos. A "disputa sem guerra"[19] que segue a lei suave não tem nenhuma semelhança familiar com o conflito de discursos. A não-violência

---

17 *Ibid.*, p. 329.

18 *US*, p. 259.

19 *GA* 13, p. 32.

desta lei suave resulta, verdadeiramente, do fato de que ela não se envolve no fenômeno da violência real. Em vez disso, é preciso se abster desta, para assistir àquela bela disputa pacífica. Trata-se da lei do "fogo" doméstico, que está infinitamente distante do centro de conflito político-social.

O coração de Hegel, que na terceira parte da *Enciclopédia* se torna a sede das sensações, carece de toda objetividade e universalidade. Para Hegel, "o visar do coração", o "visado pelo coração"[20] seria um "dizer-errado", um "dizer-nada"[21]. Somente o "pensar" é o que há de "*mais próprio*", "pelo qual o homem se diferencia do gado"[22], pois, na opinião de Hegel, o homem tem em comum com o gado a sensibilidade. O coração cego de Hegel só sabe expressar algo "singularizado, contingente, unilateralmente subjetivo"[23]. Para Hegel, o estado de ânimo residente no coração é uma reação meramente subjetiva à sensação externa, uma

---

20 *GA* 52, p. 158.

21 HEGEL. *Enzyklopadie* § 400.

22 *Ibid.*

23 *Ibid.*, "Zusatz".

"relação *inconsciente*"[24] do exterior com o interior: "Mas, no estado de ânimo excitado por uma sensação externa, não reagimos ainda a um objeto exterior diferente de nós; ainda não somos consciência"[25]. O estado de ânimo permanece aprisionado no coração inconsciente. O coração, sem "inteligência consciente", reage apenas "simbolicamente" ao exterior. O coração não compreende o exterior. Segundo Hegel, o estado de ânimo é um reflexo subjetivo-simbólico do exterior. Este, portanto, não dá atenção ao coração. Ou este último nota aquele simbolicamente, traduzido em uma linguagem subjetiva. Nisto, o coração não coloca nada na boca do exterior. Ele nunca pode antecipar sua objetividade. O batimento do coração bate de volta a partir de fora. Não faz com que o exterior apareça primeiro. Para Hegel, o "batimento do coração do lado de fora"[26] seria um fantasma da consciência atrasada ou do coração desvairado.

---

24 *Ibid.*

25 *Ibid.*

26 FICHTE, H. *Petersilie*, p. 73: "Batimento cardíaco lá fora. O mundo como um coração ao meu redor".

Deleuze escreve em *Diferença e repetição*: "A cabeça é o órgão das trocas, mas o coração é o órgão enamorado pela repetição"[27]. A troca pressupõe a morte da singularidade. Somente sob a *supervisão* da identidade e da universalidade pode um termo ser trocado por outro. Um critério quantitativo e um qualitativo são subjacentes à troca: equivalência e semelhança. Ambas são categorias de representação. Elas são forjadas pela "cabeça", que trabalha incessantemente sobre o universal. Tanto a equivalência quanto a semelhança vivem da morte do singular. A troca pressupõe o trabalho de abstração da cabeça, que elimina a singularidade. Somente o roubo perfeito ou o dom absoluto escaparia à economia da troca[28].

---

[27] DELEUZE, G. *Differenz und Wiederholung*, p. 16.

[28] A relação entre pensamentos e objetos também é organizada pela economia da troca. Depois de serem economizados em mercadorias, é preciso ocorrer uma troca justa. O lugar de pensamento é, em certo sentido, uma praça do mercado. O sujeito aparece ali como comerciante. Em conversa com Horkheimer, Adorno se refere a esta economia de troca oculta: "Pode-se provar que todo o conceito de conhecimento que emana do sujeito é sempre uma troca de equivalentes. Para uma quantidade igual de pensamentos, a pessoa recebe uma quantidade igual de objetos. Na ade-

A repetição funciona do lado de cá do universal, abaixo da cabeça. Ela é a ordem do coração como o lugar do dom absoluto. A repetição não retoma o igual. Este é irmanado com o universal. O que faz circular o coração repetidor é o irrepetível: "*Só o único é re-petível*. Só ele tem em si o fundamento da necessidade de que se retorne uma vez mais a ele e de que se assuma sua inicialidade. Re-petição não significa aqui a estúpida superficialidade e impossibilidade do mero ocorrer *do mesmo* pela segunda e terceira vez"[29]. O ser como dom é o "singular por excelência, que, na sua singularidade, é unicamente o uno unicamente unificador, antes de todo o número"[30]. A impossibilidade do número anula a economia de troca.

O que deve ser retomado deve ser *dado* como um dom. É preciso manter este dom afastado da economia de troca, soltá-lo do círculo econômico da troca. Esse dom deve ser

---

quação já está contido o pensamento da troca justa" (Horkheimer, M. *Gesammelte Schriften*. Vol. 12, p. 470).

29 *GA* 65, p. 55.

30 *GA* 5, p. 345.

absoluto, inquietante, demoníaco, um dom que só se doa na renúncia, na renúncia à economia do *presente* disponível: "No entanto, em contraste com o 'dá-se' [*es gibt*] habitual, ele não nomeia a disponibilidade do que há, do que se dá, mas este precisamente como um indisponível, e o que se aproxima como um não--familiar, o demoníaco"[31]. O dom escapa às mãos. As mãos que agarram destroem o dom. Ele não é um presente tangível. Falta-lhe a presença. Para se mostrar, ele deve permanecer *esquecido*. O esquecer ou o esquecimento não é um traço deficitário do dom. Ao contrário, o esquecimento, como Heidegger frequentemente enfatiza, pertence ao dom mesmo. O não aparecimento como esquecimento é uma forma essencial do mostrar-se do dom[32].

---

31 *Zur Sache des Denkens*, p. 43.

32 De acordo com Derrida, o dom absoluto, para além da economia, implica a necessidade de esquecer. Nem o doador nem o receptor do dom devem notar algo do dom, a fim de evitar qualquer troca simbólica. Certamente a necessidade de esquecer em Derrida é diferente da de Heidegger. Em Heidegger, o esquecimento não é condicionado pela inadmissibilidade da troca (simbólica). – O esquecimento é uma condição e estado do próprio dom. Deve-se situar o esquecimento fora da "alma" (cf. Falschgeld, p. 36). O esque-

A única forma de retribuição, do dom em retorno, que por sua vez não se enreda na economia de troca, a tarefa que o dom também dá, seria a entrega, um sofrimento, um padecimento do dom: "[...] assunção da insistência que suporta, *ser*-aí; assunção como sofrimento, no qual o que se fecha se abre como sustentador-vinculante"[33]. A entrega impede a formação do sujeito econômico. O sofrimento repete o dom sem sujeitá-lo à economia de troca. O destinatário do dom não o tomo em suas mãos, mas em seu coração. As mãos que agarram devem se unir em mãos de entrega, de "reverência"[34], em mãos de oração. A entrega, o sofrimento, estipula o lugar onde a tonalidade afetiva fundamental deve ser situada: "A resistência da tonalidade afetiva fundamental necessária é, como execução da necessidade, um sofrimento [...] e esta é a essência do

---

cimento psico-filosófico, psicanalítico, restaura a economia. Derrida se refere à importância da "pegada" ou das "cinzas" (ibid., p. 29). Aqui se impõe a questão do conteúdo de luto do dom absoluto ou das "cinzas" (cf. *ibid.*, p. 53; cap. VIII.3).

33 *GA* 65, p. 260.

34 *Was heisst Denken*, p. 158.

questionamento intelectual"[35]. Na tonalidade afetiva (fundamental), em seu "acontecer", dá-se o "espaço de jogo do tempo": "Tonalidade afetiva: – abertura do campo de jogo, temporalidade e espacialidade [...]"[36]. O coração é o órgão não econômico do dom: "Na conversa se diz o que inicialmente afina por completo o coração, aquilo para onde *ele se enviou*"[37].

A questão do doador, do sujeito que doa, corre o risco de restituir a economia de troca, a economia metafísica. O sujeito doador anula o dom: "E isto acontece enquanto há um sujeito, enquanto o doador e o receptor do dom se constituem como sujeitos idênticos, identificáveis, como sujeitos capazes de se identificar, ao se preservarem e se nomearem. Na verdade, este âmbito ou círculo é, antes de tudo, o movimento de subjetivação, a retenção

---

35 *GA* 45, p. 178.

36 Preparativos não utilizados para a preleção do semestre de inverno de 1929/1930: *Os conceitos fundamentais da metafísica – Mundo, finitude, solidão*, p. 6. Cf. *GA* 65, p. 386: "O tempo-espaço é o abraço que reúne de maneira cativante e extasiante, é o abismo assim ensamblado e correspondentemente afinador".

37 *GA* 52, p. 160. Ênfase minha.

que é constitutiva para o sujeito que se identifica consigo mesmo. O sujeito-do-devir (*le devenir-sujet*) começa a contar consigo mesmo e, como sujeito, entra no reino do calculável. Por isso, o dom, se há um dom, não pode mais ocorrer entre sujeitos que intercambiam objetos, coisas ou símbolos"[38]. Aquela questão surge de uma lógica econômico-metafísica. Ela é, segundo Heidegger, "muito grosseira": "Quem ou o que é 'se'?", perguntamos, e perguntamos cedo demais e com muita grosseria. Pois novamente consideramos decidido, sem fundamento ou hesitação, que este 'ele' pode e deve ser questionado exclusivamente por 'se' o quê? ou por 'se' quem?"[39] O sujeito da expressão

---

[38] DERRIDA. *Falschgeld*, p. 36.

[39] Seria "grosseira" também a pergunta "A quem se dirige o *agradecimento*?" ou "De quem é devedor o receptor do dom?" É possível pensar o agradecimento e a dívida sem contabilidade (secreta)? No entanto, segundo Derrida, qualquer reconhecimento ou comemoração de reconhecimento se enredariam em uma economia. Como contornar a astúcia da economia, se cada reconhecimento já entrega na mão do doador um "equivalente simbólico"? (Derrida. *Falschgeld*, p. 24). É preciso pensar o agradecimento e a dívida de forma radicalmente não econômica para poder imaginar uma doação e recepção sem mão, um dom não econômico do coração. O coração não pode bater para um sujeito doador.

"dá-se" não é um sujeito de doação. Não governa seu predicado. Não haveria *despesa* que ele poderia ter lançado no livro diário contábil. Heidegger obviamente se esforça em pensá-lo fora da economia do poder: "Cresce o perigo de que, com a indicação 'se', estipulemos arbitrariamente um poder indeterminado que deveria efetuar toda doação do ser e do tempo". A rejeição da economia torna impossível a contabilidade dialética em relação ao dar.

Em *Ser e tempo* a repetição já trabalha fora da economia do igual. O que deve ser repetido é um evento histórico, que permanece em um ponto do agora passado, a ser reproduzido de maneira idêntica no tempo do agora presente; por exemplo, na lembrança. O que deve ser repetido não tem *data* identificável.

– Em *Ser e tempo*, Heidegger procurar purificar o estar em dívida da economia: "Para esse fim, a ideia de culpado deve ser formalizada até o ponto em que sejam excluídos os fenômenos vulgares de culpa relacionados ao o ser-com os outros na ocupação. A ideia de culpa deve não apenas ser empurrada para além do domínio do ocupar-se contabilístico, como também deve ser desvinculada da referência a um dever e uma lei, por cuja violação alguém incorreria em culpa" (ST, p. 283).

A lembrança reproduz a data. A repetição como uma tarefa de existência *retribui* o dom ao *assumir* em uma "resolução" o "puro fato de que", o ENTRE nascimento e morte. Ela repete o nascimento na corrida para a morte. A repetição é um segundo nascimento. A sede da repetição, da "fidelidade", da entrega ao dom é o coração angustiado, mas ao mesmo tempo resoluto. Este coração assume na repetição o "puro fato de que", para o qual, enquanto um ter-sido "repetível", a angústia leva de novo o ser-aí; "*trazer ante a repetibilidade é o modo extático específico do ter-sido que constitui a disposição afetiva da angústia*"[40].

A faculdade da repetição é a "memória". Em contraste com a faculdade da "lembrança", da "re-memoração", ela repete um passado ou um ter-sido único, que são mais antigos do que a ação mais antiga, um passado que foge persistentemente da re-presentação. É o "traço da memoração essencial"[41] que permanece

---

40 *SZ*, p. 343.

41 *Was heisst Denken?*, p. 92.

incessantemente "no movimento rumo ao que se retira"[42]. Ela não junta lembranças no presente a fim de estabelecer uma interioridade inabalável. Seu traço fundamental é a repetição daquilo "que em toda parte já quer ser pensado de antemão", ou seja, aquilo que "dá a pensar"[43].

A memória é a capacidade de *aprender de cor* (*apprendre par coeur*), de *pensar de cor* na ausência de interioridade subjetiva. O coração é o órgão dessa memória. Ele, como "parte mais interna do homem", do *homo exterior*, *aprende de cor* um exterior indisponível. Trata-se de um coração *voltado para fora*, que é capaz da "exterioridade mais exterior da exposição nua"[44] – uma hipertrofia incomum, não subjetiva do coração, o mundo como coração, cujo interior é uma invaginação do exterior: "O pensamento significa: o ânimo, o coração, o fundamento do coração, aquela parte mais interior do ser humano que alcança o

---

42 *Ibid.*, p. 6.
43 *Ibid.*, p. 97.
44 *GA* 39, p. 31.

mais longe para fora e no mais extremo e o faz tão resolutamente que, bem pensado, não permite que surja a ideia de um interior e de um exterior"[45].

É a tonalidade afetiva que dá ao coração esta singular espacialidade. Ela expõe o coração ao "mais exterior": "Se considerarmos a essência da tonalidade afetiva fundamental, a unidade de seu poder de afastamento, de entrada, de abertura e de fundamentação, então fica imediatamente claro que precisamente a tonalidade afetiva é o menos subjetivo e o menos que é chamado interior do ser humano, pois a tonalidade afetiva fundamental é, ao contrário deste, o deslocamento originário para a vastidão do ente e para a profundidade do ser. O entrar-em-si do ser humano não significa fitar suas experiências privadas e cuidar delas; entrar significa, antes, sair para expor-se ao ente manifesto"[46].

O coração e o mundo são, em certo sentido, *coextensivos*. A tonalidade afetiva é

---

45 *Was heisst Denken?*, p. 92.

46 *GA* 39, p. 142.

constitutiva desta singular arquitetônica do coração. Ela é *formadora de mundo*, além do invólucro subjetivo. Ela é o teor *objetivo* do mundo, que é mais *objetivo* do que os "objetos".

Heidegger inscreve secretamente a lei do amor no coração. Ele escreve a Elisabeth Blochmann em 11/01/1928: "Confio em minha consciência de que posso servir à grandeza e amplitude de seu coração. *Volo ut sis*, eu quero que você seja, como Agostinho uma vez interpretou o amor. E ele o reconhece como a mais íntima liberdade de um em relação ao outro"[47]. Para poder amar, precisamos primeiramente trabalhar em nossa própria consciência. Antes de ouvir a voz do outro, antes de nos deixarmos inquietar por ela, precisamos ouvir a voz da própria consciência. O amor de Heidegger por Blochmann é neutro em termos de gênero. A analítica do ser-aí, com a qual esta concepção de amor de Heidegger certamente ainda está comprometida, não pode, com base em sua arquitetônica, formular um amor relacionado ao sexo oposto. O amor

---

47 HEIDEGGER. *Briefwechsel mit E. Blochmann*, p. 23.

transcendental do ser-aí é sempre transsexual. Heterossexualidade ou homossexualidade seria apenas um fenômeno ôntico. Ela não interfere no "ser". Quis Heidegger permanecer na neutralidade de gênero com relação ao amor genuíno, precisamente pela razão de que o *erótico* sempre segue a economia da "ocupação", de que com relação ao erótico devemos correr constantemente o risco de deixar o outro ser-aí se tornar "instrumento", de forçá-lo à "totalidade conjuntural" e assim nos apropriar dele? É preciso primeiro ser neutro em relação ao gênero antes de se tornar de um gênero. Um deve ter amado o outro ou outra como um *Dasein* neutro do ponto de vista do gênero antes de acariciá-lo, acariciá-la. O amor genuíno deve ocorrer do lado de cá do gênero. Aqui é quase impossível distinguir este amor genuíno do "cuidado autêntico". A analítica do ser-aí não é capaz de marcar esta possível diferença. A única confissão de amor possível seria: Eu cuido para que em tua resolução permaneças fiel a teu coração, à voz de tua consciência – confio em minha consciência para deixar-te em tua solidão ou instar-te a ela – A voz da consciência me diz que eu não posso "*substituir*" teu ser-aí.

O *pathos* da autenticidade, do poder-ser autêntico, domina o amor de 1928. Cerca de um ano depois, na palestra inaugural *Que é Metafísica?*, desponta um amor que não está mais cegamente apaixonado pela autenticidade. A presença de um ser humano querido não é um incentivo silencioso ao autêntico ser-si-mesmo. Ela revela imediatamente o ser e o ente na totalidade: "Este tédio revela o ente na totalidade. Outra possibilidade de tal revelação está na alegria com a presença do ser-aí – não da mera pessoa – de um ser humano querido". Não o si, mas o ser e o coração, o antigo órgão do amor, se aproximam. O coração quer que o ser prevaleça. Na palestra de 1931/1932 *Sobre a essência da verdade*, o *eros* é caracterizado como "esforço por ser". De fato, o esforço de Heidegger pelo si mesmo persiste, mas ele começa a se esforçar para ir além do si mesmo. O *meio do amor*, do princípio empedocleano de reunião, é a tonalidade afetiva (fundamental)": "Ser, porém, é entendido no esforço por ser ou, como dizem os gregos, no *eros*. A este pertence o que chamamos a condição afinada originária do ser-aí"[48].

O coração de Heidegger é o órgão do pensamento enamorado pela nudez do aí, pela repetição do ser, um amante, um ruminante do ser. Heidegger situa seu pensamento do coração neste "amor" singular, no "esforço por ser", um pensamento que deve ser "quase ainda mais originário" que o pensamento de Pascal sobre o coração[49]. Não apenas Derrida, mas também Heidegger distingue seu coração do coração de Pascal. Em que consistiria esse "quase ainda"? Como bem se sabe, o coração de Pascal também não é um órgão de sensações puramente subjetivas. Ele é capaz de mais objetividade do que o entendimento. Pascal devolve ao coração a racionalidade ou a orientação espiritual. Ele "ama" o "ser todo-abrangente" (*l'être universel*)[50]. Este órgão de pensamento "sente" (*sent*), por exemplo, "que há três dimensões no espaço e que os números

---

48 *GA* 34, p. 238.

49 *Was heisst Denken?*, p. 92.

50 PASCAL, B. Über *die Religion und* über *einige andere Gegenstände* (*Pensées*), p. 141.

são infinitos"[51]. O olfato do coração pascaliano alcança o divino. Ele "sente" Deus[52]. Mas seu coração ainda estaria voltado para dentro. A oposição de dentro e de fora ainda estaria na base de sua arquitetônica. O interior do coração de Pascal não seria o exterior invaginado. De fato, seu faro sente o objetivo como tal para além da opinião meramente subjetiva. Mas ele ainda está direcionado para a objetividade de um *fenômeno*. Sua *visão* não seria capaz de alcançar o *todo* no sentido heideggeriano, que seria mais infinito do que o infinitude dos números, mais antigo do que o espaço tridimensional. Para Heidegger, a tonalidade afetiva fundamental, cujo órgão receptor é o coração, é um fenômeno de totalidade, um hiperfenômeno ou fenômeno originário que faz com que o ente *se manifeste* em geral. A fenomenologia da tonalidade afetiva fundamental seria uma hiperfenomenologia do *in-aparente*, que dá de antemão a cada fenômeno que se manifesta sua fenomenalidade.

---

51 *Ibid.*, p. 142.
52 *Ibid.*, p. 141.

O coração de Heidegger pensa "a partir da atenção à voz do ser em direção à afinação que provém dessa voz"[53]. O coração guarda o ser ou o acontecimento apropriador ao trabalhar como o "guardião" da tonalidade afetiva fundamental[54]. Enquanto "deslocamento originário para a vastidão do ente e para a profundidade do ser", a tonalidade afetiva fundamental possibilita aquele "êxtase" do coração. O pensamento "cordial" expressa a "verdade do coração"[55], aquilo "que inicialmente afina por completo o coração"[56]. O "elemento afinador é o acontecimento apropriador"[57].

---

53 *GA* 9, p. 307.

54 *GA* 52, p. 130: "O guardião e o chapéu da tonalidade afetiva fundamental, o coração, é 'o enlutado sagrado'". Desde cedo, a tonalidade afetiva é associada ao coração: "Doravante, sei onde você está e onde seu trabalho segue seu curso. E se sua presença distante se aproxima de mim, o quadro fica então mais preenchido. Não apenas de acordo com as circunstâncias e os ambientes, mas agora também tenho a imagem da tonalidade afetiva de seu jovem coração" (*Briefwechsel mit Elisabeth Blochmann*, p. 51).

55 *Ibid.*, p. 108.

56 *Ibid.*, p. 160.

57 *GA* 65, 256.

O pensamento de Heidegger é o pensamento do coração encantado com a "magia do mundo afinador"[58], do acontecimento apropriador afinador. A *exterioridade* da tonalidade afetiva (fundamental) retira o coração do sujeito e o incorpora ao mundo. Esta operação inusitada do coração, a circuncisão do coração, deve iniciá-lo na *lei* do ser.

O versículo bíblico "Guarda teu coração com toda diligência, pois dele sai a vida"[59], que ainda pende sobre a porta da frente de Heidegger, deve ter sido o lema de seu pensamento. A arte de viver ou amar de Heidegger consistia em cuidar do ser ou do todo com toda a diligência. É possível que Heidegger estivesse empenhado em repetir a circuncisão bíblica do coração "mais originariamente", em circuncidar mais uma vez o coração circuncidado da Bíblia. Mas o fato de que a circuncisão bíblica do coração consistia em amar

---

58 *GA* 13, p. 32.

59 Pr 4,23.

o ser humano, em dar alimento e vestuário ao estranho por amor a Deus, deve ter lhe interessado pouco[60].

---

60 Cf. Dt 10,16-19: "Circuncidai, pois, o prepúcio do vosso coração e não mais endureçais a vossa cerviz! Pois o Senhor vosso Deus é o Deus dos deuses e o Senhor dos senhores, o Deus grande, forte e terrível, que não faz acepção de pessoas nem aceita suborno. Ele faz justiça ao órfão e à viúva, ama o estrangeiro e lhe dá alimento e roupa. Portanto, amai o estrangeiro, porque vós também fostes estrangeiros no Egito". Gl 5,6: "Com efeito, em Jesus Cristo, o que vale é a fé agindo pelo amor; ser ou não circuncidado não tem importância alguma".

II
A magia do aí

DE LONGE – *Em todos os aspectos, esse monte faz encantadora e significativa a paisagem que domina: após haver dito isso para nós mesmos pela centésima vez, temos, para com ele, uma atitude tão irracional e grata, que acreditamos que, proporcionador desse encanto, ele deve ser a coisa mais encantadora da paisagem – e assim o escalamos e nos decepcionamos. De repente ele próprio, e toda a região em torno e abaixo de nós, são como que desencantados; esquecêramos que algumas grandezas, como algumas bondades, pedem para ser vistas a uma certa distância, e de baixo, não de cima – apenas assim têm efeito.*
Friedrich Nietzsche

Desde cedo, o coração de Heidegger bate para o aí, o aí fora dos arquivos metafísicos e científicos, que é *mais antigo* que o início do ente, *mais antigo* que "aqui" e "lá" e acontece mais cedo que o *a priori*. A questão pelo aí é a questão de Heidegger. Trata-se de um ponto cego da metafísica, do "super-próximo" que a metafísica sempre teria evitado. O pensamento se exercita em um olhar diferente que se volta para o *in-aparente*. Heidegger procura traçar um espaço singular, que não se revela para a intencionalidade dirigida ao ente.

A questão do coração põe em questão a economia da metafísica. Trata-se de uma questão que persevera deste lado do "por quê" genealógico. Aquilo que o coração de Heidegger significa, o "dote de um fundamento" que lhe é dado e que não deve ser lançado na conta com o ente, *existe* fora da economia do por quê. É o "simples, singelo estar-posto-diante sem um por quê do qual tudo depende, sobre o qual tudo repousa"[1]. A renúncia da economia metafísica implica uma singular

---

1 *Der Satz vom Grund*, p. 208.

atitude de pensamento: "Vale *ver* e *dizer* o que acontece aí"[2]. Ela não procura reduzir o mundo a uma palavra mágica que seria capaz de satisfazer todo "por quê".

Heidegger se deixa encantar por um aí, procura tornar-se íntimo da proximidade do ser-em. Desta forma, ele quer demonstrar a ternura do olhar[3], que não se esforça para definir, para compreender, mas para perseverar no "segredo" da proximidade. A escuridão não deve ser medida pela certeza. Ela é liberada do duplo metafísico "não-claro". A questão torna-se finita e permanece no finito. Este pensamento não quer impor ao mundo um por quê e um de onde. A inquieta caça por evidência e fundamento se

---

2 *GA* 29/30, p. 100.

3 "No conceber está o comportamento de tomar posse. O *horismos* grego, por outro lado, rodeia forte e delicadamente aquilo que a visão enxerga; ele não *capta conceitualmente*" (*GA* 15, p. 399). É interessante notar *certa* proximidade de Heidegger com Adorno: "Todavia, o olhar de longo alcance, contemplativo, diante do qual os homens e as coisas primeiramente se desfraldam, é sempre aquele em que o impulso para o objeto é interrompido e refletido. A contemplação sem violência, de que emana todo o gozo da verdade, está ligada ao fato de que o contemplador não assimila o objeto" (*Gesammelte Schriften*, vol. 4, p. 98).

converte em demora e questionamento pacientes na "magia do mundo afinador"[4].

A tonalidade afetiva é uma descoberta deste olhar do pensamento finito e interior. Esta atitude de pensar também está totalmente dada no jovem Heidegger: "Por quê, não se sabe. E o ser-aí não pode saber semelhantes coisas, pois as possibilidades da abertura do conhecimento são demasiado limitadas, comparadas ao abrir originário das tonalidades afetivas"[5].

O paradoxo da exigência de saltar para o chão no qual já nos encontramos, vivemos e morremos junta-se ao *pathos* do pensador não metafísico que procura acolher no pensamento a proximidade enigmática do ser--em, expulsa da economia da representação. Seus passos "não nos levam adiante, mas sim para trás, para onde já estamos"[6]. "O caminho permite alcançar aquilo [...] em cujo âmbito já nos encontramos"[7]. A busca da proximidade

---

4 *GA* 13, p. 32.

5 *SZ*, p. 134.

6 *US*, p. 208.

7 *Ibid.*, p. 199.

flexiona o caminho para uma espiral que, circundando o mesmo centro, se aproxima de um espaço silencioso no qual a proximidade se revela e se esconde na escuridão, no enigma da distância. A proximidade de que estamos falando aqui não é a do afago. Aquela quer estar mais próxima do que este. Em nenhum momento ela se concretiza em uma contraparte com que estamos familiarizados[8]. A "casa" heideggeriana que promete proximidade é construída sobre o nada abismal. Heidegger está pouco interessado na proximidade legível. Seu coração bate principalmente para "aquilo que nos arrebata e dá distância"[9]. A proximidade desperta apenas do arrebatamento, chama da distância para a distância, que ainda parece exceder a "distância aurática": "O ser humano é a essência da distância:

---

8 A reprovação de Adorno torna-se, portanto, pelo menos compreensível: "O jargão não é capaz de, nem está disposto a, pôr em termos concretos o que condena à abstração. Ele gira em círculo: quer ser diretamente concreto sem escorregar em mera facticidade, e isso o força a uma abstração secreta, gradualmente ao mesmo formalismo que a própria escola de Heidegger, a fenomenológica, uma vez esbravejou" (Jargon der Eigentlichkeit. *Gesammelte Werke*, vol. 6, p. 475).

9 *GA* 26, "Beilage".

e somente por meio da genuína distância originária, que ele forma em sua transcendência a todo ente, acrescenta-se nele a verdadeira proximidade com as coisas"[10]. A "verdadeira proximidade" não é nem a do "eu te amo" nem a legibilidade do afago. A proximidade legível, a que Heidegger dá pouca importância, precisa ser classificada como "o mais do que próximo", que "o pensamento usual", no desconhecimento da 'verdadeira proximidade', toma erroneamente como o mais próximo[11]. A "verdadeira proximidade", que deve ser mais próxima "do que qualquer ente, seja uma rocha, um animal, uma obra de arte, uma máquina, seja um anjo ou Deus"[12], ameaça, porque não lhe é atribuído um *nome próprio*, acabar se tornando o neutro do "isso"[13]; na retração e retirada sem fim, só deixa atrás de si traços pouco legíveis e enigmáticos.

---

10 *Ibid.*

11 Cf. *GA* 9, p. 332.

12 *Ibid.*

13 Cf. *Zur Sache des Denkens*, p. 46s.: "Ao contrário, o acontecimento apropriador deve ser pensado de tal forma que não pode ser retido nem como ser nem como tempo. É, por assim dizer, um '*tantum* neutro', o 'e' neutro no título 'ser e tempo'".

O desejo de saltar para o chão no qual já se está de pé também é audível no discurso tautológico de Heidegger: "a coisa coisa"; "o mundo munda"; "o tempo tempora"; "o espaço espaça"; "A linguagem é: linguagem. A linguagem fala"; "[...] o que é o ser? Ele é ele mesmo"[14]. Nestas frases, o predicado não realiza um movimento progressivo identificador, mas flui de volta ao sujeito como o caminho em curso regressivo do pensamento. Este recuo do predicado para o sujeito, a inquietação do ir e vir entre sujeito e predicado, deve refletir o esforço do pensar em não perder a proximidade da coisa, não destruir a proximidade do ser-em, do *ser-na-coisa*: "A peculiaridade de proposições deste tipo reside no fato de não dizerem nada e ao mesmo tempo vincularem com toda resolução o pensamento à coisa"[15]. Na linguagem circular, a coisa deve escapar da "curiosidade"[16] da explicação e definição, que

---

14 *Ibid.*, p. 330.

15 *Was heisst Denken?*, p. 99.

16 "Os questionadores destituíram toda curiosidade: sua busca ama o abismo no qual eles sabem o mais antigo fundamento" (*GA* 65, p. 13). "A curiosidade nada tem a ver com a consideração maravilhada do ente, com o *thaumazein*; ela não se interessa em ser levada ao não entender pela admi-

se apressa de evidência em evidência e não tolera a abismalidade que faz o predicado voltar ao sujeito. O sujeito se recusa a se render a uma grandeza representável que se coloca diante dele, a um conteúdo significativo do predicado que objetiva esse sujeito e que lhe é acrescentado de fora, a um *algo* como seu fundamento, e a se reencontrar ali: "Linguagem é linguagem. A proposição não nos leva à outra, onde a linguagem se funda"[17].

A repetição do teor semântico do sujeito no predicado – por exemplo, na frase "A linguagem fala" – não proporciona à "coisa" posta no lugar do sujeito uma autoridade ilimitada que incapacita e substitui o ser humano. Ao contrário, demonstra o "raro salto"[18], a resolução do pensamento em permanecer próximo à coisa, no enigma do ser-em.

O que se busca aqui é uma proximidade, a "em-idade"[19], que a intencionalidade objetivante

---

ração; ao contrário, ocupa-se de um saber, mas somente para ter sabido" (SZ, p. 172).

17 *US*, p. 13.

18 *Identität und Differenz*, p. 25.

19 *SZ*, p. 53.

não é capaz de descobrir. Essa busca realiza-se no retorno, na tensão do "ainda-não do já"; o pré-entendido deve ser despertado do sono hermenêutico e ser pensado "propriamente", por meio do qual o conhecimento se condensa em re-conhecimento. A inquietação do "ainda-não do já" ou do "já no ainda não", uma versão heideggeriana da dialética hegeliana, satisfaz não apenas o Heidegger tardio, mas *Ser e tempo* já se nutre dela. Ali, o "fenômeno" é definido a partir dessa divisão: "O que a fenomenologia deve 'deixar ver'[...]. Obviamente, o que *não* se mostra inicialmente e na maioria das vezes, o que se mantém *oculto* frente ao que se mostra inicialmente e na maioria das vezes, mas ao mesmo tempo é algo que pertence essencialmente àquilo que se mostra inicialmente e na maioria das vezes a ponto de constituir o seu sentido e fundamento[20].

A fenomenologia do aí se volta para um *in-aparente*. Aqui está em atividade o olhar[21]

---

20 *Ibid.*, p. 35.

21 "A análise intencional [...] é a revelação das potencialidades implícitas nas atualidades da consciência, [...] é guiada pelo conhecimento fundamental de que cada *cogito* como consciência é, de fato, no sentido mais amplo, a significa-

descoberto por ela, o qual, interessado pela cena originária que se esconde por "detrás" dos contornos do presente, supõe no intencionado mais do que o que está *explicitamente* intencionado. Portanto, o ver fenomenológico trabalha visando à "preestrutura"[22] da "compreensão não explícita"[23]; ele atualiza, ou torna visível o virtual que se retrai na passividade da proximidade.

O trabalho arqueológico sobre a "compreensão não explícita", um trabalho de lembrança sobre a proximidade como o "esquecido"[24], descobre um "aí" que se comporta

---

ção de seu significado, mas que este significado é a cada momento mais (com um significado maior) do que o que está presente no respectivo momento como explicitamente assumido" (Husserl, E. *Meditações cartesianas*, p. 48). Entretanto, deve-se dizer que Heidegger deixa para trás a intencionalidade husserliana que se aferra na consciência.

22 *SZ*, p. 151.

23 *Ibid.*, p. 150.

24 Cf. FINK, E. *Welt und Endlichkeit*, p. 17: "o mais próximo, o totalmente próximo de nós, o que apenas se entende por si mesmo, é o esquecido. Mas ele tem a possibilidade de ser 'lembrado' novamente e assim perder sua 'autoevidência'. O peixe pode se lembrar da água na qual vive como seu meio e elemento de vida autoevidente, se um dia for jogado no seco".

muito renitentemente em relação ao discurso metafísico tradicional[25]. O aí, que não se revela nem ao dedo indicador nem à consciência, significa um "ser-em" cujas qualidades espaciais, entretanto, são completamente incompatíveis com a ordem espacial desdobrada pela intencionalidade objetivante e que também não descreve uma relação superficial entre dois termos independentes, ou seja, nem é nem "o ser-dentro simplesmente dado de uma coisa simplesmente dada 'em' uma outra", nem um "*commercium* simplesmente dado *entre* um sujeito e um objeto simplesmente dados"[26]. À primeira vista, o aí parece levar uma existência fantasmagórica. Ele não aponta para nada. Não se deixa prender nem ao aqui nem ao lá. Ele não se faz notar no espaço cartesiano. Não

---

[25] Com relação à descrição do "aí", a linguagem metafísica falha completamente: "É uma longa história do sofrer na paixão filosófica em que Heidegger empreendeu pensar este 'aí'. Uma história de sofrimento, na medida em que o incomum, original e ousado poder especulativo da linguagem de Heidegger também teve de lutar contra uma resistência sempre renovada e muitas vezes avassaladora da linguagem" (Gadamer, H.-G. *Heideggers Wege*, p. 157).

[26] *SZ*, p. 132.

pode ser reificado nem como som nem como imagem. Não é comensurável com o discursivo. Ele parece desaparecer através de uma abertura que não pode ser fechada nem por *essentia* nem por *existentia*. As duas fontes de cognição autenticadas por Kant, conceito e intuição, lhe garantem apenas sua existência aparente. Ele frustra todas as tentativas de determinação do pensamento metafísico. Para a metafísica tradicional, ser "aí" equivale a ser em lugar nenhum. Devido a esta negatividade, recomenda-se que o aí seja lido apenas com um tachado: aí. O tachado marca ao mesmo tempo o espaço que não pode ser traçado, dissecado ou controlado pela práxis discursiva. A representação não é capaz de romper a barreira do tachado ou de alcançar atrás dela. A proximidade encontrada, o aí nu da facticidade, nunca se comunica ao olhar observador, localizador e tematizador, que não pode prescindir da distância que separa o olho da imagem. Devido a sua hipermetropia, esta percepção comprometida com a distância polarizadora, é cega à passividade da proximidade, na qual o olho e a imagem, o ver e a coisa a ser vista, coincidem: "O que da facticidade jamais pode ser encontrado numa intuição"[27]. Portanto, a proximidade do aí se torna visível onde o observador é absorvido na imagem, mas sem renunciar a si mesmo.

O olho localizador da consciência representativa, *antes* de ver, já se detém em um ver que guia e torna possível a linearidade intencional do olhar tético, sem entretanto ser visto por este. Ele vê infinitamente mais do que o objeto fixado por ele. O mais não se limita ao entorno do objeto, que o penetra sob a forma de uma rede de relações, rompe seu suposto fechamento e o mergulha no "mundo". A implicação do objeto que se manifesta na forma de uma totalidade relacional ainda não representa o fundamento final do ver que se realiza no ser-no-mundo. Este deve experimentar um embasamento mais profundo na situacionalidade do olhar mesmo. O olho intencional da consciência, pelo discernimento de que já é um olho situado, é posto numa passividade e dependência radicais. Ele deve assumir o aí

---

27 *Ibid.*, p. 135.

que não está disponível para ele, render-se a este sem reservas. Ao assumir o aí expondo-se sem reservas, o olho intencional se transforma em ser-aí. O aí, entretanto, não marca um lugar identificável no espaço cartesiano. Nem mesmo a acumulação de todo os conhecimentos, que se somam em um presente atual, pode indicar o lugar do aí. A explicação e o esclarecimento racional do "de onde" e "para onde" do presente tampouco torna acessível a articulação essencial do aí. O aí abre o olho como situado. Ademais, no lado de cá das imagens isoladas e paisagens conceituais, o aí também lança o olho para fora de si, a uma abertura extática do mundo. O aí transporta o olho para a esfera de existência não identificável, não articulável discursivamente, não classificável na esfera do disponível, intraduzível à intuição *em meio* ao ente, ao qual ele deve se render sem reservas. A assunção do aí e do ser-lançado no aí é, ao mesmo tempo, o momento do ver.

A abertura extática deve-se ao potencial de abertura da tonalidade afetiva: "De fato, do ponto de vista ontológico fundamental, devemos confiar a descoberta primária do mundo à 'mera tonalidade afetiva'"[28]. "O estado da tonalidade afetiva do encontrar-se constitui existencialmente a abertura de mundo do ser-aí"[29]. A tonalidade afetiva não é enxertada como uma camada subjetiva de sentimento em estruturas neutras da consciência. Ela possui sua própria ótica, a veemência daquele ver específico, que desperta a visibilidade liberta de qualquer figura objetiva.

A claridade da "abertura" ou da "clareira"[30] não é um meio-dia infinito que desfaz toda a escuridão e satisfaz todo "por quê". No estar em sintonia, o ser-aí se rende ao espaço "velado" em seu "de onde e para onde", que lhe "encara de volta em caráter de enigma inexorável"[31], espaço que, purificado de todo ser-o--quê e ser-simplesmente-dado, sussurra-lhe

---

[28] *Ibid.*, p. 138.

[29] *Ibid.*, p. 137.

[30] A "clareira" não é uma invenção do Heidegger tardio. Já se fala da clareira em *Ser e tempo*: "ele [ou seja, o ser-aí] *é* no modo de ser seu aí. Ele é 'iluminado'; isto é: é em si mesmo iluminado *como* ser-no-mundo, não por meio de outro ente, mas porque ele mesmo é a clareira" (*SZ*, p. 133).

[31] *SZ*, p. 136.

veementemente o "puro" "fato de que de seu aí"[32]. Sem pressionar pela resposta ao "de onde e para onde", o ser-aí precisa aceitar e assumir o "caráter de enigma inexorável" do aí.

O enigma do aí não se esforça, para além de si mesmo, a fim de alcançar o transparente. Ao contrário, ele se entrega ao eco, à repetição infinita de si mesmo; não se trata de uma escuridão que estaria sob uma coação da luz e poderia ser dizimada com a claridade da certeza; o enigma e a evidência não habitam o mesmo espaço. O enigma não espera por "solução"[33]; ao contrário, no momento de seu surgimento, ele já formula a impossibilidade da resposta[34]. Heidegger não escreve uma genealogia, uma etiologia do aí. O aí, que não deve

---

32 *Ibid.*

33 Cf. *Nietzsche I*, p. 290: "Mas o enigma e a decifração do enigma seriam aqui, por princípio, incompreendidos se quiséssemos pensar que se trata de encontrar uma solução com a qual se dissolveria tudo o que é mais questionável. A decifração desse enigma deve experimentar muito mais o fato de que, *como* um enigma, ele não pode ser posto de lado".

34 Cf. *GA* 65, p. 76: "Para a questão fundamental, em contrapartida, o ser não é a resposta e o âmbito de resposta, mas o que há de mais questionável".

ser confundido com "origem" nem com "princípio", não sabe a necessidade de ser remetido à *ratio ultima*, de ser sustentado por esta, por assim dizer; é dessemelhante a "Deus" e não inclinado para o "Absoluto".

A tonalidade afetiva, o "como se está", não é uma paisagem interior da alma que se fecha atrás da pele e nunca sai para o espaço "objetivo". Seu sítio está "mais para fora" do que um objeto jamais poderá estar; ela é um ver que vê "mais" do que a "soma dos entes atualmente conhecidos": "Todo comportamento do ser humano histórico é, de modo acentuado ou não, de modo compreendido ou não, afinado, e, por meio desta afinação, alçado para ao ente em sua totalidade. A abertura do ente em sua totalidade não coincide com a soma dos entes atualmente conhecidos"[35].

A tonalidade afetiva possui uma anterioridade apriorística que não é, contudo, atribuível à capacidade transcendental do sujeito, uma *pré-visão* que *vê antes* que o objeto seja delineado. Ela distende uma relação que surge

---

35 *WM*, p. 88.

deste lado da contraparte isolada e, retirando-se, *antecipa-se* à relação atual com uma contraparte: "O deixar que os entes sejam, que é uma afinação, penetra e precede todo o comportamento que se mantém aberto e se desenvolve"[36]. A tonalidade afetiva abre o espaço do aí, que inunda a consciência e que deve ser *dado previamente* para que ele possa iniciar seu trabalho tematizante e discursivo: "A consciência só é possível sobre o fundamento do aí como um modo derivado dele"[37].

O aí, o "em meio ao ente na totalidade", não é averiguado por nenhuma reflexão. Segundo Heidegger, isto já é uma *interpretação*, uma tematização, que sempre pressupõe um cenário original, um *acontecimento a priori*. Ele se apressa em segui-lo, sem poder alcançá-lo, e o *explicita* posteriormente. Esta diferença temporal, que é anteposta ao intervalo de tempo contável, permanece constitutiva para a diferença entre ser e ente.

---

[36] *Ibid.*, p. 88.
[37] *GA* 15, p. 205.

O espaço que a tonalidade afetiva desdobra é, de certa forma, "mais antigo" que a presença do ente e ao mesmo tempo, como evento originário, permeia as cenas atuais do ente: "O velamento do ente na totalidade [...] é mais antigo do que toda manifestação de tal ou tal ente"[38]. A atualidade do imediatamente conhecido obscurece, oculta sua implicação passiva. Esta se encobre atrás da superfície do presente imediato, escapa ao relance do olhar no momento em que o ente se apresenta como atual, se hipostasia. A fenomenologia da tonalidade afetiva se exerce em um *olhar* diferente que, deste lado do óbvio, se volta para o encoberto, o *in-aparente*: "Contudo, aquilo que nos afina o ânimo, não é um nada, mas um encobrimento do ente em sua totalidade. O deixar-se encobre o ente em sua totalidade justamente na medida em que, no comportamento singular, sempre deixa ser o ente em relação ao qual se comporta, e desse modo o desoculta. O deixar-ser é em si mesmo e ao mesmo tempo um encobrir"[39]. Em favor da

---

38 *WM*, p. 89.

39 *Ibid.*, p. 88.

atualidade, a passividade permanece encoberta; de certa forma, esta é negada naquela. Esta negação não resulta "da mera incapacidade e negligência do ser humano", mas da dicotomia interior do próprio "deixar-ser", ou seja, de seu *jogo duplo* do encobrir "que desencobre". Faz parte da negação sua própria extinção; o encobrimento do "na totalidade", o "segredo", é mais uma vez negado pela "residência no corrente"[40], no "aplanar e igualar próprios do tudo conhecer e só conhecer"[41], e assim é remetido ao esquecimento. Esta dupla negação, o esquecimento do encobrimento, desdobra no Heidegger tardio todo o drama, toda a patética do esquecimento do ser e da história do ser. O "na totalidade" não persevera na presença rígida. Ele não se deixa aclarar até uma transparência unívoca. Sua presença é constantemente assombrada por uma retração e retirada renitentes. Embora "circunde" e "transpasse"[42] todo ente, ele nunca se torna

---

40 *Ibid.*, p. 90.

41 *Ibid.*, p. 88.

42 *GA* 29/30, p. 513.

aparente aos olhos. Esta retirada obstinada, que, como sabemos, se intensifica em total esquecimento, é condicionada pela proximidade que nunca pode ser descoberta pela intencionalidade voltada para a presença do ente. Já aqui, é prefigurada essa *proximidade* que o "raro salto" do pensamento procura germinar contra a resistência de toda a sintomática do esquecimento do ser: "Este peculiar 'na totalidade' foi, contudo, o que nos permaneceu enigmático [...]. Este 'na totalidade' não é inicialmente apenas inapreensível para o conceito, mas já para a experiência cotidiana. Não porque estaria situado bem longe em regiões inacessíveis, onde somente a especulação mais elevada conseguiria adentrar, mas porque ele se acha tão perto, que não temos nenhuma distância para avistá-lo"[43].

O caráter de totalidade do ente heideggeriano tem certa semelhança formal com a ideia transcendental de mundo, que, como uma totalidade a ser necessariamente projetada, põe em um espaço unificado os conhecimentos

---

43 *Ibid.*, p. 411.

individuais condicionados, sem recair em sua objetividade. A ideia é o "conceito racional da forma de um todo"[44]. De certa forma, ela *completa* o conhecimento em uma totalidade. Esta completude *a priori*, não cumulativa: "o estar-aberto pré-lógico para o ente [sc. a abertura do ente como tal na totalidade] [...] sempre *completou* desde o princípio o ente a um 'na totalidade'. Não compreendemos por essa integração o acréscimo ulterior de algo que até então estava faltando, mas sim a formação prévia do 'na totalidade' já vigente"[45].

Em contraste com a ideia, certamente não se pode atribuir à totalidade do ente a intenção de regular, como o princípio supremo, o processo lógico de conhecimento. Também não é um produto da razão, que sempre aspira ao mais geral e se esforça pela unidade sistemática do conhecimento. Mas, semelhantemente à ideia de Kant, ela abre um espaço unificado sem nenhum conteúdo objetivamente fixável: "Mas o que significa, então, este 'na totalidade',

---

44 Kant, *KdrV*, p. 748.

45 *GA* 29/30, p. 505.

se não o todo do conteúdo do ente em si? Responderemos: ele significa a forma do ente que se manifesta para nós. Por isto, 'na totalidade' diz: sob a forma da totalidade"[46].

A totalidade do ente não pode ser hipostasiada; não pode ser congelada em qualquer grandeza representável. Pelo contrário, ela é "de alguma maneira" acessível, sem se tornar um tema da consciência, sem se tornar sua imagem: "Assim como é incontestável que nós nunca podemos apreender a totalidade do ente em si e absolutamente, é certo, porém, que nos encontramos postados em meio ao ente de algum modo desvelado em sua totalidade. Por fim, há uma diferença essencial entre a apreensão do ente em si e o encontrar-se em meio ao ente na totalidade. A primeira é fundamentalmente impossível. O segundo, no entanto, acontece constantemente em nosso ser-aí. Por mais fragmentado que possa parecer o cotidiano, ele sempre retém, ainda que vagamente, o ente em uma unidade do 'na totalidade'. Mesmo então

---

46 *Ibid.*, p. 413.

e justamente por isso, quando não estamos especialmente ocupados com as coisas e conosco mesmos, sobrevém-nos este 'na totalidade'; por exemplo, no tédio propriamente dito"[47]. Não o "apreender", mas a tonalidade afetiva deve arcar com a totalidade do ente; somente ela perpassa a amplidão do "na totalidade": "a tonalidade afetiva torna manifesto justamente o *ente na totalidade* e nos torna manifestos a nós mesmos como situados em meio a ele"[48].

A facticidade do aí não é resultado de esforços reflexivos, nem de um acúmulo de representações. Ela é mais próxima e mais do que a soma de todas as imagens representáveis; ela tampouco é um meio universal de contagem da residência transcendental que circula nos fenômenos como o Mesmo. Que uma feição do ser fundamentalmente outra se forma na passividade do ser afetado e ser comovido, deste lado da espontaneidade e da consciência, é também a experiência de ser de Sartre: "O ser nos será revelado por algum meio de acesso

---

[47] *WM*, p. 7.

[48] *GA* 29/30, p. 410.

imediato, tédio, náusea etc."[49] Para Sartre, ser ou "existência" não é uma ideia que reside na cabeça e acompanha cada presença, tampouco uma persistência do disponível à mão; "normalmente ela se mantém encoberta"; ela é algo que se levanta subitamente, algo que nos assalta e "pesa" sobre o "coração" como um "grande animal imóvel": "A existência não é qualquer coisa que se deixe pensar ao longe: é preciso que nos invada bruscamente, que se detenha sobre nós, que pese sobre o nosso coração como uma grande besta imóvel"[50]. "Tudo de uma vez, com um só golpe", rasga-se o véu que esvazia a existência para uma neutralidade inofensiva, para uma "forma vazia"; e Antoine Roquentin, o herói do romance *A Náusea*, sente-se exposto a uma proximidade sinistra e intrusiva, um espaço intocável que murmura para ele a estranha, insuportável linguagem do aí nu, um espaço líquido, por assim dizer, que o "penetra" – "pelos olhos, nariz, boca": "Fiquei sem fôlego. Nunca, antes nestes últimos

---

49 SARTRE, J.-P. *L'étre et le néant*, p. 14.
50 SARTRE, J.-P. *La nausée*, p. 167.

dias, eu tinha pressentido o que queria dizer 'existir'. [...] Quando eu julgava pensar nela, é de crer que não pensava em nada [...] Se me tivessem perguntado o que era a existência, teria respondido de boa fé que não era nada, apenas uma forma vazia [...]. E então aconteceu: de repente, ali estava, era claro como o dia: a existência tinha se desvelado de repente. Perdera o seu aspecto inofensivo de categoria abstrata"[51].

Também em Lévinas, a facticidade e a afetividade se aproximam. "Horror" (*l'horreur*), "náusea" (*la nausée*), "tédio" (*l'ennui*), "fadiga" (*la fatigue*), "indolência" (*la paresse*), "desânimo" (*la lassitude*): a nudez do aí se exprime nestes fenômenos afetivos, pré-reflexivos (*phénoménes antérieurs a la reflexion*).

A consciência objetivante não dá nenhuma informação sobre a facticidade nua do aí. Seu constante atraso perde a inconspicuidade renitente da proximidade, e o movimento de distanciamento e polarização imanente a tal atraso salta por cima dela. A facticidade do aí torna-se acessível na afetividade, não localizável

---

51 *Ibid.*, p. 161.

no interior do sujeito psíquico; a dicotomia de dentro e fora torna-se inválida aqui; o espaço da facticidade não é dominado nem pelo subjetivismo nem pelo realismo. A facticidade do ser (*le fait meme de l'etre*) não coagula em qualidades ou imagens que poderiam ser trazidas a uma contraparte substancial pela consciência. Sem ser mediada significativa ou discursivamente, ela aponta diretamente para si mesma. No momento de sua comunicação, ela põe a fala e a reflexão fora de ação: "Não é por um pensamento que o agarramos. Ela está aí imediatamente. Não há discurso"[52]. Ela resiste obstinadamente à mediação discursiva; dificilmente pode ser conservada na posterior descrição por parte do discurso e da reflexão.

A "destruição imaginária de todas as coisas", a *Epoché* de Lévinas, não é seguida por uma ausência total do ser. Contra todos os imperativos lógicos formais, a negação gera um conteúdo real. A *Epoché* nega a proposição existencial universal, "há algo", mas disso não resulta um conceito formal do nada ou

---

52 LÉVINAS, E. *De l'existence a l'existant*, p. 94s.

do *não algo, mas sim uma presença insistente que não pode ser revogada:* "Não existe mais isto, nem aquilo; não existe 'alguma coisa'. Mas esta ausência universal é, por sua vez, uma presença, uma presença absolutamente inevitável"[53]. Nisto, Lévinas substantiva e totaliza o apresentativo da proposição existencial universal negativa – "há" (não algo): *"Il y a en général, sans qu'importe ce qu'il y a, sans qu'on puisse accoler un substantif a ce terme Il y a forme impersonnelle, comme il pleut on il fait chaud. Anonymat essentiel"* ("Há em geral, sem importar o que há, sem que seja possível anexar um substantivo a este termo *há*, uma forma impessoal, como chove ou faz calor. Anonimato essencial")[54]. A fim de sugerir a real experienciabilidade do *Il y a*, Lévinas projeta cenas dramáticas salpicadas de contrassenso lógico-formal. O nada, que na lógica formal não indica um substantivo, mas apenas um elemento estrutural da proposição existencial negativa, "não algo", torna-se em Lévinas

---

53 *Ibid.*, p. 94.
54 *Ibid.*, p. 95.

uma presença "fantasmagórica"; na negação da presença, retorna uma presença não localizável: "O desaparecimento de todas as coisas e o desaparecimento do eu nos reconduz ao que não pode desaparecer, ao próprio fato do ser no qual participamos [...]. O ser permanece como um campo de força [...] regressando ao seio mesmo da negação que o afasta, e a todos os graus desta negação"[55]. "A ausência de todas as coisas retorna como uma presença: como o lugar onde tudo soçobrou [...]"[56]. E um conteúdo se eleva onde todos os conteúdos são eliminados. O potencial sugestivo do *Il y a* é elevado pela dissonância lógica: "A obscuridade – enquanto presença da ausência – não é um conteúdo puramente presente. Não se trata de um 'algo' que permanece, mas da atmosfera mesma de presença, que certamente pode aparecer muito depois como um conteúdo [...]"[57]. O espaço do qual todo ser é retirado é preenchido com o "murmúrio do silêncio"

---

55 *Ibid.*

56 *Le temps e l'autre*, p. 26.

57 *De l'existence a l'existant*, p. 104.

(*le murmure du silence*). Atravessando a negação, um anônimo "campo sem proprietário" (*"le champ sans propriétaire"*) se expande, um "vazio esvaziado" (*le vide du vide*), uma "atmosfera do ser" (*l'ambiance d'*être). No "espaço noturno", somos entregues a uma "invasão obscura", uma "ameaça indeterminada", "silenciosa", da "presença pura" (*la presence pure*). Este espaço anônimo e sem luz do *Il y a* é "horror": "O roçar do *il y a* é o horror"[58]. O "horror" não é um reflexo do sujeito intacto, um afeto subjetivo desencadeado por um estímulo objetivo, mas o próprio fenômeno do ser: "O horror é o acontecimento do ser [...]"[59]. No drama do *Il y a*, não se apresenta nenhum conflito entre dois termos autônomos, que se encontrariam numa relação causal e rivalizariam um com o outro. Ao contrário, a "invasão obscura" do *Il y a* ultrapassa a identidade dos termos. Um termo se expande, assume o espaço do outro, esvazia-o e o enche de si mesmo; um termo não vê o outro, mas é o outro: "[...] um termo é

---

58 *Ibid.*, p. 98.

59 *Ibid.*, p. 100.

o outro [...] a existência de um submerge o outro e, do mesmo modo, não é mais a existência do um. Reconhecemos nela o *il y a*"[60]. O "fluxo anônimo" do *il y a* inunda a fronteira que separa o interior subjetivo do exterior. Por meio desta transgressão trans-subjetiva, o interior torna-se congruente com o exterior, ou seja, a distinção entre os dois termos não pode mais ser mantida: "Com efeito, o *il y a* transcende tanto a interioridade quanto a exterioridade, cuja distinção ele nem sequer torna possível. [...] A distinção sujeito-objeto pela qual nos aproximamos do existente não é o ponto de partida de uma meditação que se aproxima do ser em geral"[61].

O *Il y a* é o espaço no qual não se forma nenhum si-mesmo. É anônimo. O insone que deve permanecer acordado na noite anterior ao interminável "ruído" (*bruit*) do *Il y a* não é um si-mesmo intocável, autônomo que resiste, sem dormir, à escuridão. A insônia à qual o "murmúrio" da noite obriga não conhece

---

60 *Ibid.*, p. 99.

61 *Ibid.*, p. 94.

nome próprio: "A vigília é anônima. Não há minha vigilância à noite, na insônia, é a própria noite que vigia. Isto vigia. Nesta vigília anônima em que estou inteiramente exposto ao ser [...] sou, se assim se quiser, o objeto em vez do sujeito de um pensamento anônimo"[62].

Certamente, o ser anônimo, que nos priva do nome próprio e, por assim dizer, nos consome, não pode, sem mais, se aproximar do ser heideggeriano, do qual desperta precisamente a identidade pré-reflexiva do si-mesmo. Além disso, em contraste com Lévinas, que postula um ser desacoplado de todo ente, a tentativa de Heidegger de "pensar o ser sem o ente"[63] parece ser motivada apenas pela necessidade de proteger o ser de uma total recaída no ente, sem, no entanto, permitir que o ser siga

---

62 *Ibid.*, p. 111.

63 Cf. *Zur Sache des Denkens*, p. 2: "A tentativa de pensar ser sem ente torna-se necessária porque, caso contrário, como me parece, não há mais nenhuma possibilidade de trazer especificamente ao campo de visão o ser do que *é* hoje e ao redor do globo, muito menos determinar suficientemente a relação do homem com o que até agora tem sido chamado de 'ser'".

murmurando no espaço completamente esvaziado do ente, como em Lévinas.

A dramática real da facticidade só começa onde um eu se ergue do anonimato do "sem-si" (*sans-soi*). O ser em geral (*l'être en general*) polariza-se, torna-se mais pesado, por assim dizer, com sua própria sombra, "duplica-se com um ter"[64] ou a tomada de posse. Nesta dobradura do ser, na reflexividade pré-reflexiva do ser, aninha-se o si, ou o eu.

Esta dobra é, por seu turno, pré-reflexiva; é mais antiga que o *cogito me cogitare*. O si-mesmo é experienciável primeiramente na solidão. Trata-se de uma solidão que é mais antiga que a referência ao outro e sua retirada. Ela é o sentimento de identidade consigo, do existir. O sentimento de solidão não é, portanto, um reflexo posterior da *representação* da já existente identidade consigo, mas é esta identidade.

A representação não é o acontecimento apropriador primário do ser. A magia do aí não se deixa reproduzir em representações. O mundo como representação já seria um

---

64 *Le temps et l'autre*, p. 37.

mundo desencantado. O pensar também não se inicia com representações. Ele tem um local de nascimento diferente.

A magia do aí consiste no fato de que ele *sempre já* está *dado*. O sempre-já, não registrável pela representação, a chegada furtiva do aí, é a *magia do dom*. O dom já está sempre aí, já sempre chegou, e mais precisamente *antes de qualquer chegada do ente*. Esta chegada precoce, *prematura*, imprevisível e furtiva, que escapa à *atenção da percepção*, é o modo de andar do dom *sintonizador*. Somos presenteados ou tocados antes de nos tomarmos *cientes* desta chegada. Como o dom sempre chega *antes* ou do lado de cá da intenção consciente, ele arrasta certo *esquecimento* atrás de si. O esquecido não é, aqui, um passado *reprimido*. Em sua base se encontra uma singular temporalidade. Ao contrário do reprimido, o esquecido não avança para o presente. O esquecimento não é um defeito do dom a ser reparado, mas é constitutivo dele. É uma qualidade do dom. É precisamente ela que garante uma recepção *sem-consciência*, *in-consciente* ou *pré-consciente* do aí, da *tonalidade afetiva enquanto dom*, que o mantém deste lado da economia e da troca.

III
Pele de galinha como imagem mental

Sob cada pensamento, há um afeto.
Friedrich Nietzsche

*Um sentimento puro já é
vivenciado como forma [...].*
Peter Handke

*O tédio é a ave de sonho que choca
o ovo da experiência.*
Walter Benjamin

De acordo com Heidegger, ser-*aí* é mais antigo do que ser-*consciente*. Para pensar, primeiro é preciso *ser aí* ou *ter sido aí*. *Há* primeiramente sobre o que pensar. É a tonalidade afetiva que mantém desperto este *passado* que não pode ser alcançado pela consciência.

O pensamento é *também* a capacidade de se deixar levar pelo que não é a imanência da consciência: "Subjetivamente considerado, o pensamento filosófico é incessantemente confrontado com a exigência de conduzir-se em si mesmo de acordo com as regras da lógica e de, não obstante, receber em si aquilo que não é ele mesmo e que não se submete *a priori* à sua própria legalidade"[1]. O pensamento se abre como uma ferida para que não volte a cair nessa imanência. A ferida, o lugar da dor, denota a negatividade do pensamento. Se a imobilidade de perseverar em si mesmo estivesse inscrita no pensamento, ele precisaria, de certa forma, voltar contra si mesmo, para poder *pensar*, para poder pensar mais do que pensa: "Ele (sc. o pensamento) deve pensar contra si mesmo, o que só raramente ele é capaz de fazer"[2].

Desde *Ser e tempo*, Heidegger tem se esforçado para sensibilizar o pensamento para um *lá fora*, para aquilo que não é a imanência

---

[1] Adorno, *GS*, vol. 10.2, p. 601.

[2] *GA* 13, p. 80.

da consciência. Ser-aí significa tornar interior o *exterior* do ser-consciente. Não se proclama nisto algum realismo; em vez disso, pergunta-se por um lá fora que está mais próximo e mais distante ao mesmo tempo, que é mais real do que a "realidade". "*Ek-stase*" significa que o pensamento já está fora antes de estar dentro, que deve estar fora para poder estar dentro: "O ser em ser-aí deve preservar um 'fora'. Por isso, o modo de ser do ser-aí em *Ser e tempo* é caracterizado pela *Ek-stase*. Estritamente falando, ser-aí significa, portanto: ser ek-staticamente aí. Com isso a imanência é rompida"[3]. Aqui, o pensamento não irrompe simplesmente do "dentro" para se dirigir a um "fora". Em vez disso, a própria separação "dentro"/"fora" é posta em questão. O pensamento ekstático suprime precisamente esta separação. O ser não é simplesmente transferido do "dentro" para o "fora", mas o próprio pensamento é fora de si, ou seja, *ek-stático*. Não se trata de um simples "'para fora' a partir de dentro". O ser-fora não deixa simplesmente o dentro para trás de

---

3 *GA* 15, p. 383.

si. Em vez disso, o "assomar fora" *ekstático* é mais antigo do que o ser-dentro, mais antigo do que a separação "dentro"/"fora". Ser-fora não significa ser-fora-do-dentro. Ele também se projeta para além do "fora". O exterior do "dentro" *e* do "fora", um *fora* mais antigo e mais profundo, um, de certo modo, ser-fora pré-reflexivo, expressa a espacialidade da "*ek-stase*": "A essência ekstática da existência continua sendo, por isto, insuficientemente entendida, quando ela é representada apenas como 'situar-se fora de' e quando se concebe o 'fora de' como o 'afastado da' interioridade de uma imanência da consciência e do espírito; pois, assim entendida, a existência continuaria sendo sempre representada a partir da 'subjetividade' e da 'substância', quando o 'fora' deve ser pensado como um separar-se da abertura do próprio ser"[4].

É a tonalidade afetiva que permite ao pensamento ser fora de si, que o desloca para um *fora*, um "separado" de uma *dispersão reunida*. Este "deslocamento" não causa uma mudança

---

4 *WM*, p. 369.

de lugar, mas primeiramente libera o lugar, desdobra o "tempo-espaço": "a tonalidade afetiva é este deslocante, que desloca de tal forma que ele mesmo co-funda o tempo-espaço do deslocamento"[5]. Trata-se de um movimento peculiar, um rasgar, que simultaneamente abre, inaugura e une, ou seja, desenha o conjunto dos traços, a estrutura; trata-se de um rasgar que une e reúne, no qual o "abismo unido e correspondentemente afinado"[6], o "tempo-espaço", se abre.

A tonalidade afetiva é o "menos subjetivo". Ela traça o todo reunidor-desenvolvedor das relações, no qual se delineia algo como um dentro subjetivo. Os termos implicados nas relações da estrutura não os precedem. Não há termos invariantes fixos que teriam de ser redistribuídos para formar outra constelação.

---

5 *GA* 45, p. 154.

6 Cf. *GA* 65, p. 381: "O acontecimento apropriador afina e sintoniza por completo a essenciação da verdade. Por isso, a abertura do clarear do encobrimento não é originariamente nenhum mero vazio do não estar ocupado, mas o vazio afinador afinado do abismo, que, de acordo com o aceno afinador do acontecimento apropriador, é um abismo *afinado, o que aqui significa estruturado* (ênfase minha).

Não apenas suas referências, mas também os próprios termos mudam.

A pergunta pelo abismo unido e afinado responde deste lado do "por quê"; a questão do ser não é uma questão de "por quê". A peculiar *epoché* fenomenológica de Heidegger regula a atitude explicativa. Esta pode se estabelecer como uma *relação* possível com o ente. Entretanto, ela não ocorre antes do evento do deslocamento da tonalidade afetiva fundamental que inaugura um entre. Por causa de seu atraso, ela não pode marcar o abismo como tal: "Este deslocamento escapa a toda explicação, já que todo explicar aqui necessariamente fica aquém e vem tarde demais, porque ele só poderia se mover naquilo que, e só teria de evocar o que, só pode ser encontrado como não oculto *no* deslocamento que dissemina. Toda explicação depende do ente que já é como tal não oculto, do qual, somente, uma causa explicativa pode ser tirada"[7]. Entre o abismo aberto pela "incidência afinadora da tonalidade afetiva fundamental"[8] e o *caso* ocorrente

---

7 *GA* 45, p. 170.

8 *GA* 65, p. 22.

nele não há relação causal. Esta se refere apenas aos *casos*. O abismo, no entanto, é algo que não é o *caso*. Ele é o doador e o dado, em que a respectiva referência ao ente, o *caso*, acontece.

O pensamento precisa ser fora de si, precisa se expor ao abismo afinador-afinado, estruturante-estruturado, ao "a-caso" da tonalidade afetiva fundamental antes de recorrer à palavra e ao conceito: "A questão é que a tonalidade afetiva fundamental *afina* o ser-aí e, com isto, o *pensar* como projeto da verdade do ser na palavra e no conceito"[9]. Antes de pensar os casos, ele se rende ao que não é o caso. Para poder começar, ele precisa primeiramente ter sido o coração, ter se perdido no labirinto do coração. Deve ser comovido antes de começar a conceituar: "Determinamos o filosofar como um questionamento conceitualizante que se faz a partir de uma comoção essencial do ser-aí. Tal comoção só é possível a partir de e em uma tonalidade afetiva fundamental do ser-aí"[10].

---

9 *Ibid.*, p. 21.

10 *GA* 29, p. 195.

O pensamento renuncia assim à soberania e autonomia; ele se torna o sofrer determinada tonalidade afetiva fundamental. Em certo sentido, ele se torna *mimético*. Alguma coisa deve ser dada. O pensamento *repete* o dom, que se dá na tonalidade afetiva fundamental. A mimese, a repetição do dado, tem como base uma *sensação total*. Não se trata da sensação de estímulos sensoriais individuais. Estes já são mediados por aquela, e o que a sensação total acolhe em si não conhece a separação entre sensível ou corporal e espiritual. Esta não pode reproduzir a sensação total. Não apenas o espiritual, mas também o corpóreo é *determinado e sintonizado* por ela[11]. Também neste sentido ela é *total*.

---

11 Cf. *GA* 45, p. 153s.: "[...] mal-entendido [...] como se as tonalidades afetivas fossem algo que o homem 'tem' e que agora depende ou de eventos e circunstâncias externas ou de estados corporais internos, enquanto, na verdade – isto é, entendidas a partir da essência do ser (como um acontecimento apropriador) –, as tonalidades afetivas têm o homem e consequentemente também o determinam, cada vez de forma diferente, em sua corporeidade. [...] A cada vez o mundo é trazido ao homem de maneira distinta, a cada vez seu eu é diferentemente aberto e resolvido para o ente".

Assim como a arte, segundo Adorno, procura reproduzir o atmosférico na natureza[12], o pensamento da sensação total ajuda uma determinada sensação do ente na totalidade, a "profundidade do ser" a se tornar palavra: "Todo pensar essencial exige que seus pensamentos e suas proposições sejam a cada vez descravados de maneira nova como minério da tonalidade afetiva fundamental"[13]. Com relação ao pensamento a partir da tonalidade afetiva fundamental, pode-se falar de um *pensamento aurático*. Antes de falar conceitualmente, o pensamento precisa ter respirado a aura do ser, cuja distância persistente rompe a in-sistência do sujeito e sua intenção dirigida ao ente[14], a "residência" em meio aos entes.

---

12 O atmosférico da beleza natural, a "aura", tal como a tonalidade afetiva, expressa uma objetividade que não pode ser situada no interior subjetivo: "Perceber a aura da natureza assim [...] significa dar-se conta daquilo na natureza que torna a obra de arte essencialmente tal. Mas este é aquele significado objetivo que nenhuma intenção subjetiva alcança" (*Gesammelte Schriften*, vol. 7, p. 409).

13 *GA* 65, p. 21.

14 Para Adorno, o belo da natureza é algo que não é um ente. A dignidade da natureza é sua retirada: "A vergonha perante o belo da natureza decorre do fato de que se fere o

No panfleto contra o "filósofo sentimental", *Sobre um recentemente enaltecido tom de distinção na Filosofia*, Kant define o pensamento filosófico como "trabalho", como "trabalho hercúleo"[15] de conceitos. O filósofo sentimental, de acordo com Kant, recusa-se a "*trabalhar*". Ele é um "*tunguse dos bosques*" ou um "mongol", que "despreza" o "citadino"[16]. Ele ignora a lei da razão de adquirir uma posse mediante o trabalho"[17]. A economia é o traço fundamental do pensamento. Segundo Kant, a valorização do sentimento ameaça a moral do trabalho da filosofia. Esta precisa ser organizada de acordo com a economia do trabalho. O filósofo sentimental tem esperanças de dinheiro rápido ou de conhecimento rápido para além da economia. O que é exigido em "tempos *prosaicos*"[18] é o "trabalho diligente e cuidadoso

---

ainda não ente ao captá-lo no ente" (*Gesammelte Schriften*, vol. 7, p. 115).

15 KANT. *Werke in sechs Banden.* Vol. 3, p. 379.

16 *Ibid.*, p. 378.

17 *Ibid.*, p. 382.

18 *Ibid.*, p. 397.

do sujeito"[19], o "tratamento sistemático"[20]. O filósofo, então, é um comerciante industrioso que mantém uma contabilidade cuidadosa do mundo: "No fundo, mesmo toda a filosofia é prosaica; e uma proposta para agora voltar a filosofar poeticamente deveria ser acolhida como uma proposta válida também para o comerciante: de futuramente escrever seu livro-caixa não em prosa, mas em verso"[21]. A suposição aqui é que o mundo é calculável, organizável de acordo com a lógica de equivalência do comerciante. Não é o mundo que é econômico, mas a economia do trabalho que faz do mundo um mundo de mercado que pode ser descrito ou calculado com conceitos. A desconfiança de Heidegger em relação ao número tem seu fundamento aqui: "Malditos número e ouro"[22]. Ele procura contornar a economia, a lógica mercantil da equivalência, que também domina a metafísica, e que destrói

---

19 *Ibid.*, p. 395.

20 *Ibid.*, p. 396.

21 *Ibid.*, p. 397.

22 *GA* 13, p. 29.

o dom absoluto, o dom que não pode ser trocado por "número e ouro". O dom fora da economia "se doa" "sem número"[23].

Kant proíbe ao comerciante filosófico o "pressentimento". A "expectativa de segredos" é um "*salto mortale*". É um perigoso "substituto" do conhecimento, que implica a "morte de toda filosofia"[24]. Em Kant, o pressentimento é entendido como uma descontínua acumulação de consciência. Ele precisa ser restituído novamente para que o pressentido passe a ser o conhecido.

Heidegger, por outro lado, situa o pressentimento fora da economia do trabalho e da certeza. O pressentimento é uma forma do saber que contorna a economia autônoma do trabalho. Não é um movimento hesitante devido à incerteza. Ele não se esforça para obter mais posse. Ele tem um mais que não pode ser trocado por "conhecimento" no interior da economia. Ele abrange mais do que a soma econômica do conhecimento:

---

23 *Ibid.*, p. 30.
24 Kant, vol. 3, p. 386.

"O pressentimento – entendimento em termos da tonalidade afetiva fundamental – não se dirige de maneira alguma, tal como acontece com o pressentimento habitual pensado em termos de cálculo, apenas ao que está por vir e ao que é apenas iminente, ele atravesse e mede toda a temporalidade: o espaço de jogo do tempo do aí"[25]. O pressentimento está fixado do lado de cá da temporalidade cognitiva ou da processualidade cognitiva. Ele respira a plenitude do campo de jogo de tempo. Ele não tem a intencionalidade voltada para algo específico, mas expressa a comoção[26] de uma totalidade.

O pressentimento não é um "estágio preliminar nas escadas do saber", mas abre o "salão", um salão sem escadas, "que oculta, ou seja, encobre tudo o que se pode saber"[27]. O salão não é um salão de mercadorias. Ele é colocado fora da economia. O pressentimento

---

25 *GA* 65, p. 22.

26 Cf. *Was heisst Denken*, p. 173: "A palavra 'ahnen' [pressentir] é usada originariamente de forma impessoal: 'es anet mir' [pressente-se a mim'] ou até mesmo 'es anet mich' [isso me pressente]; ou algo me sobrevém".

27 *Ibid.*

não tem a intencionalidade da expectativa de um possível mais e que desperta de um menos. Ele não se esforça para ir além de si mesmo, por algo que ele ainda não tem. Ele repousa, fundamenta-se em si. A frugalidade e a serenidade do já lhe são inerentes.

Curiosamente, Heidegger assenta o pressentir no coração, no órgão do pensamento não-econômico. Ele opõe ao entendimento que trabalha economicamente o pensamento do coração. O coração de Heidegger é o lugar do saber "central": "O saber disto (sc. o familiar) não se expressa imediatamente. Mas ele se chama *phronein*, uma ponderação e meditação que vem do *phren*, ou seja, do 'coração', do centro mais interno do próprio ser humano. E ao que esse saber central leva? Se este saber 'de coração' é um pressentimento, então nunca nos será permitido tomar este pressentimento por um opinar que se dissipa na obscuridade. Ele tem seu próprio brilho e resolução e ainda assim permanece fundamentalmente diferente da autocerteza do entendimento calculador"[28].

---

28 *GA* 53, p. 134.

A economia do trabalho conceitual repudia o sentimento, nega-lhe o caráter de conhecimento. O sentimento não deve reivindicar um começo. São as ideias que desenham o sentimento a partir delas. O sentimento, que não é precedido pelo trabalho, seria fraudulento, e esconde fraudulentamente o conhecimento.

Naquele panfleto, Kant fala da "voz da razão". Esta deve determinar e afinar a filosofia enquanto trabalho. Por outro lado, a nota (fundamental) ou tonalidade da filosofia sentimental tem por base outra voz, ou seja, a "voz de um oráculo". Esta desafina as cabeças: "Ora, parece por si evidente que há aqui certo compasso místico, um salto mortal (*salto mortale*) de conceitos para o impensável, uma faculdade de lançar mão daquilo que nenhum conceito alcança, uma expectativa de segredos ou, antes, um demorar-se eles, mas propriamente dissonância de cabeças até a exaltação"[29]. Portanto, certa tonalidade afetiva, certo ritmo são inerentes à cabeça. Mas outra voz a põe em desordem. O que Kant lastima é uma mudança

---

29 Kant, vol. 3, p. 386.

de voz ou de afinação, a mudança de notas. Sua queixa é de que a voz da razão ameaça ser afinada por outra voz, por outro ritmo ou por outro "compasso". De acordo com Kant, tanto a voz da razão quanto a voz mística são baseadas na voz da Ísis velada. Kant terá de admitir que a filosofia como trabalho de conceitos também é precedida por algo mais antigo que o trabalho, a saber, a voz da razão, que por sua vez é afinada e determinada pela voz da deusa velada.

Kant não raro fala do estado de ânimo. Mas ela não tem morada fixa no sistema kantiano e, por isso, vagueia entre as faculdades cognitivas. Seu local de residência preferido são os pontos de articulação ou dobradiça das faculdades cognitivas. Ela reside na central do ânimo, que garante a realização de conhecimentos e juízos. Como um agulheiro ferroviário, ela condiciona o *encaixe* harmonioso e bem proporcionado das faculdades cognitivas. Além disso, designa a *constituição* das faculdades cognitivas. Assim, a "sintonização com a ordem"[30] é subjacente ao trabalho

---

30 Kant, vol. 5, p. 327.

do entendimento. Ela é o *traço fundamental* do entendimento.

Segundo Heidegger, a tonalidade afetiva (fundamental) não é um traço posterior, mas o traço fundante do pensamento: "Se a tonalidade afetiva permanecer de fora, então tudo é um falatório forçado de conceitos e palavras vazias"[31]. A tonalidade afetiva fundamental não é uma massa amorfa e emocional na qual nenhuma forma conceitual poderia ser inscrita. Ela é "racionalmente" ou "intelectual" e linguisticamente[32] constituída. O pensamento rumina conceitualmente o que lhe é dado na tonalidade afetiva fundamental, retraça com palavra e conceito a estrutura constituída por ela, na qual se armazena a respectiva referência do homem a si mesmo e ao ente. Ela reúne

---

31 *GA* 65, p. 21.

32 Cf. *Was heisst Denken?*, p. 51: "Tudo isto é a mão e o verdadeiro trabalho de mão. Nele repousa tudo o que normalmente conhecemos como trabalho manual e onde deixamos as coisas como estão. Mas os gestos da mão atravessam a linguagem em toda a parte e o fazem da maneira mais pura precisamente quando o homem fala ao permanecer em silêncio. Mas o homem só pensa na medida em que fala; não o contrário, como a metafísica ainda supõe".

palavras e conceitos em torno de si. Ela é a *razão* dada antes da "razão"[33].

Na conferência *Os conceitos fundamentais da metafísica* de 1929/30, Heidegger encena o pensamento a partir da tonalidade afetiva fundamental. De acordo com Heidegger, a filosofia começa com aquilo que não é um conceito puro. O conceito, por mais imediato e geral que seja, é um evento posterior. O que se busca é um começo mais antigo do que o conceito. Tampouco é a certeza que faz o começo. O início deve ser mais antigo que o *cogito*. O recuo para o cogito já é mediado ou sintonizado por uma pulsão de certeza.

O pensamento deve ser comovido antes de trabalhar com os conceitos, ou enquanto trabalha com eles. Sem a comoção, o pensamento não pode começar. A primeira imagem mental seria a pele de galinha. É a comoção

---

[33] Cf. *HW*, 5,14: "Contudo, aquilo que chamamos, aqui e em casos semelhantes, sentimento ou tonalidade afetiva talvez seja mais razoável; quer dizer, mais sensível e receptivo, porque mais aberto ao ser do que toda a razão, a qual, tornada *ratio* nesse meio tempo, foi mal interpretada como racional".

que primeiramente dá o que pensar e perguntar: "*A filosofia ocorre sempre numa tonalidade afetiva fundamental*. A compreensão filosófica funda-se num estado de comoção, e este, por sua vez, numa tonalidade afetiva. Novalis não terá pensado por fim em algo semelhante, ao denominar a filosofia como uma nostalgia?"[34] A tonalidade afetiva fundamental não rejeita a conceitualidade, mas, ao contrário, a traz em si. Na conferência de 1929/1930, Heidegger tenta mostrar como conceitos e questões metafísicas são extraídas da tonalidade afetiva, como a conceitualidade e a comoção são transmitidas na tonalidade afetiva fundamental.

O início nunca é absoluto, nunca é sem pressupostos. Ele é a assunção de certa carga, certo peso, de um dom pesado. O começo de todos os possíveis começos é a "melancolia", à qual é inerente uma disposição para o peso, para o dom e a tarefa pesados: "Enquanto ação criadora, essencial do ser-aí humano, a filosofia encontra-se na *tonalidade afetiva*

---

34 *GA* 29/30, p. 11.

fundamental da melancolia"[35]. O pensamento não faz o começo, mas o sofre. O sofrimento torna o pensamento finito. O pensamento é *em si mesmo* finito, um fenômeno da finitude. A finitude do pensamento é determinada pela impossibilidade de se fechar em si mesmo, pela impossibilidade do *duplo si*. O pensamento não encontra seu fundamento em si mesmo. A comoção é a expressão dessa finitude. O pensamento deve permitir-se levar em um elemento que não pode ser governado por ele. A finitude consiste nesse deixar-se-levar : "[...] somos impelidos; isto é, de algum modo somos ao mesmo tempo puxados para trás por alguma coisa, repousando numa gravidade que nos retira"[36]. A finitude é a impossibilidade de permanecer sozinho em si mesmo, de se definir unicamente por si mesmo. Ela implica a necessidade de uma "passagem", de um estar a caminho do distinto.

O "começo de um filosofar efetivo e vital" é, segundo Heidegger, o "despertar de uma tonalidade afetiva fundamental". O "despertar",

---

35 *Ibid.*, p. 270.

36 *Ibid.*, p. 8.

como o "esquecer", não é uma categoria psicológico-psicanalítica. O despertar como "fazer que acorde o que dorme" não corresponde a fazer consciente o anteriormente inconsciente. Ele acontece em um palco que é fundamentalmente diferente do sujeito e da consciência: "O despertar da tonalidade afetiva e a tentativa de se aproximar desse peculiar coincidem, por fim, com a exigência de uma completa reestruturação de nossa concepção do ser humano"[37].

Não se pergunta por um "como" individual, mas sim epocal, por uma tonalidade afetiva que "*nos* sintoniza a partir do fundamento"[38]. Para este fim, Heidegger recorre a Spengler, Klages, Scheler e Ziegler, em cujo pensamento – que, segundo Heidegger, leva uma "existência literária"[39] – ele acredita poder reconhecer a necessidade de uma determinação diagnóstico-cultural do lugar. Segundo Heidegger, esta necessidade é uma indicação de um "tédio profundo":

---

37 *Ibid.*, p. 93.

38 *Ibid.*, p. 103.

39 *Ibid.*, p. 112.

"Esta filosofia da cultura representa quando muito o atual de nossa situação, mas não *nos* apreende. Mais ainda: ela não apenas não chega a nos tocar, mas também nos desconecta de nós mesmos, ao nos atribuir um papel na história do mundo. Ela nos desconecta de nós mesmos e é, porém, ao mesmo tempo, uma antropologia. [...] O que reside no fato de nos darmos esse papel e até mesmo *precisarmos* nos dar esse papel? [...] É porque a partir de todas as coisas boceja para nós uma *indiferença* cujo fundamento não conhecemos? Mas quem estará inclinado a falar desta maneira, onde o trânsito mundial, a técnica, a economia se apossam dos homens e os mantêm em movimento? [...] Por que isto? *No fim, tudo sucederá conosco de tal modo que um profundo tédio se arrasta para lá e para cá nos abismos do ser-aí como uma nuvem silenciosa?*"[40]

Em sua análise do tédio, Heidegger primeiramente tenta situá-lo fora dos estados subjetivos. Assim, a expressão "um livro tedioso" não é uma simples transferência metafórica do dentro para o fora[41]. Aqui, nenhuma

---

40 *Ibid.*, p. 115.

41 *Ibid.*, p. 127s.

tonalidade afetiva causada no sujeito é transferida para uma coisa. Se a expressão "tedioso", enquanto "híbrido", não está apenas relacionada ao sujeito, mas também pertence ao objeto, então não se pode falar de um transporte metafórico do dentro para o fora. Heidegger questiona, portanto, certo discurso filosófico que adere à divisão dentro/fora ou subjetivo/objetivo. No Heidegger tardio, a destruição da metáfora anda de mãos dadas com a da metafísica, que tem inscrita em si a divisão sensível/não-sensível. "O metafórico existe", diz Heidegger, "somente no interior da metafísica"[42]. A transferência metafórica do sensível para o não-sensível é metafísica. A proibição de imagens por Heidegger e a renúncia à metáfora são críticas à metafísica.

A "nostalgia" de Heidegger pelo "ente na totalidade" implica certo trabalho de purificação no que diz respeito ao tédio. Ele se esforça em libertar o tédio de qualquer referente objetivo, de qualquer tedioso. O vazio de conteúdo,

---

42 *Der Satz vom Grund*, p. 89.

a "ausência de conteúdo"[43] garante a profundidade do tédio. Quanto mais profundamente o tédio se entranha no ser-aí, mais indeterminado o tédio se torna. No final, resta apenas um certo "isso" que já não se deixa marcar por nada tedioso: "Isso é entediante para alguém. [...] que 'isso'? Aquele 'isso' que temos em vista ao dizermos: relampeja, troveja, chove. Isso – eis o título para o indeterminado, desconhecido"[44]. Neste "isso" se prefigura aquele "se" do "dá-se" [*es gibt*; há].

A primeira forma de tédio, "ser entediado", está ligada a um referente específico. O que pode ser marcado é certo algo entediante. A segunda forma de tédio, "entediar-se em", carece deste elo de referência. No entanto, tal forma está situada fora de qualquer referencialidade: "Portanto, no segundo caso *não* há nada *concreto* entediante, mas sim o entediante possui este caráter do '*não sei o quê*'"[45]. A segunda forma de tédio tem uma

---

43 *GA* 29/30, p. 216.
44 *Ibid.*, p. 204s.
45 *Ibid.*, p. 172.

intencionalidade situacional. Por outro lado, o "isso" da terceira forma de tédio, "isso entedia alguém", "entendia-se", não pode ser marcado situacionalmente: "Pois com este 'isso entedia alguém' [...] somos *elevados* também acima da situação determinada e do *ente correspondente* que nos rodeia aí"[46]. O ente na totalidade nos escapa. Resta apenas o vazio, uma massa de tempo "desarticulada"[47].

O *pathos* de Heidegger para a autenticidade ou para o si mesmo autêntico, que permeia *Ser e tempo*, também se inscreve no fenômeno do tédio. O vazio que se forma na segunda forma do tédio é o "ter deixado para trás nosso próprio si mesmo"[48]. O tédio faz lembrar que o si mesmo autêntico foi deixado para trás. O si mesmo retorna obstinadamente na forma de um negativo, como o que é deixado para trás. Este escapar e o retorno negativo do si mesmo também determinam a terceira forma de tédio. O "empobrecimento" do si mesmo no

---

46 *Ibid.*, p. 207.

47 *Ibid.*, p. 222.

48 *Ibid.*, p. 180.

tédio profundo "*conduz o si mesmo* pela primeira vez em toda a nudez *até ele próprio* enquanto o si mesmo"[49]. O tédio impele o ser-aí a resolver-se optando por si mesmo, a agarrar-se a seu si mesmo autêntico. Ele força o ser-aí para o "momento" fracassado, para o fracassado "olhar da resolução"[50].

É questionável se, na análise do tédio, Heidegger permanece fiel à fenomenalidade deste. A fenomenologia do tédio de Heidegger sofre sob sua parcialidade. O medo, que participa na constituição do si mesmo, infiltra-se no tédio.

O tédio *não tem necessariamente de* incluir a compulsão para o ser-si-mesmo autêntico,

---

49 *Ibid.*, p. 215.

50 O "Olhar da resolução", de 1929/1930, não olha mais para a morte. O estreitamento da resolução e o adiantar-se para a morte empreendidos em *Ser e tempo* não têm continuidade. Em *Ser e tempo*, Heidegger já pergunta com ceticismo se este estreitamento pode ser fenomenologicamente legitimado: "O que a morte deve ter em comum com a 'situação concreta' do agir? A tentativa de juntar pela força a resolução e o adiantar-se não conduz a uma construção insustentável e totalmente não-fenomenológica, que já não pode sequer reivindicar o caráter de um projeto ontológico fenomenologicamente fundado?"

o "*apelo*", o chamado à resolução. Ao contrário, pode-se situar o tédio onde a tentativa de sair de si mesmo não tem êxito. Eu estou fechado em minha pele. Não posso ser liberto de mim mesmo. Eu sou meu próprio refém. O tédio inclui o chamado, o anseio por aquilo que precisamente não é o eu. No tédio se exprime a necessidade do distinto, a necessidade de evadir-se do duplo si no resolver-se em si por si mesmo. O distinto pode ser o outro ou a outra, a outra pessoa ou o completamente distinto. O tédio não precisa ser uma "fome pela primeira e mais extrema possibilidade do momento/deste momento"[51]. Ele pode ser lido como uma fome por um dom do distinto, por um dom de amor, uma fome que não pode ser saciada pelo eu autêntico. O tédio possivelmente nasce *após* ou *com* o sujeito, que segue vivendo escondido no eu heideggeriano. A morte do distinto, causada pelo sujeito, não dá vida ao tédio?

É duvidoso, então, se o momento realizado, o eu autêntico comovido pode libertar o

---

51 *GA* 29/30, p. 247.

ser-aí do feitiço do tédio profundo. Heidegger vê que no tédio profundo o eu, apesar de seu empobrecimento, se impõe em toda a sua nudez. Mas esta imposição do eu não aponta para a impossível tentativa de evadir-se de si mesmo, para a impossibilitada referência ao distinto. Em vez disso, ela deve ser ouvida como uma exortação à resolver-se em favor de si próprio. O feitiço do tédio profundo, que possivelmente deve ser reconduzido à hipertrofia do eu, deve ser quebrado pela resolução por si mesmo. A causa pode eliminar seu próprio efeito?

O instante Heideggeriano pode ser lido como uma forma de *domínio sobre o tempo*. Aqui, ele ainda não conhece uma *serenidade em relação ao tempo*. O êxito da ação no instante depende, como resultado de um *empreendimento*, do poder exercido pelo si mesmo. Ao ser-aí é *dada a tarefa* de quebrar o feitiço do tempo, para "ser sempre o determinado em meio ao ente"[52]. O feitiço do tempo não é o outro em relação ao instante. De certa

---

52 *Ibid.*, p. 224.

forma, este está inscrito naquele. Eles têm a mesma data de nascimento. O feitiço do tempo é o negativo do instante.

O tédio é onde o si mesmo se cristaliza em sujeito. No tédio, o tempo se vinga no sujeito, que se esforça para se assenhorear dele. O tédio põe em questão o tempo do si mesmo. É-lhe inerente um anseio por um tempo distinto, pelo tempo do outro.

Em seu "Ansprache zum Heimatabend" ("Discurso na tradicional noite folclórica") de 1961, Heidegger volta a abordar de perto o problema do tédio profundo. Ali, é verdade, ele não descreve o tédio como um *movimento em direção ao distinto*, mas o *pathos* pelo eu autêntico não está mais presente. O olhar decidido do eu autêntico dá lugar à "propensão à pátria". O tédio não surge do desinteresse, mas da apatridia: "Ela (i. é, a pátria) ainda existe e nos diz respeito, mas como *aquilo que procuramos*. Pois é presumivelmente a tonalidade afetiva do tédio profundo mal notado que nos leva a todo o passatempo que o estranho, o provocante, o enfeitiçante nos oferecem diariamente no infamiliar. Ainda mais: presumivelmente este tédio profundo – na forma do vício do passatempo – é a propensão oculta, não reconhecida, empurrada para longe e, no entanto, inescapável em direção à pátria: a oculta saudade do lar"[53]. O tédio é, portanto, certo fenômeno de retirada que a perda da pátria no "infamiliar do moderno mundo técnico" implica, um sintoma que não pode mais ser eliminado pela resolução do ser-aí a si mesmo.

Apesar de uma infidelidade à fenomenalidade, Heidegger formula um pensamento da comoção por meio da tonalidade afetiva fundamental do tédio. A comoção, que segundo Heidegger é "fundada" na tonalidade afetiva fundamental, permite ao pensamento tomar consciência de sua finitude, seu endividamento, e move o pensamento para o fora, que não pode ser internalizado. A experiência do fora ativa o *terceiro ouvido*, o *ouvido da finitude*, que é capaz de comoção e passividade. Ela sensibiliza o pensamento para a infamiliar *voz*

---

53 *Ansprache zum Heimatabend*, p. 13.

do distinto. O pensamento finito pensa com o ouvido. É uma audição do aí, do ENTRE-tom, que, deste lado da separação "sensível/inteligível", dá ao coração, encomenda ao coração o que pensar.

IV
Voz

– Sarah, Sarah par quoi le monde commence?
– Par la parole?
– Par le regard?
Edmond Jabès

Sai e põe-te neste monte perante a face do Senhor. E eis que passava o Senhor, como também um grande e forte vento, que fendia os montes e quebrava as penhas diante da face do Senhor; porém, o Senhor não estava no vento; e, depois do vento, um terremoto; também o Senhor não estava no terremoto; e, depois do terremoto, um fogo; porém, também o Senhor não estava no fogo; e, depois do fogo, uma voz mansa e delicada. E sucedeu que, ouvindo-a Elias, envolveu o seu rosto na sua capa [...].
1Reis

Em "Quatro Seminários" há uma "série de indicações", que se destinam a marcar diferentes abordagens à questão do acontecimento apropriador. Na primeira indicação, Heidegger recomenda aos participantes do seminário um "disco LP": "O texto apropriado para discutir esta questão é a conferência *O princípio de identidade*, que é melhor ainda *ouvir* (alusão ao LP 33 1/3 rpm, Pfullingen, 1957) do que ler"[1]. Por que Heidegger prefere a voz à escrita aqui? Qual é a diferença entre ouvir e ler? A preferência de Heidegger pela voz pode ser confrontada com o "fonocentrismo" que, de acordo com Derrida, está em ligação com a metafísica, com o "logocentrismo"?[2] Não é

---

1 *GA* 15, p. 366.

2 Em "A mão de Heidegger", Derrida acusa Heidegger de logocentrismo e fonocentrismo: "Quaisquer que sejam os motivos laterais e marginais que trabalhem e operem simultaneamente aí, um certo discurso estritamente sustentado de Heidegger é dominado pelo logocentrismo e fonocentrismo [...]" (*Geschlecht*, p. 78). É verdade, Derrida admite em outro lugar que há uma "ruptura" entre a "voz do ser" e o "*phoné*", mas ele não prossegue na investigação dessa ruptura fundamental. Apenas indica a "ambiguidade da posição de Heidegger sobre a metafísica da presença e sobre o logocentrismo" (*Grammatologie*, p. 41).

a voz em geral que está sendo recomendada aqui, mas apenas uma voz particular e especial, ou seja, a voz de Heidegger? Que vantagens tem sua voz querigmática, profética e ascética que se perderia na palavra escrita? Ela põe o ouvinte em uma *tonalidade afetiva do acontecimento apropriador*?

Em Platão, a escrita é vítima de uma economia logocêntrica que procura estabelecer um reino inteligível pela desvalorização do sensível. Por causa da exterioridade, de sua materialidade escritural, ela é incapaz de re--presentar a presença espiritual. Ela é apenas um duplo do duplo, que falsifica, trai a presença originária e ideal; é um duplo mau e perigoso do "discurso vivo e animado do sábio"[3]. A escrita, inicialmente oferecida como remédio (*pharmakon*) para a memória, se transforma em um veneno (*pharmakon*). A inferioridade da escrita explica o privilégio dado por Platão ao discurso falado: "[...] que na realidade mesmo os melhores deles (i. é, os discursos escritos) surgiram meramente como auxílio à memória

---

3 PLATÃO. *Fedro*, 276a.

dos sábios, que por outro lado somente aqueles discursos falados contêm algo esclarecedor e perfeito e que vale nosso esforço [...] e que, de fato e na verdade, estão escritos na alma e têm como objeto o justo, o belo e o bom"[4].

A voz transporta a idealidade, atravessa o exterior sem deixar vestígios materiais. Em contraste com a escrita, falta-lhe persistência espacial-material. Ela se mostra dominada unicamente por idealidade e espiritualidade. Enquanto a escrita permanece na externalidade sensível-espacial, que se opõe ao trabalho da dialética, o corpo da voz se extingue em favor da idealidade, se retira para a subjetividade interior. Ela se instala no tempo, que, de acordo com Hegel, é a "verdade do espaço"[5]. Se a linguagem é a "mortificação do mundo sensível"[6], que promete uma "segunda, mais elevada" existência no "reino da representação"[7],

---

[4] *Ibid.*, 277s.

[5] HEGEL. Enzyklopädie § 257, Zusatz.

[6] HEGEL. *Texte zur philosophischen Propadeutik*, Werke in 20 Banden, vol. 4, p. 52.

[7] HEGEL. *Enzyklopädie* § 459.

então a voz, como "em si e por si algo mais ideal"[8], é a substância de expressão apropriada à idealidade da linguagem. Graças à sua idealidade, ela se apresenta como a "mais próxima do pensamento"[9]. O privilégio conferido à voz pode, em última análise, ser remetido a certa ideia de verdade, a certo tratamento do ser: "O caráter não-mundano desta substância expressiva é constitutivo da idealidade. A experiência de que o significante se apaga na voz não é apenas uma ilusão qualquer – pois ela condiciona precisamente a ideia de verdade"[10].

A voz também preenche a necessidade de uma interioridade desobstruída, não perturbada por uma exterioridade. Ela permite uma autorreferência imediata, uma autoafecção imediata, das quais nem o olho nem o dedo indicador são capazes. Ao contrário do ver-se, tocar-se ou apontar para si, ela cria a aparência de uma absoluta interioridade não mundana. A voz ouve a si mesma, sem precisar fazer o

---

8 HEGEL. *Vorlesungen* über *die Ästhetik*, vol. 15, p. 134.

9 HEGEL. *Enzyklopädie* § 351, Zusatz.

10 DERRIDA. *Grammatologie*, p. 38.

desvio pelo exterior, que ameaça a interioridade. O sujeito ouve a si mesmo, escuta a si mesmo falar através de um puro fluxo de tempo, que não é turvado por nenhum exterior, nenhuma espacialidade, nenhuma sensibilidade. Na autoafecção autoauditiva, não se é confrontado com nenhum exterior onde se estaria exposto ao perigo de se perder. É impossível, no ouvir-se-falar, a tragédia do olhar enredado no exterior, do olhar que contempla um outro em seu próprio reflexo. Para nos ouvirmos, não precisamos embarcar na aventura de sair de nós mesmos. Eu *sou* a voz que se ouve a si mesma. A voz que se percebe a si mesma é a interioridade subjetiva. A voz é mais interior do que a lágrima: "Pois na voz não se forma simplesmente, como no riso, algo exterior presente, nem se projeta para fora, como no pranto, algo realmente material, mas antes se produz uma corporeidade ideal, por assim dizer, incorpórea; produz-se, portanto, algo material em que a interioridade do sujeito conserva totalmente o caráter da interioridade; a idealidade da alma, essente para si, recebe uma realidade exterior que lhe corresponde plenamente [...]"[11].

O ouvir-se-a-si-mesmo-falar, a fórmula fundamental da subjetividade, não faz justiça a toda a fenomenalidade da voz. A voz questiona radicalmente a economia narcisista do espelho, o constante retorno a si mesmo.

---

[11] HEGEL. *Enzyklopädie* § 401 Adendo. A idealidade da voz também condiciona a hierarquia hegeliana dos sentidos. O sentido do tato requer resistência material. O olfato e o paladar consomem, de certa maneira, seu objeto material. Além disso, é-lhes inerente um desejo que torna impossível a relação ideal com o objeto. Somente o sentido da visão, em ser "ver sem desejo", é capaz de se relacionar com o objeto de forma ideal e teórica por meio da "matéria imaterial" da luz. Apesar da imaterialidade da luz, o olho permanece preso à exterioridade sensível. A independência em relação à exterioridade torna o ouvido o mais ideal dos sentidos: "Em contrapartida, o ouvido, sem praticamente se dirigir aos objetos fora, percebe o resultado daquele tremor interno do corpo pelo qual já não se manifesta a figura material em repouso, mas a primeira espiritualidade ideal". A preferência de Kierkegaard pelo sentido da audição também pode se basear nesta capacidade do ouvido para a interioridade: "Nisto, a audição tornou-se gradualmente o mais querido de todos os sentidos para mim: tal como a voz é a revelação da interioridade inadequada para o exterior, da mesma forma o ouvido é a ferramenta com a qual esta interioridade é percebida" (*Entweder/Oder*, *Gesammelte Werke*, 1ª seção, Primeira parte, p. 3). O evidente privilégio dado ao olho entre os gregos decorreria do fato de que eles, sim, conheciam a idealidade, mas ainda não a interioridade subjetiva?

A voz atirada para o vazio retrocede para uma distância. A dispersão centrífuga é seu traço fundamental: "Trata-se, portanto, dos caminhos da voz. Como sabemos, a voz é algo completamente imprevisível, desenha seus caminhos, oscila no espaço, pausa, fica sem fôlego ou toma fôlego, é interminável, ou seja, não tem meta, ela vai, ela quer"[12]. A voz se extingue sem interiorização. Somente o apagamento metafísico da espacialidade dá à voz a interioridade do "ouvir-se-falar". O traço básico da voz não é o ter-se presente a si mesma, mas o perder-se: "Voz! é também lançar-se, esta efusão, da qual nada retorna. Exclamação, gritos, falta de ar, berros, tosse, vômito, música. Ela sai. Ela perde. E é assim que ela escreve, enquanto lançamos a voz, para frente, no vazio. Ela se afasta, ela avança, não retorna sobre seus rastros para examiná-los. Não olha para si mesma. Corre velozmente. Em contraste com o narcisismo masculino, preocupado em assegurar sua imagem, em ser olhado, em se ver, em recolher seus fragmentos, em embolsá-los.

---

12 CIXOUS. *Weiblichkeit in der Schrift*, p. 78.

O olhar de retorno, o olhar de retorno sempre dividido, a economia do espelho, é preciso amar a si mesmo".

Esta outra voz trabalha contra a economia metafísica do regresso a casa, a economia do "ouvir-se-falar". A impossibilidade de curvar o dito e fazê-lo voltar ao seu remetente condiciona a renúncia à apropriação: "Não a origem: ela não retorna. A viagem do menino: de volta à pátria, *Heimweh*, de que Freud fala, nostalgia que faz do homem um ser que tende a retornar ao ponto de partida, a fim de apropriar-se dele e ali morrer. A viagem da menina: mais longe, para o desconhecido, para inventar"[13].

A história da metafísica não foi apenas a história do rebaixamento da escrita, mas também a história do rebaixamento do corpo e da sensibilidade. Platão e Aristóteles geralmente não valorizam a *phoné*. O platonismo é *antes* um *logo*centrismo do que um *fono*centrismo. Derrida não faz distinção entre diferentes tipos de *phoné*. A voz que Platão opõe à escrita é uma *phoné* particular. Ela deve ter sido

---

13 CIXOUS. *La jeune* née. Paris, 1975, p. 173.

misturada com *logoi*. A flauta, que Platão bane de seu estado ideal, produz uma *phoné* muito semelhante à voz humana: "Ora, o canto e o som da flauta se misturam como resultado de sua semelhança [...]. Além disso, a flauta, por seu som e sua semelhança (com a voz), pode esconder muitos erros no canto [...]"[14]. Tanto Platão como Aristóteles desconfiam da música de flauta. Apesar de sua semelhança com a voz humana, ela é incompatível com o discurso (*logos*): "Como um obstáculo no sentido da formação, deve ser acrescentado que a flauta torna impossível falar ao mesmo tempo em que se a estuda"[15]. Segundo Aristóteles, Atena rejeitou a flauta principalmente pela razão de que "aula de flauta não significa nada para o intelecto". No *Banquete*, antes de começar a conversa (*dialegein*), Platão faz desaparecer o flautista. Pois, a "voz (*phoné*) da flauta" torna surda a voz do *logos*. Ela nos envia para um frenesi orgíaco, enfraquece a faculdade ética. Ela cria uma voz humana sem *logos*, sem

---

14 ARISTÓTELES. *Problemata*, XIX, 43.

15 ARISTÓTELES. *Política*, 1341a.

sentido. No momento em que a voz humana perde seu caráter de signo, ela é abismal e demoníaca. Os demônios não persuadem pela fala, mas seduzem com seu som adocicado de flauta. Como a voz das sereias, ele tem um efeito mortal. A voz das sereias é a voz própria de Odisseu, uma *phoné* falada ou cantada sem *logos*. É o *logos* que evita o perigo mortal da pura sensibilidade. A *phoné* que Derrida associa ao logocentrismo é a *voz do logos*. A outra *phoné*, a voz corporal liberada dos *logos*, a *geno-voz*, que ao contrário da *feno-voz* ainda não é um *fenômeno expressivo*, também escapa de Derrida.

No entanto, tão logo a voz do narciso deixa a esfera do ouvir-se-falar e se dirige ao exterior, outra tragédia começa. As lágrimas voltam a fluir, as lágrimas de Eco. Narciso desdenha Eco. Quando Eco, repetindo a frase de Narciso "Juntemo-nos aqui", quis envolver seus braços em torno de seu pescoço, Narciso gritou horrorizado: "Fora! Fora com suas mãos e braços! Prefiro morrer! Pensas que eu me entregaria a ti?" A voz que abandona a esfera do ouvir-a--si-mesmo-falar retorna marcada pela morte.

A voz que retorna inscreve a morte no sujeito narcisista. O sujeito que sonha com a imortalidade na esfera da interioridade narcisista precisa necessariamente reprimir a voz que retorna, que está enredada no exterior, no outro, a voz espacializada, modificada ou *alterada*.

O ser-aí de *Ser e tempo* certamente não pode ser suspeito de cegueira narcisista. O ser-aí não se instala no interior sem janelas. Existência significar ser-fora. O ser-aí está em casa fora no mundo. É notável, no entanto, que ele se move pelo mundo como um duplo do sujeito. Seu passo ansioso é marcado por uma interioridade autista. O centro do ser-no-mundo é sabidamente ocupado pelo "ser-aí isolado sobre si no estranhamento"[16]. Ele se empenha fervorosamente pela "firmeza"[17] do "si mesmo tomado expressamente"[18], pelo *eu-mesmo*[19] que ameaça submergir no "impessoalmente si-mesmo".

---

16 *SZ*, p. 277.

17 *Ibid.*, p. 322.

18 *Ibid.*, p. 129.

19 *Ibid.*, p. 267.

Onde quer que se fale do eu-mesmo, do encontrar-se, a voz ou o chamado surgem no texto. Em *Ser e tempo*, a voz é constitutiva da interioridade do ser-aí. De certa forma, o ser-aí se dobra na voz que se propaga. Ela permite que ocorra um toque-de-si-mesmo. A formação do eu-mesmo está ligada a certa *formação-da--voz*. Sem dúvida, aquele que chama se recusa inicialmente a responder "a questão do nome, *status*, origem e reputação"[20], mas ele não é outro senão o próprio ser-aí. A "voz estranha" se revela como a voz própria do ser-aí. Aquele que chama e o ouvinte são idênticos. Quem chama é o único ouvinte que ouve o chamado. O ser-aí ouve sua própria voz. O eu-mesmo é formado nesta esfera de ouvir-se-a-si-mesmo--chamar, do ouvir-se-a-si-mesmo-falar. Esta é a voz que se ouve a si mesma. É possível fazer aqui a crítica de que o discurso de Heidegger é, em última análise, fonocêntrico? Há um parentesco de sangue entre a esfera do chamado e a autoafecção da interioridade subjetiva?

---

20 *Ibid.*, p. 274.

A voz heideggeriana é, no entanto, radicalmente diferente da "*phoné*". Ela não dispõe de corpo sensível (*l'image acoustique*). É uma voz "que não 'ouvimos' sensivelmente"[21], uma voz que não pode ser escutada com o ouvido. Ela não tem "significante", um portador de expressão sensível. Falta-lhe qualquer "sonorização"[22]. A voz silenciadora sem corpo, que chama de volta "o ser-aí que recebeu o chamado como o que deve se tornar silencioso no silêncio de si mesmo"[23], permanece sem som. O "calar", que não marca a quebra na cadeia de significantes, é seu modo de expressão. O corpo, no entanto, não é sacrificado à idealidade. A voz não transporta nenhum significado, nenhum conceito (*le concept*). Ela não é animada por uma presença ideal. Ela não contém uma alma, um "significado". De acordo com a ideia da *phoné*, ela seria sem corpo e sem alma. Sua falta de

---

21 *Ibid.*, p. 444.

22 *Ibid.*, p. 271. "Não devemos negligenciar que para o discurso, e portanto também para o chamado, a sonorização vocal não é essencial". A voz é afônica. A voz sem som não é uma voz muda usada para falar consigo ou para si, que, excetuando o som, mantém as funções da *phoné*.

23 *SZ*, p. 296.

som e corpo não libera uma idealidade purificada da opacidade espacial-material, uma objetividade universal. A voz não está sob aquela compulsão de pureza que Derrida associa ao discurso fonocêntrico: "A 'transcendência aparente' da voz reside em que o significado, que é sempre de essência ideal, a *Bedeutung* (em alemão no original) 'expressa' está imediatamente presente ao ato de expressão. Essa presença imediata, por sua vez, se deve ao fato de que o 'corpo' fenomenológico do significante parece apagar-se no mesmo momento em que é produzido. Ele parece pertencer, a partir de agora, ao elemento da idealidade. Ele se reduz fenomenologicamente a si mesmo, transforma em pura diafaneidade a estrutura opaca do seu corpo"[24].

A incorporeidade da voz de Heidegger não implica um ganho ideal, dialético. Não libera aquelas "idealidades" que "devem poder *idealiter* ser repetidas e transmitidas infinitamente como elas mesmas"[25]. Em nenhum momento a

---

24 DERRIDA, J. *Die Stimme und das Phanomen*, p. 133s.

25 *Ibid.*, p. 135.

voz se concretiza em *algo*. O "sentido do chamado"[26] não contém nenhum "referente". Ela se esvazia até um vazio que não pode ser ocupado referencialmente. O ouvido capaz apenas de audição referencial, ou seja, o "ouvido ocupadamente curioso"[27] do impessoal não escuta o murmúrio silencioso da voz estranha, que nunca expressa um *algo*. O olho do impessoal não compensa este déficit do ouvido. Seu olhar, ávido pelo aspecto, é igualmente incapaz do vazio. O Impessoal é todo olho e ouvido. No entanto, ele não ouve o "'fato de que' nu"[28], que não está revestido de som nem de conceito.

Na seção sobre a curiosidade, Heidegger procura, de maneira interessante, provar a primazia do olho na metafísica. É verdade, ele não lhe imputa *expressis verbis* a caducidade ou a incapacidade para o "fato de que" nu, mas

---

26 *SZ*, p. 287.

27 *Ibid.*, p. 277.

28 *Ibid.*, p. 276: "*Nada* 'mundano' pode determinar o quem do autor do chamado. Ele é o ser-aí em sua desfamiliaridade, o originariamente lançado ser-no-mundo como um não estar-em-casa, a 'faticidade' nua no nada do mundo".

também não traça uma linha divisória entre o olhar metafísico e o olho do curioso, que se contenta apenas com o aspecto externo. Seria a visão metafísica curiosa demais para perceber o nu "fato de quê"? Teria a metafísica um olho a mais? Sabidamente, o Heidegger tardio acusa o ver metafísico de uma cegueira em relação ao ser. De acordo com seu diagnóstico da história do ser, a *idea* platônica como "aspecto" já recai no esquecimento do ser: "*idea* é aquela interpretação da *aletheia* por meio da qual aquela determinação posterior da entidade como objetualidade é preparada, e a questão acerca da *aletheia* enquanto tal para toda a história da filosofia ocidental é necessariamente impedida"[29].

No entanto, Heidegger não atribui maior valor ao ouvido do que o olho. O ouvido do impessoal seria tão inautêntico ou voraz quanto seu olho. Ele ouve demais e, ao fazê-lo, deixa de ouvir a voz silenciosa. Ele é "aturdido" pelo barulho: "O chamado quebra a escuta dirigida ao impessoal pelo Dasein que não se

---

29 *GA* 65, p. 208.

ouve a si mesmo, quando ele, correspondentemente ao seu caráter de chamado, desperta um ouvir que em tudo é caracterizado de maneira contrária ao ouvir perdido. Se este aturdido pelo 'barulho' da múltipla ambiguidade do falatório cotidianamente 'novo', o chamado deve chamar sem ruído e sem ambiguidade"[30]. No interior de *Ser e tempo*, nem o olho nem o ouvido estão a salvo da inautenticidade. No que diz respeito à superação da metafísica, Heidegger tem em mente um órgão dos sentidos incomum, que vê ouvindo e ouve vendo. Esse órgão se chamará *coração*.

A voz heideggeriana não exprime um "sentido". Ela parece se esgotar em uma pura vetorialidade, em uma pura "impulsão"[31]. Ela *impulsiona* o ser-aí na nua facticidade[32]. A voz não

---

30 *SZ*, p. 271.

31 *Ibid*.

32 A faticidade nua não é um dado pontual. Ela se mostra enquanto *tempo*. A voz inaugura a "temporalidade autêntica". Na estreita vinculação de tempo e voz, Derrida suspeita uma variante do fonocentrismo (cf. *Grammatology*, p. 38). A acusação de Derrida, entretanto, é muito vaga. Heidegger não pensa no tempo a partir de uma presença que persiste em si mesma, a partir de um "ponto de origem" inamovível na consciência. Em *Ser e tempo*, o tempo já pode ser

comunica conceitualmente o nu "fato de que" por meio de um canal discursivo. Por meio da angústia que priva o ser-aí de sua "voz" e não é conceitualmente canalizável, ela puxa o ser-aí para a nua facticidade, para o "nada" esvaziado

---

lido como certo jogo de diferença dos "*ekstases*". Cada "*ekstase*" está *fora de si*. Eles devem um ao outro seu aí: "Somente na medida em que o ser-aí *é*, em geral, como eu *sou*-sido, pode ele, vindouramente, vir a si mesmo de tal modo que volta *atrás*. Propriamente *vindouro* o ser-aí é propriamente *sido*. [...] O ser-aí só pode *ser* sido propriamente, na medida em que é vindouro. [...] A resolução precursora abre cada vez a respectiva situação do 'aí', de tal maneira que a existência, agindo, ocupa-se, olhando ao redor, do factualmente à mão no mundo ambiente. [...] Só como *presente*, no sentido do presenciar, a resolução pode ser o que é: o indissimulado deixar vir-ao-encontro o que ela, agindo, toma em mãos". A primazia do futuro afirmada por Heidegger não é uma primazia absoluta, mas uma certa primazia. O futuro não se enrijece em uma presença repousando em si mesma. Em *Ser e tempo*, o tempo surge de um movimento diferencial, diferenciador e de dobradura: "Esse estar-presente, a ser assim pensado, não pode ser atribuído a uma das três dimensões do tempo, a saber, do presente, como seria óbvio. Esta unidade das três dimensões repousa, antes, no *jogo de cada uma para as outras*" (*Zur Sache des Denkens*, p. 15s., ênfase minha). O tempo não é um estar-presente simples, de uma só dobra. Em vez disso, ele assume a forma de um "estar-presente de múltiplas dobras". A "proximidade", a quarta dimensão do tempo, mas a primeira do ponto de vista da "coisa", não é um ponto de origem do qual mana o tempo. A proximidade não tem *mais presença* do que o presente. Ela designa, antes, o jogo de diferença do movimento de dobradura, somente no qual se desdobra estar-presente de múltiplas dobras.

de toda referência intramundana. Na angústia, a rede de referência do mundo se rasga. O rasgo faz a nua facticidade irromper no ser-aí. A voz que abre uma brecha no mundo do impessoal espreita por trás do conceito e por trás da "voz" articulada. A voz fala sem significado e sem significante. O ser-aí não é *persuadido pelo discurso*, mas subjugado. Falta à voz toda discursividade. Ela se anuncia como um *assalto sintonizador*.

A tonalidade afetiva (fundamental), como a voz, não irrompe em nenhum referente intramundano. É precisamente esta localização referencial impossível que a torna capaz da nudez do "fato de que". O estreitamento da voz e da afinação é estreitado ainda mais no Heidegger tardio. Na autointerpretação da preleção inaugural *O que é metafísica?*, Heidegger escreve: "pois esta (a preleção) pensa a partir da atenção à voz do ser em direção à afinação que provém dessa voz; uma afinação que requisita o homem em sua essência para que aprenda a experimentar o ser no nada"[33].

---

33 *GA* 9, p. 307.

O Heidegger tardio dá uma resposta diferente à "questão do nome, *status*, origem e reputação" do autor do chamado. Seu nome não é mais o ser-aí, mas o ser. Depois da correção de sua origem, ele recupera sua "reputação" como um chamador sagrado. A voz eclode da interioridade do ser-aí. Essa eclosão rompe a esfera do ouvir-se-a-si-mesmo-falar. A voz do ser se anuncia, sem se ouvir a si mesma. O ser-aí é, então, exortado a "ouvir obedientemente" a "voz do ser"[34].

De que maneira o ser tem voz? É isto apenas uma imagem, apenas uma metáfora? Heidegger tenta, com um fenômeno conhecido, familiar e sensível, ilustrar algo desconhecido, não sensível, a saber, o ser, tenta fazê-lo parecer mais familiar, o ser que "propriamente" não tem voz? A voz tem apenas um valor didático-metafórico? Mas qual é a voz "conhecida" a partir da qual se poderia pensar na voz do ser? A voz conhecida não tem, ao contrário, de se tornar desconhecida, estranha, para que se possa experimentar o que é a voz em

---

34 *Ibid.*, p. 311.

geral? É preciso, portanto, inverter a direção do movimento metafórico? É o ser que primeiramente fornece informações sobre o que a voz é autenticamente? Heidegger não fala apenas da voz do ser, mas também da "casa do ser". Ele assevera que não se trata de uma metáfora: "Falar da casa do ser não é transpor a imagem da 'casa' para o ser. Ao contrário, a partir da essência do ser, pensada de uma maneira apropriada à questão, chegará um dia em que poderemos pensar melhor o que são 'casa' e 'morar'"[35]. Pode-se, então, "um dia" experimentar, "a partir da essência do ser, pensada de uma maneira apropriada à questão", o que a "voz" e o "ouvir" são? Essa interpretação não-metafórica da metáfora não funciona mais em relação a uma outra imagem. Heidegger não fala mais de "casa", mas também do "salão", evidentemente semelhante [ähnlich] a ela. O "pressentir" ["Ahnen"] é, segundo ele, o "salão que oculta, ou seja, encobre tudo o que se pode saber"[36]. Absurdo seria afirmar que o

---

35 *Ibid.*, p. 358.

36 *Was heisst Denken?*, p. 173.

pressentir é que primeiramente abre a essência do "pavilhão".

Em *Ser e tempo*, Heidegger já afirma que a voz e o chamado não são uma "imagem": "A caracterização da consciência como chamado não é, de modo algum, somente uma 'imagem', algo como a representação *kantiana* do tribunal da consciência. Nós só não podemos ignorar que para o discurso, e portanto também para o chamado, a locução verbal não é essencial"[37]. O que torna a "temível" "voz do juiz interior"[38] uma metáfora? Que diferença há entre a voz heideggeriana da "consciência" e a voz do juiz residente no sujeito? Apenas a irrelevância da vocalização sonora marca a diferença com relação à voz heideggeriana? A sonorização vocal não é também desimportante para a voz do juiz interior? Ou será que, ao contrário da voz heideggeriana, ela requer articulação? Kant toma emprestado um fenômeno conhecido e familiar, a voz do juiz

---

37 *SZ*, p. 271.

38 KANT. *Grundlegung zur Metaphysik der Sitten*. Vol. 4, p. 573.

"real", para ilustrar um fenômeno menos familiar e não sensível, a saber, a consciência? A inversão do movimento metafórico em Kant é inadmissível? Não se deve dizer, portanto, que é possível experimentar o que são o tribunal e a voz real do juiz apenas "a partir da essência" da consciência, "pensada de maneira apropriada ao assunto"? A inversão aqui conduz necessariamente a uma reversão do assunto?

Em "O que significa pensar?" Heidegger volta a usar uma quase-metáfora para caracterizar as "palavras". Ele fala de "poços": "Palavras são poços que o dizer escava, poços que devem ser continuamente encontrados e cavados de novo, facilmente soterráveis, mas que às vezes também jorram inesperadamente"[39]. Podemos aqui simplesmente inverter o movimento metafórico? As palavras fornecem mais informações sobre os poços do que os poços sobre as palavras? Apenas a essência das palavras, apropriadamente pensada, responde ao que são os "poços" e as "fontes"? Ou trata-se aqui de uma metáfora "real"? Heidegger não

---

39 *Was heisst Denken?*, p. 89.

está descrevendo o fenômeno mais desconhecido, a "palavra", com um ente que qualquer um conhece? Se a expressão "poço", como a expressão "salão", é uma metáfora factual, então ele precisa legitimar sua constante recaída na metafísica ou pelo menos desculpar-se por isso. Heidegger o faz, de fato. Ele fala de "âncora de emergência": "Diferentemente da palavra da poesia, o dizer do pensamento é sem imagem. E onde parece haver uma imagem, esta não é nem o poetizado de um poema nem o ilustrativo de um 'sentido', mas tão somente a 'âncora de emergência' da intentada, mas não exitosa ausência de imagem"[40]. Heidegger lança mão da "âncora de emergência" ao recorrer a metáforas – e precisamente por uma fraqueza contra a qual nem mesmo seu pensamento deve ser completamente imune. Trata-se de um erro por causa de uma fraqueza que lhe deve ser desculpada.

Com certeza, a expressão "poço", ao contrário de "salão", não é nitidamente metafórica. Heidegger provavelmente rejeitaria com

---

40 *GA* 13, p. 33.

veemência a suposição de que ele, com o ente sensível, o poço, está ilustrando um fenômeno não sensível, ou seja, a "palavra". Ele ressaltaria que a palavra não pertence ao reino não-sensível, que a separação "sensível/não-sensível" só é possível dentro da metafísica, que a palavra em si é *terrosa*, que ela tem o sabor da terra como a água do poço, que nela a terra "de fato" brota em direção ao céu. Ele insistiria que não se trata de uma transferência metafórica do sensível para o não-sensível, que o "poço" designa, de maneira não metafórica, o "terroso da linguagem"[41].

Qual é a terra "real" da qual a terra metafísica deve ser distinguida? Existe uma terra em si que poderia ser usada para ilustração de um estado de coisas não sensível? Não é antes a terra geológica também uma metáfora? Citemos uma longa passagem do *Hino de Hölderlin: "Recordação"*: "Olhando desta forma, somos tentados a dizer que o sol e o vento se dão como 'fenômenos naturais' e depois 'também' significam algo mais; eles são 'símbolos'

---

41 *US*, p. 208.

para nós. Quando falamos assim e opinamos assim, tomamos por aceito que conhecemos 'o' sol e 'o' vento 'em si'. Queremos dizer que os povos e seres humanos pregressos também 'primeiramente' conheceram 'o sol' e 'a lua' e 'o vento' e que depois, além disso, ainda utilizaram esses supostos 'fenômenos naturais' como 'imagens' para algum tipo de mundos por trás. Como se 'o' sol e 'o' vento, inversamente, não aparecessem sempre já de um 'mundo' e fossem apenas o que são na medida em que são poetizados a partir de um 'mundo', podendo permanecer aberto *quem* está poetizando aqui. [...] O sol 'astronômico' e o vento 'meteorológico', que hoje consideramos conhecer melhor e com mais avanços, não são menos poetizados do que o 'fogo' do poema, mas apenas o são de modo mais desajeitado e prosaico. [...] Ainda que a humanidade atual e a vindoura sejam extremamente tecnicizadas e equipadas para um estado do globo terrestre para o qual sobretudo a diferenciação entre 'guerra e paz' pertence às coisas superadas, ainda assim o ser humano vive 'poeticamente' sobre esta Terra [...]. Devemos observar agora apenas que a chave principal de toda a 'poética', a doutrina da 'imagem' na poesia, da 'metáfora', não abre uma única porta no reino da poesia dos hinos de Hölderlin e não nos leva ao ar livre em lugar nenhum. [...] Também as 'coisas mesmas' são, antes de se tornarem os assim chamados 'símbolos', *a cada vez poetizados*"[42].

Podem-se dissolver as fronteiras da metáfora, ampliar de modo abismal seu espaço, de modo que cada *palavra*, até mesmo a "metáfora" se torne uma *metáfora*. A desfronteirização abismal da metáfora supera a distinção "autêntico/figurativo". No espaço metafórico sem fronteiras, tanto o sensível quanto o não-sensível tornam-se uma *metáfora*. Esta agora não aponta um significado "autêntico" situado na totalidade referencial. A palavra perde o em-si. O vento "meteorológico", o vento "autêntico" sopra tão *metaforicamente* quanto o vento "metafórico". O último, como o primeiro, é *poetizado* a partir de um só *mundo*. O mundo é um não-significado abismal, que, enquanto *metáfora*, cada *palavra sofre* e para

---

42 *GA* 52, p. 39s. Ênfase minha.

o qual se dirige. A linguagem descreve o *mundo indescritível* ao *metaforizá*-lo com imagens sem figuras. Cada palavra murmura um nada, rumina um abismo. Para encontrar uma palavra, é preciso ter atravessado e padecido uma profundidade abismal. A "magia do mundo afinador" faz as *palavras* brotarem como metáforas de um abismo. O mundo seria um foco de metáforas no qual as *palavras* germinam.

Uma tendência negativa é inerente à palavra. A tendência metafórica, o traço fundamental da palavra, não permanece *temático* nela. A estranha corrente de ar do mundo, que ainda *sopra* na tendência metafórica da palavra, chega a um impasse em sua circulação. A palavra não carrega sua tendência metafórica em sua superfície significativa. A palavra não anuncia significativamente seu tendência metafórico; esta recua para trás da camada de significado. Ela ameaça deixar de ser um *sinal* que aponta para o que se retira. Ela se aplaina em um significante que aponta um significado. A tendência negativa da palavra está em uma relação com a retirada do retiro do que se retira. Esta negatividade leva à retirada da tendência metafórica, a uma história *geral* da decadência da palavra. A passagem de "O que significa pensar?" que trata do Sócrates que não escreve pode ser situada nesta história de decadência. Ali, Heidegger elogia a pureza de Sócrates: "Se estamos relacionados com o que se subtrai, então estamos na tração rumo ao que se subtrai, à enigmática e, portanto, mutável proximidade de sua exigência. Se um ser humano está expressamente nessa tração, então ele pensa, não importa quão longe ele possa estar do que se subtrai, não importa quão dissimulado o subtrair-se possa permanecer. Sócrates não fez mais nada durante toda sua vida, até a morte, a não ser se pôr na corrente de ar dessa tração e se manter nela. É por isso que ele é o pensador mais puro do Ocidente. É por isso que não escreveu nada"[43]. Aqueles que começam a escrever, Heidegger continua, refugiam-se da "corrente de ar muito forte" ao "abrigo do vento". Todo pensador que escreve é um "refugiado", um pensador no exílio.

---

43 *Was heisst Denken?*, p. 52.

Por que o pensamento busca um exílio na palavra escrita onde domina a calmaria sem vento? Existe um perigo mortal na pátria? Heidegger realmente fala de um perigo que é bem diferente do perigo de decadência. É um perigo de aniquilação, um perigo de incineração: "A periculosidade da linguagem é, portanto, essencialmente dupla e, em si mesma, de novo fundamentalmente diversa: há, por um lado, o perigo da proximidade excessiva em relação aos deuses e, com isso, de aniquilação desmesurada pela parte destes, mas, ao mesmo tempo, o perigo do desvio mais superficial e do enredamento no falatório gasto e na sua aparência"[44]. O pensamento passa de um perigo para outro no momento em que começa a escrever: "Permanece um segredo de uma história ainda oculta o fato de que todos os pensadores do Ocidente depois de Sócrates, independentemente de sua grandeza, tiveram de ser tais refugiados. O pensamento entrou na literatura"[45]. Sair dessa inquietante tração

---

44 *GA* 39, p. 63s.

45 *Was heisst Denken?*, p. 52.

implica a retirada do retiro do que se retira, que, segundo Heidegger, é o traço fundamental da "literatura". Esta, devido ao duplo afastamento, não está mais "no curso rumo ao que se retira"[46]. Não podemos nos acostumar com a inquietante tração. Sair dela é o traço fundamental do *escrever*.

Esta passagem sobre o Sócrates que não escreve não deve, contudo, ser lida precipitadamente, como faz Derrida, como evidência do descrédito de Heidegger à escrita em si. O cuidado de Heidegger diz respeito primariamente à inessência da linguagem desposada desde sempre com essência, uma inessência que pratica sua inessência tanto na fala quanto na escrita. O falado se torna, no interior da história de decadência geral, "falatório sem chão", e o escrito se aplaina até uma "escrevinhação indisciplinada"[47]. A escrita e a fala estão igualmente implicadas no movimento negativo da linguagem. Certamente, Heidegger prefere a oralidade à escrita em certos aspectos. Mas este

---

46 *Ibid.*, p. 6.

47 *GA* 52, p. 38.

privilégio do oral não se refere explicitamente à voz como tal. Ela não é fundamentada nem pela espiritualidade e imaterialidade da voz nem pela capacidade da voz – em casa na "vida solitária da alma"[48] – para a interioridade e idealidade.

Na *Carta sobre o Humanismo*, Heidegger aponta a vantagem do oral e a desvantagem da escrita. No escrito – apesar da "salutar compulsão para uma formulação linguística cuidadosa" inerente ao escrito – o pensamento perde seu "dinamismo"[49]. O andar do pensamento é promovido pelo diálogo? Os textos de Heidegger escritos em forma de diálogo fornecem informações sobre seus esforços para preservar a

---

48 Cf. DERRIDA, J. *Das Stimme und das phänomen*, p. 73s. A linguagem de Heidegger é realmente "solitária" (*US*, p. 265), mas não conhece a solidão da interioridade subjetiva, do narcisista, do ouvir-se a si mesmo falando. Ela não está presa no círculo da "egoísta autocontemplação que se esquece de tudo o mais". Ela não retorna para si mesma, mas olha para longe de si: "Como a saga, a essência da linguagem é o sinal do mostrar apropriador que precisamente se afasta de si mesmo para que assim o mostrado seja liberado para o específico de seu aparecer" (*US*, p. 262). A "solidão" da linguagem deriva do "afastamento" que se anuncia como uma "referência".

49 *GA 9*, p. 315.

oralidade na escrituralidade? De fato, por causa da dialogicidade oral, Heidegger realmente parece lhe atribuir mais proximidade do ser. Em *Conversas no caminho do campo*, Heidegger escreve sobre a "conversa": "Onde, senão na verdadeira conversa, poderia o não-falado ser puramente preservado e guardado? Dos bens, o mais perigoso é a linguagem, porque ela não poderia preservar o não dito – (porque ela não encobre muito; ao contrário, porque revela muito)"[50]. Entretanto, estas conversas são inventadas e monológicas. Eles só existem por escrito. O que distingue estes diálogos monológicos em relação monólogo monológico seriam pergunta e resposta, ou fala e contrafala. Aqui, a voz como tal ou a oralidade medial são inessenciais. Sem dúvida, Heidegger aprecia o "nítido saber sobre a primazia da palavra imediatamente dita sobre a palavra meramente escrita" por parte de Platão, mas o inequívoco reconhecimento da valorização platônica do oral é seguido pela pergunta: "Mas onde estariam os 'Diálogos' de Platão, se nunca tivessem se tornado o

---

50 *GA* 77, p. 159.

escrito?"[51] O escrito é um mal necessário que só é tolerado porque retrata o dialógico como a essência do oral? Mas a conversa não é, ela mesma, imune ao inessencial da linguagem: "Que nós somos uma conversa significa ao mesmo tempo e co-originariamente: nós somos um *calar*. Mas isso também significa que nosso ser ocorre na fala sobre o ente e o não-ente, de modo que nos tornamos servos de um tagarelar sobre as coisas. Somos então um falatório, pois este é o inessencial que pertence necessariamente à essência da conversa"[52]. O inessencial da linguagem não faz distinção, portanto, entre o "apenas escrito" e a "palavra dita imediatamente". Ele acomete ambas.

Onde devemos procurar essa "mobilidade" que o pensamento perde no escrito? Ela se refere a um determinado tipo de marcha, a uma determinada "marcha do pensamento"? O pensamento está impedido de andar no escrito? Para onde vai o pensamento? Ele *está a caminho* de onde?

---

51 *GA* 54, p. 132.
52 *GA* 39, p. 70s.

Como se sabe, o pensamento não vai a nenhum lugar *determinado*. A ausência do destino a ser alcançado distingue o curso do pensamento do curso das "aves migratórias"[53]. O pensamento está a caminho do que puxa e atrai, que, entretanto, se afasta dele. Ele não se move de um lugar a outro como as "aves migratórias". A marcha do pensamento é obstruída em todo escrito? Ou Heidegger limita a restrição da marcha apenas a um determinado escrever, que *descreve* o propriamente indescritível e assim sufoca o chamado, o grito? "Na escrita, o grito é facilmente sufocado, e completamente quando a escrita se perde apenas em um descrever e tem em vista manter a imaginação ocupada e fornecer-lhe material suficiente e sempre novo. No escrito, o poetizado desaparece se a escrita não é capaz de manter no escrito uma marcha do pensamento, um caminho"[54]. Existe um escrever, um escrito, em que o pensamento não para de andar? Existe um livro que grita, chama, anda?

---

53 Cf. *Was heisst Denken?*, p. 5.

54 *Ibid.*, p. 20.

A relação de Heidegger com a escrita, ou o escrito, é, portanto, muito ambivalente. Por um lado, ele parece realmente postular uma presença pura que é posta em perigo pela escrita ou pelo escrever. Mas ele infelizmente não responde com clareza por que o pensamento, no escrito ou no escrever, deve cair na "literatura", que ele abertamente desacredita, e quais traços fundamentais da escrita o pensamento entrega à "literatura". A "Literatura" não deve ser, sem mais, identificada com a escrita, como faz Derrida. Na preleção de 1929/1930, Heidegger escreve: "Nós caracterizamos intencionalmente estas interpretações de nossa conjuntura (ou seja, da 'filosofia da cultura') com palavras de origem estrangeira, diagnóstico e prognóstico, porque elas não têm sua essência em um crescimento originário, mas conduzem uma existência literária – ainda que de modo nada casual"[55]. O que é criticado aqui não é a escrita em geral. Não se deve estabelecer aqui a conexão entre o escrito e aquele pensamento que "sem espinha dorsal, ossos

---

55 *GA* 29/30, p. 112.

e sangue", levam a duras penas uma "existência literária"[56].

O descrédito da "literatura" por parte de Heidegger não pode ser simplesmente remetido à angústia da *teimosia*, da incontrolável *vida própria* da escrita, que faz o pensamento se afastar de uma intenção determinada, de uma ideia determinada de verdade. Não é sua principal preocupação que o escrito deve necessariamente se deixar levar por um jogo arbitrário da *différance*, deve se expor a ele. Pois o "inessencial" da linguagem não deriva daquela escrituralidade que, segundo Derrida, rompe a presença virginal.

A "mão" de Heidegger, por sua vez, coloca a escrita sob uma luz diferente. A "mão", que no homem moderno se torna "máquina de escrever"[57], estabelece um vínculo entre a escrita

---

56 *Ibid.*, p. 16.

57 Cf. *GA* 54, p. 126: "A máquina de escrever encobre a essência do escrever e da escrita. Ela priva o homem do âmbito essencial da mão, sem que o homem experimente devidamente essa referência e sem que reconheça que aqui ocorreu uma transformação da referência do ser à essência do homem". Heidegger destrói seu manuscrito redigido à mão em favor da melhor legibilidade da transcrição datilografada: "Na época em que estava

e o ser. O "traço da escrita" é ao mesmo tempo a *propensão* para o ser. A escrita, cuja essência

---

organizando sua edição completa com o apoio do editor, Heidegger confiou-lhe a edição de sua primeira palestra em Marburgo, entre outras coisas, e lhe comunicou em conversa que sua nomeação e mudança de Friburgo para Marburgo o haviam deixado sem muito tempo, de modo que ele só fora capaz de escrever a preleção rapidamente à mão. O caráter ligeiro e a dificuldade resultante na legibilidade do texto o levaram a mandar escrever à máquina o manuscrito e, em seguida, destruí-lo" (*GA* 17, S, 322). A "mão rápida" levou a uma referência meramente fugaz ao ser? Onde estaria, então, a diferença entre a rapidez e a lentidão da mão. Em contraste com a mão rápida, a mão lenta inscreve o ser no escrito? A "referência do ser ao homem" depende da velocidade com que a mão escreve? O fato de Heidegger recorrer à máquina de escrever não contradiz, ao menos, seu princípio. Na preleção sobre Parmênides ele já reconhece um direito de existência para a máquina de escrever: "Onde a escrita à máquina, ao contrário, é somente uma transcrição e serve para preservar o escrito, ou põe o já escrito no lugar do 'impresso', aí ela tem um significado próprio e delimitado" (*GA* 54, p. 119). Mas onde a máquina de escrever não apenas copia, mas escreve a si mesma, há o perigo de se afastar da essência da palavra. Deve-se primeiro escrever à mão, lentamente, e depois, por uma questão de preservação, pode-se duplicar o que foi escrito com a máquina de escrever. Mas nunca é a mão mesma que escreve, mas sempre um utensílio de escrita que a mão utiliza. Como a mão *mesma* não pode escrever, ela depende de uma espécie de prótese. De acordo com o caráter protético do utensílio de escrita, uma caneta não é essencialmente diferente de uma máquina de escrever. Ambas são extensões do corpo. Assim, elas pertencem

é "escrita à mão", baseia-se no "desencobrimento do ser". A valorização da escrita à mão

---

ao próprio corpo. A diferença residiria unicamente no tamanho e na natureza do respectivo utensílio de escrita. O desprezo de Heidegger pela máquina de escrever se deve ao fato de que antes de ser *usada* como utensílio de escrita, ela é uma coisa *técnica*, uma prótese técnica? Heidegger fala não só da máquina de escrever, mas também da "máquina de falar" [*Sprechmaschine*]. Ao contrário da máquina de escrever, a máquina de falar, embora seja um produto de tecnologia mais moderna, não ataca a essência da palavra. Segundo Heidegger, ela ainda não é uma "máquina de linguagem" [*Sprachmaschine*] que "coloca a linguagem em funcionamento" (*GA* 13, p. 149) "A máquina da falar no sentido do equipamento técnico de uma máquina de calcular e traduzir é algo diferente da máquina de linguagem. Conhecemos esta última sob a forma de um aparelho que grava e reproduz nossa fala, o qual, portanto, ainda não intervém no falar da língua" (*Ibid.*) Por que a máquina de linguagem não arranca a voz do reino essencial da boca? Por que não encobre a essência do falar e da voz? Ela não faz murchar a "flor da boca"? (US, p. 206) Através dela a pertença da "boca" "ao fluxo e crescimento da terra" não é perturbada? (US, p. 205) [trad. Br. p. 162] Ela não transforma, assim como a máquina de escrever, a "relação do ser com o humano"? A "boca" se mostra mais resistente que a "mão" dentro da história geral da decadência da palavra? Mas a assimetria entre a máquina de escrever e a máquina de falar não pode ser rastreada até aquela entre a mão e a boca ou entre o escrito e o falado. A máquina que fala não põe em perigo o reino essencial da palavra porque, como a máquina de escrever que transcreve, ela só repete o que é falado. Produz, portanto, uma transcrição acústica.

não exclui a desvalorização geral da escrita[58]. Mas não se pode esquecer que a palavra falada também não está protegida do declínio geral da palavra. O falado ameaça continuamente virar falatório. Nesse sentido, entre a palavra falada e a escrita não há um nítido desnível de ser.

Verta *ruptura*, certo *rasgo* separa a "voz sem som" do ser e a "voz do silêncio" tanto da palavra falada como da palavra escrita: "Na sonorização, seja esta a fala ou a escrita, o silêncio é quebrado"[59]. O silêncio novamente pertence à dimensão acústica. Ele não surge da mera interrupção da fala, mas aqui o acústico é preferido ao visual. Heidegger poderia ter falado de branco ou de vazio branco. No geral, a expressão "vazio" não aparece com pouca frequência nas obras de Heidegger. A assimetria, entretanto, não leva a uma valorização unilateral do falado. Toda articulação linguística, seja escrita ou em discurso, está exposta ao perigo de ser afligida pelo inessencial da linguagem.

---

58 Cf. DERRIDA. *Geschlecht*, p. 77.

59 *US*, p. 31.

A "voz do silêncio" é ouvida por uma "audição" que "cada um de nós tem e ninguém usa direito"[60]. Trata-se de uma audição "espiritual"? A orelha habitual é *transposta* para uma escuta espiritual? O que é então o ouvir habitual? É preciso reverter o movimento metafórico também aqui? Só a audição inusual fornece informações sobre o que é propriamente o ouvir ordinário "autêntico"? Heidegger aponta que a audição ouve mais do que o que é ouvido. No entanto, esse mais não é fornecido pelo "significado". Ele diz que Beethoven, que se tornou surdo, continuou ouvindo, "talvez até mesmo mais, e coisas mais grandiosas, do que antes"[61]. Ele ouve silêncio quebrado pela palavra falada? Como podemos determinar de maneira mais profunda a audição não-sensível, não-metafórica? "*Nós* ouvimos, não o ouvido. Por certo, ouvimos por meio da ouvido, mas não com o ouvido, se 'com' aqui está dizendo que o ouvido, como órgão dos sentidos, é o

---

60 *Der Satz vom Grund*, p. 91.

61 *Ibid.*, p. 87.

que constata para nós o que é escutado"[62]. No entanto, o ouvir do "nós" não se refere principalmente ao "significado" não-sensível que o som sensível recebido "com" o ouvido transmite. O "nós" não estabelece um gradiente de ser entre o sensível e o não-sensível: "Também não devemos de forma alguma pensar que queremos degradar a sonorização vocal, que é um fenômeno corporal, como o meramente sensível na linguagem, em favor daquilo que chamamos o conteúdo semântico e o teor de sentido do dito e dignificamos como o espiritual, o espírito da linguagem"[63]. O que é aquele "nós" que ouve, que tem um ouvido, mas não ouve "com" ele? O que este "nós" ouve quando ouve mais do que som e o significado? O "nós" ouve antes que o ouvido ouça: "Quando escutamos, algo não só é acrescentado ao que o ouvido recebe, mas o que o ouvido escuta e como escuta já é *afinado e determinado* pelo que *nós* ouvimos, ainda que ouçamos apenas o canário, o pintarroxo e a cotovia. Sem dúvida,

---

62 *Ibid.*

63 *US*, p. 204.

nosso órgão auditivo é, em certo aspecto, uma condição necessária, mas jamais suficiente para nosso escutar, aquilo que nos basta e propicia o que deve ser propriamente ouvido"[64]. O que é que "deve ser propriamente ouvido", que é captado por meio do ouvido do "nós"? Tudo o que ouvido escuta se torna "afinado" por aquilo que o "nós" ouve. O que é ouvido pelo "nós" afina, portanto, o ouvir do ouvido. O que é esse elemento afinador? É o silêncio rompido na fonação?: "[...] que a essência do dizer não consiste na fonação, mas na voz no sentido da instância que afina silenciosamente, que acena e traz a si mesma a essência do ser humano, trazendo-a, propriamente, para lhe dar acolhida em sua determinação com caráter de destino: ser, à sua maneira, o aí; isto é, a clareira extática do ser [...]"[65].

Dispõe o "nós" de um "ouvido interno"[66], que escuta o que "deve ser propriamente escutado"? Cresce para o pensamento um terceiro

---

64 *Der Satz vom Grund*, p. 87. Ênfase minha.

65 *GA* 54, p. 169.

66 *GA* 52, p. 36.

ouvido que ultrapassa as diferenças metafísicas "interno/externo" e "sensível/não-sensível", que, por conseguinte, não ouve mais metaforicamente? É um órgão não-metafísico, não-metafórico do pensamento? Cresce concomitantemente com aquele "coração" não-metafórico? O coração dispõe, de fato, de uma audição não-metafórica. No poema *A caminho*, Heidegger escreve: "O coração para a voz/ do silêncio do ser"[67]. É preciso lembrar que o "coração" guarda as tonalidades afetivas fundamentais, que ele trabalha como "guardião da tonalidade afetiva fundamental". O "coração" ouve não-metaforicamente a "voz silenciosa" do ser ao se deixar afinar e determinar por ela: "Essa audição não tem a ver apenas com o ouvido, mas com a pertença do humano àquilo a que a sua essência é afinada. O ser humano permanece afinado com aquilo de onde sua essência é determinada. Na determinação o humano é tocado e chamado por uma voz que soa mais

---

67 *GA* 13, p. 27

pura quanto mais silenciosamente ela ressoa através do sonoro"[68].

É o terceiro ouvido que primeiramente permite que o ouvido *ouça*. O olho precisa primeiramente *ouvir* para ver. A fim de ouvir o sonoro, o ouvido precisa ter ouvido o sem-som, precisa ser encantado, ser determinado pela "magia do mundo afinador"[69]: "O sonoro, terroso da linguagem, é mantido no afinar que sintoniza as regiões da estrutura do mundo umas com as outras, jogando-as umas para as outras"[70].

O mundo é uma "estrutura de voz", uma fuga a quatro vozes em que as "quatro vozes" estão encaixadas umas nas outras, estão unidas e *sintonizadas* umas com as outras. Por meio de um estreitamento, as quatro vozes se juntam formando um mundo. À fuga a quatro vozes, Heidegger acrescenta uma quinta voz, uma voz que se refreia, que "poupa sua aparência" mas conduz as quatro vozes juntas, uma voz que é "a mais difícil" de ouvir. Na

---

68 *Der Satz vom Grund*, p. 91.

69 *GA* 13, p. 32.

70 *US*, p. 208.

condição de diferença ativa que, de certa maneira, precede os diferentes, a "voz silenciosa" do "destino afinador"[71] forma o "centro"[72] que une os quatro em "quadruplicidade", em "intimidade" dos quatro, na qual elas se dobram *e* se desdobram.

Apesar da profusão de expressões acústicas, o ver não cede lugar ao ouvir. O olho ouve com a orelha, e a orelha vê com o olho. O olho imita a orelha. O ver é persuadido a *ouvir*. Ainda não seria metafísico – ou logo e fonocêntrico – afirmar que se deve primeiro *ouvir* uma pintura – por exemplo, para poder "vê-la"; que o olho, para perceber uma aura, para perceber uma tonalidade afetiva, deve ver *através do*

---

[71] *GA* 4, p. 176

[72] *GA* 4, p. 171: "O destino apanha as quatro em seu centro, leva-as a si, inicia-as na intimidade. [...] Como centro de toda a relação, destino é o começo de tudo o que se congrega". O "destino" não pode ser trazido para a proximidade imediata do "poder do destino". Deve-se representá-lo antes musicalmente, espacialmente, arquitetonicamente, até mesmo caleidoscopicamente. É a gravitação do mundo que traz tudo para onde ele pertence (cf. *Der Satz vom Grund*, p. 108s.). Heidegger, entretanto, não libera completamente a palavra do campo semântico no qual ela normalmente está enredada. Este também é o caso de termos como "culpa", "consciência", "queda", "inautenticidade".

ouvido. Heidegger fala do "chamado *que busca com o olhar* as vozes do destino"[73]. A voz e a vista se entrelaçam: "Maravilhosa mesmidade de olhar e chamar no canto telúrico dos cantores. Mas ela corresponde apenas à mesmidade da vista e da voz do céu"[74]. Não se trata aqui de uma mera confusão dos sentidos. A estrita divisão de trabalho dos sentidos, a incapacidade do olho para ouvir, resulta, segundo Heidegger, da rígida divisão entre o sensível e o não-sensível. Se eliminarmos as fronteiras do ouvir e do ver não-metaforicamente, ou seja, se não limitarmos seu campo de trabalho ao sensível, *olharemos* as vozes e *ouviremos* o olhar, e, com efeito, não-metaforicamente. Não está mais disponível a distância mantida pela metafísica entre o sensível e o não-sensível, na qual aconteceria a transposição da metáfora: "O que pretendem essas referências, que parecem uma digressão? Elas querem nos fazer cautelosos para que não tomemos precipitadamente como mera metáfora, e assim não

---

73 *GA* 4, p. 169. Ênfase minha.

74 *Ibid.*, p. 168s.

lhe dando importância, o discurso de que o pensamento é dar ouvidos e avistar. Quando nosso ouvir e ver humano-mortais têm o que lhes é próprio não na percepção meramente sensível, então não é completamente inaudito que o audível possa ser simultaneamente visto, quando o pensamento vê ouvindo e ouve vendo"[75]. Heidegger se esforça por incutir no pensar um ouvir e ver não metafísico, não-metafórico, que falem à "voz do afinador"[76], à "voz silenciosa" do "mundo afinador". Este desdobra um espaço quádruplo que é mais antigo do que os espaços reais e metafóricos delimitados pelo ouvido e pelo olho "sensíveis" e "espirituais". A cisão do ser em dois campos opostos é, segundo Heidegger, um projeto metafísico precedido pelo *pregueado* do "mundo afinador", um certo mau lance que Heidegger acusa de ser surdo-cego àquela "*afinação*" que primeiramente abre o ouvido e o olho tanto sensíveis como espirituais.

---

75 *Der Satz vom Grund*, p. 89.

76 *GA 4*, p. 119.

A predominância das "imagens" acústicas sobre as ópticas, que Derrida acredita poder detectar em Heidegger, não pode ser lida, sem mais, como uma característica fonocêntrica e logocêntrica do pensamento de Heidegger. Ao contrário, a fenomenalidade da voz ou a fisiologia do ouvido fornece informações sobre esta assimetria. Em contraste com o que se vê, o que se ouve não pode ser petrificado em um objeto que lhe *está posto* diante. Ele escapa ao acesso *re-presentativo* que, segundo Heidegger, é o traço fundamental da metafísica. O ouvido é mais passivo do que o olho. Não pode ser fechado como os olhos. Pouco protegido, o ouvido está exposto ao mundo. Devido a esta desproteção, o ouvido é compatível com aquele pensar não-metáfisico de "manter-se" "sem suporte" no "desprotegido". A voz, como o olfato, é difícil de enquadrar. Ela estende perante si uma distância continuamente. Assim se torna mais difícil o enquadramento identificador como "des-distanciamento" da distância. O olho tende, contrariamente, a uma assimilação identificadora. Ele é mais voraz do que o ouvido. Por conta de sua *askese* passiva, o ouvido pode *deixar ser* mais. A serenidade seria a atitude primária do ouvido. Este é sensível ao não-idêntico. Além disso, o ouvido é mais constitutivo do que o olho para a formação da vida sentimental. O entendimento tem, contrariamente, traços visuais. No entanto, Heidegger não tenta *substituir* o olho pelo ouvido como órgão da metafísica. A cultura do ouvir é para ele tão metafísica como a cultura do ver. Heidegger reclama que ouvimos em demasia. Ouvimos em demasia, de modo que não somos mais capazes de ouvir o nada. Esse nada não é perceptível nem pelo "olho" nem pelo "ouvido". O "ouvido", do qual se serve a cultura do ouvir, seria tão voraz quanto o "olho". Em sua curiosidade, o "impessoal" é sempre todo ouvido. A curiosidade não é apenas o mau costume do olho. Heidegger afirmaria que cultura do ouvir tem as coisas ouvidas como um "inventário" que tem semelhança familiar com o objeto. Tal como o visto, elas se tornam um objeto do *consumo*. O ouvido de Heidegger, que seria capaz de ouvir aquele silêncio, é o *ouvido do coração*, que, do lado de cá da oposição metafísica "sensível/inteligível", se entrega a uma outra voz. A reflexão de Heidegger sobre o *ouvir com o tímpano* pode acarretar uma surdez que tem semelhança familiar com a hostilidade metafísica a respeito dos sentidos. O tímpano seria possivelmente uma das zonas erógenas cuja anulação ocupou bastante a metafísica.

Segundo Heidegger, a "leitura genuína da palavra genuína"[77] é também um *ouvir*, uma "escuta". O olho lê como um ouvido que escuta atrás do escrito. Faz parte da leitura certa percepção sonora. O som da palavra indica o tom na leitura. A "mudança de tonalidade", certa *mudança de voz*, certa *mudança de tonalidade afetiva* da palavra altera seu sentido: "No caso presente [o caso do *Princípio do fundamento*], a mudança de tonalidade continua a não ser uma coisa arbitrária, mas uma coisa principal que determina o caminho subsequente. Pois, pela mudança de tonalidade agora ouvida, o princípio do fundamento se torna outro princípio [...]"[78]. A metamorfose do princípio ocorre

---

77 *GA* 53, p. 81.

78 *Der Satz vom Grund*, p. 102

aqui extrassemanticamente. A "mudança de tonalidade" afina em outra tonalidade o "princípio do fundamento", permite que outra voz irrompa. Uma quebra, certa quebra-de-voz separa uma tonalidade de outra. A transposição do "princípio do fundamento" para outra tonalidade é baseada em uma ruptura no pensar, um "salto" do pensar: "O segundo tonalidade soa para si a partir de si, sem apoiar-se na primeira. A mudança de tonalidade é abrupta. Por detrás da mudança de tonalidade encobre-se um salto do pensar"[79]. Também no "princípio de identidade", Heidegger convida o ouvinte a ler o princípio em outro tom, a ouvir em seu *tom fundamental*, a deslocar o tom do duplo A para o "é": "O princípio de identidade nos dá a identidade se ouvirmos cuidadosamente seu tom fundamental, se meditarmos sobre ele, em vez de apenas repetirmos levianamente a fórmula 'A é A'. Propriamente, ela diz: A *é* A. O que ouvimos? Nesse 'é', o princípio diz como todo ente é, a saber: ele mesmo com ele próprio

---

[79] *Ibid.*, p. 95.

o mesmo. O princípio de identidade fala do ser do ente"[80].

A voz não é usada por Heidegger nem como meio de transposição ideal para a presença espiritual purificada da materialidade, nem como veículo para a "autofelação". Devemos, antes, pensar a voz do tom e da melodia com base na tonalidade afetiva, ao qual tanto o olho como o ouvido devem seu ser. Desde cedo, Heidegger reflete sobre a relação que se tece entre tonalidade afetiva, tom, melodia e ser. Na preleção de 1929/30, Heidegger escreve: "Uma tonalidade afetiva é uma maneira, não apenas uma forma ou uma maneira, mas um modo no sentido de uma melodia, que não paira sobre o assim chamado estar presente autêntico do homem, mas dá o tom para este ser, ou seja, afina e determina a espécie e o como de seu ser"[81].

A recomendação de Heidegger de ouvir "o princípio de identidade" em vez de lê-lo tem a ver com a tonalidade, com uma economia do

---

80 *Identität und Differenz*, p. 12.

81 *GA* 29/30, p. 101.

tom? Vê ele no falado a possibilidade de fazer ressoar determinada tonalidade, determinada voz *afinada*, de *centrar* a voz em uma nota tônica, de por meio disso colocar os ouvintes em uma tonalidade afetiva determinada, em uma tonalidade afetiva do acontecimento apropriador, de sintonizá-los em outra tonalidade? Ele prefere o falado ao escrito, porque este último desvia facilmente o leitor de determinado certo tom no qual aquelas "vozes silenciosas" seriam audíveis? Com relação a esta incomum economia do tom, com relação ao esforço de orientar o ouvir na direção de um determinado tom fundamental, a uma determinada voz, não exprimirá Derrida a suspeita de que Heidegger ainda pensa logocentricamente?

O "ouvido interior" sem tímpano de Heidegger se rende a uma voz inaudita, àquela monstruosa "voz do povo" que, de acordo com o diagnóstico de Heidegger, apenas "poucos" são capazes de ouvir. Esta alucinação auditiva pode ser remediada com a implantação de um tímpano duplo no ouvido? Não deveríamos depositar mais confiança no tímpano como órgão de justiça? Não faltou sempre ao ouvido de Heidegger a *paciência do ouvir ao redor*? Ou será que nenhum tímpano duplo protege contra uma *surdez abismal*? A finitude, a aporia do ser do homem consiste na necessidade de ouvir *apesar ou precisamente por causa da surdez*?

V
Tonalidade afetiva das imagens

> *Será preciso antes furar-lhes os ouvidos para que aprendam a ouvir com os olhos?*
> Friedrich Nietzsche

> *Expressões como "o olho que ouve o som do silêncio" não são barbarismos [...].*
> Emmanuel Lévinas

A pintura, a obra de arte é sem dúvida uma obra da mão. O que esse trabalho manual produz? Ele se assemelha à ação do pensar, que dá "uma mão à essência do ser"?[1] A mão do artista se estende à mão do ser? A mão do ser desenha pela mão do artista? Como Heidegger enfatiza com frequência, a metáfora só

---

1 *Die Technik und die Kehre*, p. 40.

é possível na metafísica. Se aqui não se trata de uma transferência metafórica, de uma mão metafórica, o ser, antes de mais nada, dá informação sobre qual é a essência da mão? A essência da mão é dar e receber? O artista preserva na "mão mantenedora"[2] o que lhe foi entregue à mão pelo ser? A mão do artista, ao produzir uma obra de arte, recebe o dom que a mão do ser dá? A mão de Heidegger é o prolongamento do coração como órgão receptor do dom. A mão toma no coração o dom.

Heidegger aponta a conexão que existe entre a mão e o pensamento: "Cada movimento da mão em cada uma de suas obras se conduz através do elemento, gesticula no elemento do pensamento. Todo trabalho da mão repousa no pensamento"[3]. Em *O que significa pensar?*, Heidegger escreve sobre a mão que desenha: "A mão desenha porque o homem é um signo"[4]. O signo desenha signos. A mão do ser desenha o homem como signo, cuja mão, por

---

2 *HW.*, p. 339.

3 *Was heisst Denken?*, p. 51.

4 *Ibid.*

sua vez, produz um signo. A arte, o trabalho manual do homem interpretado como um signo, é ela mesma um signo: "Como um fazer mostrador que leva o invisível a aparecer, a arte é a suprema espécie de signo"[5]. Evidentemente, o signo aqui não é um significante que está ligado a um significado. Ele representa, antes, um rasgo significativo. A função do signo é um mostrar, mas aponta para um vazio que se preenche com significados. Uma obra de arte se esvazia, faz que um vazio apareça. Seus momentos individuais são esvaziados em um vazio. Este vazio os recolhe. O esvaziamento como reunião não é uma ocorrência puramente imanente à obra. Ele dá o lugar para morar, na medida em que acontece fora da obra: "Na corporificação plástica, o vazio joga no modo da fundação de lugares, buscando e esboçando [...]. A escultura põe em obra lugares, corporificando-os e, com estes, um abre regiões de morada para os homens e de permanência das coisas que os cercam e lhes dizem respeito"[6].

---

[5] *GA* 4, p. 162.

[6] *GA* 13, p. 209.

Nem mesmo a arte pode escapar do feitiço metafísico. De acordo com o diagnóstico de Heidegger, o surrealismo, a arte abstrata e a arte não figurativa são todos eles metafísica. No entanto, Heidegger exclui expressamente Klee (provavelmente também Cézanne e Braque). É sua desconfiança da metafísica contra a arte moderna que o faz tachar a arte com uma cruz: arte. Esse tachado obviamente não é uma negação, não é uma proclamação do fim da arte, mas aponta, tal como no caso do ser, a "quadratura". Nas notas sobre Klee, pode-se constatar a ligação entre arte e quaternidade.

Uma diferença está inscrita na obra de arte; ela faz transparecer uma diferença que, de certa maneira, se assemelha àquela entre o particular e o geral. Em "Cézanne", Heidegger escreve: "Na obra tardia do pintor, a dualidade do que é presente e presença tornou-se simplicidade, foi 'realizada' e ferida ao mesmo tempo, transformada em uma identidade misteriosa"[7]. Os momentos individuais presentes

---

7 *Ibid.*, p. 223.

são esvaziados, ou reunidos, na presença que lhes é comum, em uma certa unidade.

A "identidade misteriosa" seria comparável à "síntese não violenta" de Adorno como "objetiva organização, como algo harmoniosamente eloquente, de tudo o que aparece uma obra de arte"[8]. Como se sabe, é a forma que realiza esse trabalho sintético. A síntese é um trabalho manual. No entanto, Adorno fala de uma metáfora: "Impõe-se o giro metafórico de que a forma, nas obras de arte, é tudo em que a mão deixou sua marca, pelo qual ela passou"[9]. A mão não força o particular a uma unidade superordenada a ele. Ela se exercita na suavidade. Ela encaixa delicadamente o particular em uma unidade não violenta. Ela não quer esquecer o particular. É a "memória da mão" que a impede da captura violenta: "O momento aurático que, aparentemente de modo paradoxal, se associa ao *métier*, é a lembrança da mão que, ternamente e quase acariciadora roçou os contornos da figura, e, ao

---

8 ADORNO. *Ästhetische Theorie*, p. 216.

9 *Ibid.*

articulá-los, também os atenuou"[10]. Ao mesmo tempo, o rastro de memória da mão deixa atrás de si aqueles "rastros" da mão que devem estar marcados nas coisas para que não afundem no nada sem deixar vestígios[11]. A mão carinhosa que afaga os cabelos das coisas e assim deixa rastros, conforta e acalma as coisas, dá a elas seu rosto, sua aura.

Um peculiar rastro de memória também está marcado na mão de Heidegger. É a memória que faz da mão o que ela é, um signo desenhador de signos. Para tornar-se signo que mostra, ela deve superar um obstinado "esquecimento". Ela reúne traços do que se retira. A salvação das coisas também depende dessa memória. A memória da mão a impede de querer dispor, de querer agarrar e apreender. A memória lhe ensina seu acanhamento, seu recato.

Em Adorno, a aura designa aquele *mais* que aponta para além dos momentos individuais de uma obra de arte. Ela surge da

---

10 *Ibid.*, p. 318.

11 Cf. ADORNO. *Minima Moralia*, p. 54s.

"coerência nas obras de arte"[12] alcançada por um desenvolvimento formal total, e "pela qual toda obra bem-sucedida se separa do mero ente". Aura é um fenômeno da *diferença*. Em um conflito não violento dos momentos individuais, assoma uma totalidade aurática.

A aura não é um produto do sujeito observador, mas um conteúdo objetivo, a "expressão" da obra de arte: "O momento aurático não merece a maldição hegeliana porque a análise mais insistente pode revelar que ele é uma determinação objetiva da obra de arte. [...] Perceber a aura na natureza da maneira que Benjamin exige para a ilustração desse conceito significa perceber na natureza o que essencialmente faz a obra de arte uma obra de arte. Mas isso é aquele significar objetivo que nenhuma intenção subjetiva alcança"[13]. Entrar na coisa, na objetividade da obra de arte, significa respirar sua aura. Nesta experiência estética, o espectador se aliena, tornando-se a obra de arte. Tal experiência exige, sem dúvida,

---

12 *Ästhetische Theorie*, p. 211.

13 *Ibid.*, p. 408s.

certa identificação. No entanto, não se trata de uma duplicação do sujeito que observa; em vez disso, o espectador se comporta mimeticamente; de certa forma, ele se iguala à obra de arte.

O sentimento estético não é uma excitação subjetiva causada pelo objeto, não é propriedade do sujeito, mas um sentimento objetal, o sentido obstinado e próprio do objeto: "O sentimento estético não é o sentimento excitado; é mais espanto com o que se vê do que com o que importa; o ser subjugado pelo não-conceitual e ao mesmo tempo determinado, não o afeto subjetivo desencadeado, que deveria ser chamado de sentimento na experiência estética. Ele vai até a coisa, é o sentimento dela, não um reflexo do observador"[14]. Esse sentimento objetal, o sentimento da coisa pode ser interpretado como aura da obra de arte.

A expressão da obra de arte não é uma reprodução do sujeito-artista. A obra de arte não retrata o sentimento subjetivo: "Se a expressão fosse uma mera duplicação do que é sentido

---

14 *Ibid.*, p. 246.

subjetivamente, ela seria algo nulo [...]"[15]. Se a obra de arte representasse o estado anímico do artista, seria apenas uma "fotografia borrada"[16]. Ela é o "transubjetivo", não um recipiente para a massa emocional subjetiva. É possível pensar que a intensificação da subjetividade não traz à baila o "subjetivo", mas enfaticamente algo objetivo, e que o sujeito deve primeiro se tornar um *objeto* para ser um *sujeito*.

Adorno distingue seu conceito de aura do estado de ânimo. Sem dúvida, ele aqui tem Heidegger em mente: "Mas o conceito de estado de ânimo, que, segundo seu sentido, a estética objetiva de Hegel tanto contradiz, é tão insuficiente porque inverte em seu oposto justamente o que ele chama verdadeiro na obra de arte, ao traduzi-lo em algo puramente subjetivo, em um modo de reação do espectador, representando-o na própria obra de acordo com seu modelo"[17]. Segundo Adorno, a tonalidade afetiva é um termo do sentimentalismo

---

15 *Ibid.*, p. 170.

16 *Ibid.*, p. 171.

17 *Ibid.*, p. 410.

estético, que é cego para a objetividade, para o conteúdo objetivo da obra de arte[18]. Adorno apresenta o conceito de tonalidade afetiva de Heidegger de maneira distorcida, recusando-se a aceitar que tal conceito em Heidegger é o que menos tem a ver com o sujeito e o sentimentalismo. Segundo Adorno, a tonalidade afetiva é a aura que se tornou mercadoria[19], um bem de consumo do sujeito da experiência, um "molho uniforme com que a indústria cultural a rega e a seus produtos como um todo"[20]. Curiosamente, Heidegger também

---

18 *Ibid.*, p.407: "Hegel foi o primeiro a se posicionar contra o sentimentalismo estético, que em última instância não pretende obter o conteúdo inerente da obra de arte nela mesma, mas em seu efeito. A forma posterior desse sentimentalismo é o conceito de estado de ânimo, que tem sua importância histórica. Para o bem ou para o mal, nada poderia caracterizar melhor a estética de Hegel do que sua incompatibilidade com o elemento do estado de ânimo ou de consonância na obra de arte".

19 Cf. ADORNO. *Ästhetische Theorie*, p. 461: "Na situação atual, honram o elemento aurático as obras que dele se abstém; a sua conservação destrutiva – a sua mobilização para relações de efeito em nome do estado de ânimo – localiza-se na esfera do divertimento [...] o momento aurático é arrancado do contexto da obra, é cultivado como tal e tornado consumível".

20 *Ibid.*

conecta a "maquinação" cultural com a "publicação da tonalidade afetiva".

De sua parte, Heidegger dá pouca importância à análise imanente à obra. Esta, para ele, seria estética e, portanto, metafísica. Os aspectos da forma pouco o interessam. Como essa "identidade misteriosa" surge não é a questão dele. Ela continua sendo um mistério.

Curiosamente, nas notas sobre Klee, Heidegger fala da "tonalidade afetiva" das pinturas de Klee, que "faz ver"[21]. Ela não é um "reflexo do espectador", não é uma objetividade projetada por ele. Ela designa, em vez disso, um conteúdo objetivo da própria imagem, que é mais objetivo do que a "objetividade". Em relação à obra de arte, Adorno também fala em um fazer-ver: "Uma obra de arte abre os olhos do observador quando diz enfaticamente algo objetivo [...]"[22]. O fazer-ver da tonalidade afetiva não se refere ao visível, mas ao "invisível" ou ao "inaudível", que não pode ser, sem mais, igualado ao "inteligível". A tonalidade afetiva

---

21 *Heidegger Studien*, 1993, p. 12.

22 *Ästhetische Theorie*, p. 409.

é indiferente à diferença entre o sensível e o inteligível, assim como àquela entre o olho e o ouvido. Na tonalidade afetiva, "nós", de certa maneira, ouvimos e vemos antes do ouvido e do olho. É ela que primeiramente abre olhos e ouvidos[23].

A "voz do silêncio" que emana da obra de arte é aquele "sintonizar enquanto um albergar da quaternidade, o qual junta e anima, simplifica e desdobra, expropria e apropria"[24]. Como uma pintura de Klee faz aparecer a quaternidade? Como uma pintura de Klee alberga a quaternidade? A transição direta para a quaternidade, que Heidegger demonstra usando o exemplo de *Les souliers*, de Vincent van Gogh, não é possível, sem mais, em Klee. A composição bem-sucedida de uma pintura *lembra* a estrutura de mundo da quaternidade? A tonalidade afetiva da pintura brota de sua

---

23 Seria interessante perguntar que papel constitutivo a tonalidade afetiva desempenha na sinestesia. A tonalidade afetiva é uma percepção total subjacente tanto à audição quanto à visão. Provavelmente medeia ambos os modos de percepção.

24 *Heidegger Studien*, p. 12.

composição peculiar, que poderia ser comparada à "relação" do mundo?

Assim como a aura, a tonalidade afetiva do quadro designa aquele "mais" que se liberta de uma composição dos momentos inerentes a uma obra de arte. Existe um vínculo interno entre composição e sintonização. A tonalidade afetiva de uma pintura é a expressão objetiva de uma composição bem-sucedida, que não silencia os elementos individuais, mas os faz falar. Na totalidade rítmica de uma pintura, o particular não é suprimido, mas *apaziguado*. Essa suave totalidade realiza um casamento singular entre o geral e o particular.

No obituário de Braque, Heidegger escreve: "O artista mesmo nos dá a única interpretação apropriada de sua arte por meio da consumação de sua obra no simples exíguo. Ela acontece pela transformação da multiplicidade na simplicidade do mesmo, na qual o verdadeiro aparece. A transformação do múltiplo na simplicidade é aquele fazer ausentar-se, pelo qual o simples se apresenta"[25].

---

25 *GA* 13, p. 183

Tal como no jogo do mundo, naquele "aro do anel que joga espelhando", no anel dos "quatro"[26], o múltiplo se conjunta, levando ao "simples exíguo". Há certa homologia estrutural entre a obra de arte e o mundo. A obra de arte é organizada pelo princípio construtivo, que também está na base da estrutura do mundo. A "simplicidade do mesmo" que faz aparecer o "verdadeiro" de uma obra de arte corresponde à "simplicidade do mundo". De fato, a cruz que tacha a arte marca o cruzamento entre a arte e o mundo, mas não está claro até que ponto a estrutura de uma obra de arte moderna faz aparecer a estrutura do mundo, o quaternidade, para além da afinidade estrutural.

O processo criativo artístico como "fazer ausentar-se" inscreve um nada no múltiplo: um nada que não destrói, mas reúne. O múltiplo é esvaziado num vazio, num "silêncio". É assim levado a uma ausência, a um abismo que é "harmonizado, o que aqui significa estruturado"[27]. A aparição do vazio, da peculiar

---

26 *VA*, p. 179.

27 *GA* 65, p. 381.

ausência, seria o elemento da verdade que cintila na tonalidade afetiva. O esvaziamento ou o abismamento designa o traço principal da criação artística. A tonalidade afetiva surge da chamada "transformação", do abismamento. Ela não é um fenômeno privadamente subjetivo, mas um *objetivo* acontecer da verdade.

Na medida em que representa uma totalidade reunida, a estrutura linguística também se baseia em uma tonalidade afetiva. Heidegger fala da "estrutura de vibrações do dizer": "A estrutura de vibrações do dizer [...] é determinada desde o início pela tonalidade afetiva básica da poesia, que obtém sua forma no esboço interno do todo"[28]. Ela organiza a estrutura linguística ao *determinar e afinar* a escolha, a posição e a ordem das palavras. De certa forma, ela, em vibração, se antecipa aos significantes e sua ordem. Essa antecipação não se deve à pura "idealidade do sentido". Não se trata de um significado global, nem de um "significado espiritual" do todo. A "estrutura de vibração" dificilmente se deixa descrever

---

28 *GA* 39, p. 15.

em categorias metafísicas. Não é nem "sensível" nem "espiritual". Por certo, no "corpóreo da linguagem" ressoa essa "estrutura vibracional", mas esta ao mesmo tempo é constitutiva do significado: "Além da escolha, da posição e da ordem das palavras, é, acima de tudo, toda a estrutura vibracional do dizer poético que 'expressa' o assim chamado sentido"[29]. Os elementos individuais de uma estrutura linguística crescem organicamente juntos na "estrutura de vibrações" para formar um todo. Esta é constitutiva da *harmonia* de uma estrutura de linguagem. Ela torna a estrutura linguística algo "harmoniosamente eloquente". A tonalidade afetiva remonta à *harmonia* de uma estrutura. Nisto consiste a *objetividade enfática* da tonalidade afetiva.

A estrutura linguística não pode ser reduzida ao "espiritual", ao "espírito da linguagem"[30], que, como portador do "inteligível", sujeita a si o "sensível" da linguagem. Heidegger não pode ser acusado, sem mais, de pensar

---

29 *Ibid.*, p. 14.

30 *US*, p. 204.

logocentricamente e fonocentricamente. Embora o movimento mimético de diferença dos significantes seja estranho a Heidegger, ele não dissolve a estrutura linguística no "elemento da idealidade"[31], que deve ser protegido de ser ofuscado pela "escrita". Sua inconfundível atenção ao "corpóreo da linguagem" obviamente não é um traço metafísico: "Trata-se, antes, de considerar se, nas mencionadas maneiras de representar essa estrutura, temos uma experiência suficiente do corpóreo da linguagem, de seus traços fonético e escrito, e se basta associar o som apenas ao corpo fisiologicamente entendido e classificá-lo no âmbito metafísico da sensibilidade. [...] O fato de que a linguagem soa, entoa, treme e vibra é tão próprio dela quanto o fato de o que é dito ter um sentido"[32]. No entanto, seria errado supor que não há nichos nem sedimentos metafísicos a serem encontrados no pensamento de Heidegger. A ambivalência permanece em Heidegger. Não

---

31 DERRIDA, J. *Grammatologie*, p. 26.

32 *US*, p. 204s.

se pode contestar que Heidegger desconhece um traço essencial dos significantes, sua *fisionomia*, que não é nem um traço fonético nem um traço da escrita. Uma estrutura linguística que não se referisse a nenhum sentido situado fora do tecido material-mimético dos significantes não seria tal estrutura para Heidegger. Também é bastante digno de nota que Heidegger, apesar da revalorização do "corpóreo da linguagem", mantenha a separação, de conotação metafísica, entre o sensível e o espiritual: "A palavra da linguagem soa e ressoa no som verbal, se aclara e ilumina na imagem escrita. O som e a escrita são algo sensível, no qual um sentido sempre se anuncia e aparece"[33]. Essa compreensão do significante como imagem fonética e escrita em que aparecem o sentido, o "espírito"[34], o significado, é sem dúvida metafísico. A desconfiança em relação à escrita, bem como o discurso sobre a origem, a palavra primordial, a pureza e a fonte

---

33 *GA* 13, p. 150.

34 Cf. *ibid.*: "O éter (céu): na frase de Hebel, esta palavra designa tudo o que percebemos, mas não com os órgãos dos sentidos: o não-sensível, o sentido, o espírito".

certamente remetem a resíduos metafísicos. O "espírito" da metafísica não é completamente exorcizado em Heidegger. O "espírito" retorna em Heidegger sob uma nova roupagem. O retornado anda como um fantasma entre a metafísica e a não-metafísica.

VI
Pele de galinha como rastro do divino

Deus, nome rebelde do abismo.
Edmond Jabès

Em *O princípio do fundamento*, Heidegger cita o dito de Angelus Silesius "Toque de alaúde de Deus": "Um coração quieto no fundo de Deus, como ele quer, / É tocado com gosto por ele: é seu toque de alaúde"[1]. Esse dito destina-se a indicar o que é o coração de Mozart. Deus é, portanto, quem toca; e o coração é o alaúde de Deus. Em outra parte da palestra, Heidegger oferece uma livre tradução de algumas palavras de Leibniz: "Talvez devêssemos traduzir mais apropriadamente a proposição

---

1 *Der Satz vom Grund*, p. 118.

leibniziana 'Cum Deus calculat fit mundus' como: Enquanto Deus toca, o mundo vem a ser"[2]. Deus toca. A música de alaúde tocada por ele, brotada do coração, é o mundo. Então este seria uma espécie de dom de Deus, algo dado ou tocado por ele. Aqui Heidegger substitui o *calcular* pelo *tocar*. Essa troca pode eludir a economia? A economia não se repete escondida na relação tocador-tocar musical-tocado? O pensamento não-econômico pode pensar em um Deus que dá, em um Deus do "dar tocando música"?

Com a substituição do calcular pelo tocar, Heidegger está obviamente tentando situar Deus fora da economia. O cálculo, por sua essência, busca o fundamento representável[3]. Por meio do cálculo, o pensamento faz a contabilidade do mundo. No curso dessa

---

2 *Ibid.*, p. 186.

3 Cf. *ibid.*, p. 168: "*Ratio* significa cálculo. Quando calculamos, representamos aquilo de que e sobre o que, em alguma coisa, se deve fazer conta, aquilo que não se deve perder de vista. O que é calculado dessa maneira presta contas do que, numa coisa, tem importância, o que há nela que a determina".

economia, Deus se torna o criador[4]. Ele é o fundador e contabilista do mundo.

É o coração que bate para o completamente diferente, para o "Deus divino"?[5] Por outro lado, a "cabeça", como órgão da economia, como "órgão do ato de troca", está condenada a fazer de Deus um administrador de casa, e do dom uma mercadoria? Em relação a Deus, Heidegger fala de casa, especificamente de uma "casa de hóspedes". No entanto, Deus não é construtor de casas, nem administrador, nem proprietário de casa, mas ele entra na casa como um hóspede. Há que se perguntar pela relação entre *oikos*, economia e Deus.

---

4 Cf. *GA* 65, p. 126: "O conceito medieval de *actus* já oculta a essência originalmente grega da interpretação da entidade. Isso está relacionado ao fato de que as maquinações agora avançam com mais clareza e, pela contribuição da ideia judaico-cristã da criação e da correspondente concepção de Deus, o *ens* se torna o *ens creatum*. Mesmo que se recuse uma interpretação grosseira da ideia de criação, permanece essencial o fato de que o ente é causado. A relação de causa e efeito torna-se dominante em toda a parte (Deus como *causa sui*)".

5 *Identität und Differenz*, p. 65.

Segundo Heidegger, uma "casa de hóspedes"[6] deve ser primeiramente construída para receber o divino. Uma série de questões surge aqui. Quem constrói a casa? Quem é o dono desta casa? Por que Deus depende da casa de hóspedes? Heidegger está tentando impedir a economia divina determinada pela metafísica? Segundo Heidegger, o poeta não é um "carpinteiro". Ele pode apenas "demarcar" o "terreno de construção" e "consagrar" o "solo"[7]. Deus é o construtor da casa onde ao mesmo tempo vivem os mortais? Segundo Heidegger, porém, ele é apenas um hóspede. Só se pode dizer que a casa *existe* ou *existirá*. O fundar poético não funda uma casa: "Apenas este fundar é fundado"[8]. Quem funda o fundar que não se refere à construção, mas apenas à permanência na casa? A pergunta pela relação econômica parece ilícita aqui. A casa se abre "quando vem aquilo que está acima dos homens e dos deuses ao vir a partir de cima e fazer aflorar algo

---

6 *GA* 4, p. 120.

7 *Ibid.*, p. 148s.

8 *Ibid.*, p. 148.

aberto", "quando ocorre a festa"⁹. O acontecimento do festival, a abertura da casa não deve ser economicamente controlável. O "acima" em "acima dos homens e dos deuses" situa-se fora da economia do poder. Aqui está em atividade a lógica não econômica do coração.

A construção da "casa de hóspedes", da "casa" "a que os deuses virão como convidados"¹⁰ começa já com o primeiro Heidegger. Com a "pergunta pelo ser" ele secretamente consagra o terreno sobre o qual a casa será erguida. Desde cedo, a pergunta pelo ser seria uma preparação secreta para a construção das "escadas para a descida do celeste"¹¹. A tese de Heidegger de que "a questão de se, como e dentro de quais limites a frase 'Deus é' é possível como uma posição absoluta" funciona como "o aguilhão secreto" que impulsiona a *Crítica da razão pura* e move as principais obras subsequentes. Essa tese certamente pode ser lida como seu próprio reconhecimento de que *Ser*

---

9 *Ibid.*

10 *Ibid.*

11 *GA* 53, p. 195.

e tempo e seus escritos posteriores são motivados pela pergunta por Deus, ou seja, pelo "completamente diferente dos que foram, especialmente do cristão"[12].

Na preleção de 1928, nos *Princípios metafísicos da lógica a partir de Leibniz*, há uma observação interessante que nos leva a supor que Heidegger pretendia desde cedo estender ou redirecionar a questão do ser para a pergunta acerca do divino: "O problema da transcendência deve ser retomado na questão da temporalidade e da liberdade, e somente a partir daí pode-se mostrar até que ponto a própria transcendência, como ontologicamente diferente em sua essência, inclui a compreensão do ser enquanto sumamente poderoso, enquanto santidade. Não se trata de demonstrar onticamente o divino em sua 'existência' [...]. Somente com base na essência do 'ser' e da transcendência [...] pode-se entender a ideia de ser como sumo poder, mas não numa interpretação no sentido de um tu absoluto, nem tampouco como *bonum*, como valor ou como

---

12 *GA* 65, p. 403.

algo eterno. (Resta considerar: Ser e *daimonion*, ou compreensão do ser e *daimonion*, ser como fundamento; ser e angústia frente ao nada.) [...] Melhor suportar a acusação barata de ateísmo, que é até mesmo completamente justificada, quando se faz numa intenção ôntica. Mas a suposta crença ôntica em Deus não é, no fundo, impiedade? E o verdadeiro metafísico é mais religioso do que os crentes habituais, membros de uma 'Igreja' ou até mesmo os 'teólogos' de todas as confissões?"[13] A pergunta pelo ser é, já no primeiro Heidegger, uma questão preliminar acerca do divino. Com a pergunta pelo ser, prepara-se, por trás das fachadas da ontologia fundamental, a questão acerca do divino. No entanto, a construção da "casa de hóspedes" para os deuses não tem êxito no terreno de *Ser e tempo*. Os cômodos ontológicos fundamentais não se mostram propícios ao divino. A análise existencial não é capaz de produzir a homologia, ou pelo menos a compatibilidade, entre o ser e o divino. É questionável se o ser que

---

13 *GA* 26, p. 211.

é moldado apenas de tempo, a "temporalidade", é capaz do movimento imanente em direção ao divino. Também é difícil compreender como a rígida finalidade econômica do "para que" e "em função de", da qual se nutre o ser-aí, pode ser transferida para a dimensão do divino, da "santidade".

O Heidegger tardio abandona as reservas iniciais quanto ao divino e aponta para certa sincronia entre o ser e o "deus desconhecido". O "divino" não é "atribuído ao ser apenas posteriormente", nem é "demonstrado posteriormente a ele"[14]. O ser é, antes, o próprio "silêncio da passagem do último deus por nós"[15]. Torna-se ilícita, portanto, a separação entre a audição do "grande silêncio do ser" e a do "silêncio da passagem do último deus". O "silêncio do ser" demora-se, espalha-se no "silêncio da passagem do último deus", responde e deixa continuar ressoando em si. Deve-se notar uma específica imbricação de ser e de Deus. Ser é a "morada solitária da passagem

---

14 *GA* 54, p. 182.

15 *GA* 65, p. 23.

do último deus por nós"[16]. A morada, no entanto, não é um lugar presente, que preexistiu a um exterior e então meramente deixou esse exterior entrar. Trata-se, em vez disso, de um "entre", um "fundo intermediário como abismo"[17]. O ser é pensado como um entre que separa e aproxima, e que não é precedido por quaisquer termos substanciais que apenas se refiram a si mesmos. Ele descreve uma *referência relacional*, que "pela primeira vez leva os relacionados até si mesmos"[18]. O que libera o si-mesmo dos termos relacionados não é o isolado por-si, mas sim a referência ou o "estar no intermédio"[19]. A identidade de um termo decorre, de certa maneira, de sua não identidade consigo mesmo. Um termo remete-se ao outro, esgota-se nele para então receber seu si-próprio, sua essência a partir desse voltar-se desprovido de si para o outro. Cada um dos termos relacionados não é marcado por si

---

16 *Ibid.*, p. 228.
17 *Ibid.*, p. 484.
18 *Ibid.*, p. 471.
19 *Ibid.*, p. 484.

só, mas multiplamente: ou seja, por si e pelo outro. É essa marcação múltipla que primeiramente define a essência do termo a cada vez.

O ser é o "entre" que "separa e aproxima homem e Deus, apropria um ao outro"[20]. Não é uma tela indiferente, sempre já existente, na qual o deus seria então primeiramente projetado, mas um drama divino-humano, uma "conversa", uma "ocorrência de que os deuses nos interpelam, nos põe sob suas interpelações, *nos traz à linguagem*"[21]. O drama do ser não pode ser escrito sem a "voz do deus"[22], sem os "acenos dos deuses"[23]: "A fundação do ser está ligada aos acenos dos deuses"[24].

Para se mostrar, o deus precisa do ser como um entre. O ser é um *exílio* "ao qual os deuses

---

20 *Ibid.*, p. 29.

21 *GA* 39, p. 70.

22 *GA* 4, p. 170: "Mas o canto que clama da terra ao céu não seria voz sem a voz do deus [...]".

23 A expressão "os deuses" não significa que existam *vários* deuses: "A multiplicidade de deuses não está subordinada a nenhum número, mas à riqueza interior dos fundamentos e abismos no local do instante da cintilação e ocultação do aceno do último deus" (*GA* 65, p. 411)

24 *Ibid.*, p. 46

são compelidos", é a "morada indesejada, mas necessária"[25], a "necessidade" e a "indigência" dos deuses. Ser não é o lugar onde Deus está *em casa*. Ele "se ajusta e se traz ao desconhecido", do qual, contudo, permanece completamente distinto[26]. Por precisar do ser, ele é, de certa maneira, prisioneiro do ser, mas está *no* ser e ao mesmo tempo *fora* do ser[27]. Essa *exterioridade do deus* mantém sua diferença do ser.

Deus não é nem "ente" nem "não-ente"[28]. Não se deixar fazer transparente nem como "objetivo" nem como "constantemente presente". Por causa da inapreensibilidade do deus, faria sentido crucificá-lo, fazê-lo aparecer unicamente tachado sob uma cruz: deus[29]. O tachado frustra a possibilidade da presença

---

25 *GA* 65, p. 486

26 Cf. *ibid.*, p. 240: "Pois o ser nunca é uma determinação do próprio deus; o ser é, antes, aquilo que precisa da divindade do deus para, a despeito disso, permanecer completamente distinta dele".

27 Cf. MARION, J.-L. *Le Dieu sans l'être*, p. 105s.

28 *GA* 65, p. 267.

29 Em *Le Dieu sans l'être*, J.-L. Marion tacha o termo deus com uma cruz para situá-lo fora do ser.

representável do deus, a possibilidade de uma economia sagrada. O deus se retira para um espaço que não pode ser marcado nem pelo "ser" nem pela "essência": "Na medida em que, de antemão, nega-se o ser aos 'deuses' em tal pré-pensamento, está se dizendo que todas as afirmações sobre o 'ser' e a 'essência' dos deuses não só nada dizem sobre eles e – isto é, sobre o que deve ser decidido –, mas ainda simulam algo objetal, que arruína todo pensamento, porque este é imediatamente apartado do bom caminho. (Na consideração *metafísica*, o deus deve ser representado como o ente máximo, como o primeiro fundamento e primeira causa do ente, como o in-condicionado, in-finito, absoluto. Todas essas determinações não surgem da natureza divina do deus, mas da essência do ente como tal, na medida em que este, como algo constantemente presente, objetual, é pensado absolutamente em si mesmo e na medida em que, na explicação representacional, o maximamente claro é atribuído ao deus como objeto.)"[30]

---

30 *Ibid.*, p. 437s.

Pressente-se o "Deus que permanece desconhecido"[31], o "completamente diferente dos que foram"[32]; um deus renitente que obstinadamente cala, "recusa" a seu aí, que só permite aquele "revelar" "que faz ver aquilo que se oculta, mas faz ver não tentando arrancar o oculto do seu ocultamento, mas apenas guardando o oculto em seu ocultar-se"[33]. O ocultar-se persistente é a única proximidade possível do deus: "O deus só se faz presente ocultando-se"[34]. Este duplo vínculo surge da renúncia à economia.

O "último deus" é a "figura suprema da recusa"[35]; um deus do "último", do "começo mais profundo", "que, se estirando o mais distante, é o que mais dificilmente se alcança a si", um deus da recusa que, como nome rebelde do abismo, escapa a "todo agarrar"[36]. Ele é o deus

---

31 *VA*, p. 191.

32 *GA* 65, p. 403.

33 *VA*, p. 191.

34 *Ibid.*, p. 169s.

35 *GA* 65, p. 416.

36 *Ibid.*

no tempo do "último", do extremo da recusa, onde "o evento, como o recusar-se hesitante, se intensifica até se tornar *recusa*"[37]. O "último" produz, como um começo velado, o extremo da recusa. Isso não é "mera ausência"[38], mas a não-presença, que se articula como simultaneidade de distância extrema e proximidade máxima.

Os "acenos" são a linguagem do último deus. Não há diferença entre o "aceno do acontecimento" ou do ser e o "sinal do último deus". Este anuncia seu aí recusando-o, ocultando-o, silenciando-o: "Na essência do aceno reside o segredo da unidade da aproximação mais íntima no distanciamento mais extremo [...]"[39]. O acenador acena sem se fazer notar, sem estar ele mesmo *presente*, sem apontar o lugar onde poderíamos encontrá-lo: "O aceno é o negar-se hesitante"[40]. O aceno não chama atenção para nenhum *aqui* marcável. Aquele

---

37 *Ibid.*, p. 411.

38 *Ibid.*

39 *Ibid.*, p. 408.

40 *Ibid.*, p. 383.

que acena não tem localização: "O acenador tampouco 'se' faz simplesmente notar, indicando, por exemplo, que está parado em tal e tal lugar e pode ser alcançado ali"[41]. Ele se retira para o *lá infinito* da não-presença. O aceno não é expressão de uma presença diluída que deveria ser condensada em uma presença unívoca. O aceno é o signo cujo "mostrar" não se detém, contudo, em nenhum ponto, em nenhum referente. É um mostrar infinito sem objeto, que não indica nada, que impede a aproximação sucessiva e consumidora de distâncias, a aproximação da coisa a ser mostrada: "Quanto mais essencial a distância em que se mantém essa aproximação, mais próximo está o mostrar do mostrado. Este permanece distante na medida em que a ele próprio pertence um retrair-se essencial. No entanto, a distância mais distante assim desdobrada garante a proximidade mais essencial do que é mostrado"[42]. O aceno é o rastro daquilo que

---

41 *GA* 39, p. 32.

42 *GA* 4, p. 147.

passou ao largo. A "passagem" não é o aparecimento fugaz de uma contraparte, não é a travessia de um lugar que se possa marcar. Em vez disso, ela expressa a *marcha* do "que não se pode pensar antecipadamente"[43], uma marcha que contorna todo "aí" representável. O haver passado na "passagem do último deus" é a retirada para a exterioridade do deus que não se pode pensar antecipadamente, que *atrai* ao se retirar para o passado irreversível.

O vazio através do qual o último deus fala ou se cala no "aceno mais tímido e distante"[44] não é um "mero vazio do desocupado"[45], no qual nenhum aí se move, nenhuma vibração do aí pode ser percebida. Embora não possa ser marcado pelas ordens do entendimento, ele se faz notar como um "vazio que sintoniza afinadamente"[46]. O "aceno do evento" é um "aceno afinador". Devido à economia proibida, o deus só brilha por sua ausência. Ele não deve

---

43 *GA* 65, p. 415.

44 Ibid., p. 400.

45 Ibid., p. 381.

46 *Ibid.*

aparecer. Ele tem de perseverar atrás do riscado cruciforme. Ele não deve se *pôr na frente* da cruz. A única coisa dizível é sua ilegibilidade, o fato de que ele se retrai, de que não deve se dirigir à aparição. Seria o coração capaz de reverter essa obstinada ausência, a "negação" em um ser, sentir o deus que não aparece?

O aceno do deus, que não está vinculado a nenhum local, abre um "espaço vibratório" no qual "vibra" a "consonância da proximidade dos deuses"[47]. A vibração não pode ser reproduzida pela representação. Sua tentativa de forçá-la a entrar em uma presença representável necessariamente a paralisa. Ela não se deixa capturar pela rede conceitual. Essa rede sempre cai no vazio. O "espaço de vibração" no qual "vibra" a proximidade do deus nega qualquer abertura ao pensamento representativo. Este pensamento é incapaz de ressoar junto na vibração. É surdo à vibração e ao som. O "espaço de vibração" se abre, se espalha onde a compulsão de pensar nele dá lugar a uma passividade

---

47 *Ibid.*, p. 400.

capaz de comoção. A mente oferece espaço para esta passividade: "Este modo verdadeiro de ter Deus está no ânimo [...], não em pensar nele constante e regularmente. O homem não deve se contentar com um Deus *pensado*"[48]. O ânimo é receptivo à retirada da presença, à vibração do ocultar-se. É capaz de experimentar, de sofrer a retirada como uma "referência". A "irrepresentabilidade (nenhum objeto)" e o "ocultar-se essencial" tornam o deus ilegível para a representação. Seu "aceno afinador"[49], que não remete a um *aqui* definitivo, a vibração sintonizadora do ocultar-se encontra espaço de ressonância apenas na passividade do estar comovido ou estar afinado.

A "pele de galinha" não seria apenas a "primeira imagem estética"[50], mas, como algo "sobrenatural"[51], o primeiro rastro visível do divino. O divino fecha-se para à "consciência

---

48 MEISTER ECKHART. *Die deutschen und lateinischen Werke*, vol. V, p. 510.

49 *GA* 65, p. 381.

50 ADORNO, T.W. *Gesammelte Schriften*, vol. 2, p. 114.

51 OTTO, R. *Das Heilige*. Breslau, 1922, p. 27.

sem estremecimento" "reificada e que se expande até uma totalidade"[52]. A capacidade de perceber o divino seria, como no caso do "comportamento estético", a "capacidade de certo estremecer", de ser tocado, afetado, comovido pelo "outro", pelo "completamente diferente". Assim, o "in" do infinito designa a "profundidade da afeição" "sem apreensão e conceituação", a "profundidade do sofrimento que nenhuma capacidade de compreensão apreende"[53]. A distância entre o infinito e o finito não pode ser percorrida apenas pelo entendimento. O pensar no infinito ou no divino é um pensar "que em todo momento pensa mais do que pensa"[54]. Esse mais, o excedente de pensar, não se mantém vivo pelo esforço obstinado do entendimento, mas pela visão comovida, pela "profundidade do sofrimento". Em Lévinas, o acesso ao mais se dá no sentimento, "cuja tensão fundamental é o desejo"[55], mas um desejo que, ao contrário da

---

52 ADORNO, T.W. *Ibid.*, p. 490.
53 LÉVINAS, E. *Gott und Transzendenz*, p. 102.
54 LÉVINAS, E. *Die Spur des Anderen*, p. 201.
55 *Ibid.*, p. 239.

fome e da necessidade, "não é satisfeito, mas aprofundado, pelo desejado"[56], desejo por excesso, que do lado de cá da "atividade" ou da vontade subjetiva, designa a "intencionalidade do afetivo", do sofrimento. É o movimento do olhar comovido pelo "completamente diferente", movimento este que nunca se depara com a contraparte satisfatória, e nunca se detém.

O arrepio ou a pele de galinha não são uma reação posterior a uma ideia ou um conceito. Não é um sintoma nem um efeito secundário. A primeira coisa que se reúne em torno do divino não são os predicados racionais, para serem refletidos e confirmados nos "afetos". A primeira articulação do divino seria a visão comovida que abre e inunda o espaço das representações: "A tonalidade afetiva não representa algo, mas arrebata nossa existência a uma relação sintonizada com os deuses e com seu ser tal e tal. Não temos primeiramente, de algum lugar, representações sobre os deuses, umas representações e um representar que então provemos de afetos e sentimentos; em vez

---

56 *Ibid.*, p. 202.

disso, a tonalidade afetiva, enquanto arrebatadora e recolhedora, *inaugura* a área dentro da qual algo pode, pela primeira vez, ser especificamente representado"[57].

Heidegger situa os deuses gregos do lado de cá da representação. Eles são os "afinadores". Não é a concepção dos deuses que posteriormente põe o ser humano em um afeto; em vez disso, a presença dos deuses é inicialmente acessível a um afeto determinado, e aqui este afeto não expressa uma reação subjetiva, mas a objetividade dos deuses. Essa noção sobre os deuses gregos não é despropositada. No quarto livro da *Ilíada*, o terror (*Fobos*) e o medo (*Deimos*) aparecem como deuses. Terror e medo não são estados subjetivos, intrapsíquicos, mas poderes divinos sobre os quais o homem não dispõe; e, pelo contrário, o homem é capturado por eles. Não se trata de uma transferência alegórica. Portanto, não devemos buscar os referentes psicológicos autênticos.

Sem dúvida, o deus de Heidegger é afinador, mas a tonalidade afetiva que remeteria

---

57 *GA* 39, p. 140.

imediatamente a ele, no qual ele seria de alguma forma legível, permanece não expressada. Assim, o deus permanece indeterminado. Tudo o que é nomeado é a tonalidade afetiva básica da contenção, que apenas rumina, e que se sintoniza com, a recusa do deus em aparecer. Em tal tonalidade afetiva de contenção, o deus diz que deve permanecer calado, recusar-se a aparecer. A impossibilidade da aparição e da economia divina, da "determinação contábil"[58] conceitual parece ser a única determinação do deus de Heidegger, sua única *afinação e determinação*.

A "recusa" que "força"[59] "o ser aí a se voltar para si mesmo como fundamento do local da *primeira* passagem do deus como aquele que se recusa" é mantida como a "proximidade singular" do "ânimo da contenção", a qual sabe ser paciente na infinita ausência da presença que aparece: "O que significa 'ficar' na clareira da ocultação e suportá-la? A tonalidade afetiva fundamental da contenção"[60]. Espera-se

---

58 *GA* 65, p. 411.

59 *Ibid.*, p. 412.

60 *Ibid.*, p. 401.

a "incidência do evento"[61], que evoca aquelas tonalidades afetivas fundamentais que "determinam o futuro homem à salvaguarda da indigência dos deuses"[62]. A "contenção", que suporta a simultaneidade da presença e da ausência, do aí e do longe, como o "traço básico da tonalidade afetiva fundamental", forma o "centro afinador do terror e do medo"[63], no qual "o *ser*-aí se sintoniza com o *silêncio* da passagem do último deus".

Devem-se preparar os "futuros", os pensadores de longo fôlego, que "reúnem a prefulgência do último deus"[64]. Eles são os "fundadores lentos e de paciente escuta"[65] da verdade, que, sem querer apoderar-se imediatamente do ser e desnudá-lo, sem fazê-lo congelar em um isto inequívoco, perseveram no "silêncio do crescimento oculto e da expectativa". É apenas para esses futuros que vêm o "aceno e investida do distanciamento e da aproximação

---

61 *Ibid.*, p. 400.

62 *Ibid.*, p. 423.

63 *Ibid.*, p. 17.

64 *Ibid.*, p. 400.

65 *Ibid.*, p. 395.

do último deus"[66]. Sua tonalidade afetiva fundamental é a contenção. Nela "*estão* os futuros, que, enquanto assim afinados, são determinados e sintonizados pelo último deus"[67]. A contenção é acompanhada pelo "silêncio". Somente no "grande silêncio", no "silenciamento" da contenção, "a hegemonia do último deus"[68] "abre e configura" o ente. A "celebração mais

---

66 *Ibid.*

67 *Ibid.*, p. 396.

68 *Ibid.*, p.34. É preciso situar a "hegemonia" fora da economia do poder: "A hegemonia é a necessidade que o livre tem do livre. Ela domina e se essencializa como o incondicional no âmbito da liberdade. Sua grandeza reside no fato de que não requer poder e, portanto, não requer violência e, no entanto, permanece mais eficaz do que estes, embora na forma primordial de sua constância" (*Ibid.*, p. 282). É interessante que Heidegger oponha a hegemonia não econômica ao poder e à violência: "Poder: a faculdade de assegurar a posse de possibilidades de violências. Como *asseguramento*, ela está sempre perante um contrapoder e, portanto, nunca é uma origem. Violência: irrupção impotente de uma capacidade transformação no ente sem vantagem e sem perspectiva de possibilidades. Onde quer que o ente deva ser mudado pelo ente (não a partir do ser), a violência é necessária. Toda ação é um ato de violência, de modo que aqui a violência é regida pelo poder"(*Ibid.*) A economia do poder e da violência só é possível, portanto, no interior do ente. A economia deve ser abandonada onde o pensar pensa o próprio ser. O pensamento não pode contabilizar o ser.

íntima do último deus" não é uma ruidosa proclamação da presença infinita e definitiva, mas contenção e discrição. O "pressentimento e a busca" dos futuros alimentam-se da "discrição contida", daquela "inquietação"[69] que não se detém em nenhuma "univocidade retilínea": "Como esse aceno é conservado como aceno na discrição contida, e como tal conservação sempre está simultaneamente despedindo-se chegando, na tristeza *e* na alegria especialmente, naquela tonalidade afetiva fundamental da contenção"[70]. Deus é dor: "Mas a dor é o autêntico saber do ser diferente, em que a pertença mútua de homens e deuses tem, pela primeira vez, a separação da distância e, com isso, a possibilidade de proximidade e, portanto, a felicidade do aparecer"[71].

Em "O que significa orientar-se no pensamento?" Kant escreve: "O conceito de Deus, e até mesmo a convicção de sua existência, só podem ser encontrados na razão [...]"[72].

---

69 *GA* 65, p. 400.

70 *GA* 4, p. 122.

71 *GA* 53, p. 190.

72 KANT. *Werke in 6 Bänden*, vol. III, p. 277.

A razão necessariamente força Deus a uma economia. O deus kantiano está enredado no campo econômico de fim, utilidade e necessidade. O "bem supremo" tem uma afinidade formal com o bem econômico. A progressão sucessiva até o bem maior é semelhante à acumulação. Da interminabilidade dessa acumulação, da necessidade do "progresso ao infinito"[73] em direção ao bem supremo, Kant deduz ainda a imortalidade da alma. Esta promete um "aumento futuro"[74] do bem moral. O postulado da "existência que perdura ao infinito"[75] garante a possibilidade de acumulação infinita. Deus é a "causa moral do mundo"[76], a instância postulada a partir de uma necessidade e que deve manter a economia moral. Deus dá sentido e legitimidade ao esforço moral, à necessidade moral e garante o "objetivo final", o bem supremo.

Em *O sagrado*, R. Otto tenta se aproximar do elemento irracional de Deus: é o "absolutamente

---

73 KANT. *Kritik der praktischen Vernunft*, A220.

74 *Ibid.*, A223.

75 *Ibid.*, A220.

76 KANT. *Kritik der Urteilskraft*, B424.

diferente", o "que simplesmente cai fora da esfera do usual, do compreendido, do familiar e, portanto, 'íntimo'"[77], um "X" que não se ajusta aos predicados racionais, o "absolutamente estupendo", o "quase demoníaco", o "completamente incompreensível", que "zomba de toda conceituação"[78], o "não-ser", o "vazio"[79], que não pode ser ocupado pelas ordens do entendimento. Perturba, surpreende, confunde a razão, leva-a a paradoxos e antinomias: "Mas ele não só as transcende (i. é, às categorias), mas ocasionalmente parece se contrapor a elas, anulá-las e confundi-las. É, então, não apenas incompreensível, mas se torna totalmente paradoxal; está então não apenas acima de toda razão, mas parece ir 'contra a razão'"[80]. Otto constantemente se refere à "essência em última instância irracional" de Deus, que "se subtrai a toda possibilidade filosófica"[81], que é absolutamente incomensurável com as

---

77 OTTO. *Das Heilige*, p. 29.

78 *Ibid.*, p. 98.

79 *Ibid.*, p. 33.

80 OTTO. *Das Heilige*. Munique, 1971, p. 36.

81 *Ibid.*, Breslau, 1922, p. 93s.

ordens da razão, que não apenas "transtorna, deslumbra, assusta, aflige a razão, mas é inerentemente determinado por atributos que se contradizem".

A linguagem tem de se negar de uma ponta à outra para assinalar o "X". Apesar dessa negatividade discursiva de Deus, apesar da interminável postergação metonímico-metafórica do indizível, que só permite uma abertura hiperbólica ao numinoso, o numinoso não se dilui em algo abstrato estéril. Em vez disso, ele está saturado de algo absolutamente positivo[82]. O vazio que a negatividade de Deus deixa para trás ou cria não apaga todo rastro do aí. A redução e a escassez da palavra não levam ao esvaziamento do aí. Elas são acompanhados pela amplitude e pela intensidade do "conteúdo de *sentimento* extremamente positivo"[83]: "Pois 'sobrenatural' e 'supramundano'

---

82 *Ibid.*, p. 14.

83 Para Otto, o sentimento não é um adorno subjetivo da objetividade ou do conhecimento objetivo, supostamente não contaminados por nada afetivo, não é "uma espécie de sonhos nobres" "aos quais devemos nos entregar". Como uma "forma de experiência de objeto", ele lê o ser em sua objetividade. Ele libera a objetividade. O sentimento é credi-

são obviamente, eles próprios, apenas predicados negativos e exclusivos em relação à natureza e ao mundo. No entanto, são corretos em referência ao conteúdo de sentimento extremamente positivo, que aqui, porém, também

---

tado com a capacidade de dizer a verdade; ele é a "questão de quem busca a verdade – isto é, de quem quer conhecer" (OTTO. *Das Gefühl des* Überweltlichen, p. 329). O adjetivo "profundo", que se acrescenta ao sentimento, não aprofunda a interioridade sem objeto do sujeito, mas é a expressão da "certeza e autenticidade do conhecimento" (*ibid.*, p. 332), nomeadamente o conhecimento objetivo: "Por 'sentimento' não entendemos aqui estados de ânimo subjetivos, mas um ato da própria razão, um modo de conhecer [...]. Admitimos uma deficiência quando só podemos nos referir a um 'sentimento', e reconhecemos que é uma tarefa importante remediar essa deficiência e 'esclarecer' nosso conhecimento 'meramente sentimental'; isto é, ir além do meramente sentimental para prestar contas a nós mesmos e aos outros sobre o que acreditamos ter apreendido cognitivamente. Mas também sabemos que quase todos os nossos conhecimentos começam na forma de uma apreensão inicialmente apenas sentimental, e que muito disso, mesmo que não consigamos convertê-lo em forma apropriada ao entendimento, pode, no entanto, pertencer à mais segura de nossas convicções e certezas. [...] O 'sentimento' do ânimo simples não é, contudo, uma capacidade aumentada para todas as emoções, mas para uma *compreensão*, e mais precisamente uma compreensão que não é um entender a partir de mediações lógicas, mas busca o não mediado, o primeiro, o originário, os próprios *principia*, e além disso, vai em busca de objetos que são mais profundos, mais obscuros, mais íntimos do que os objetos do raciocínio intelectual" (*ibid.*, p. 327).

não é explicitável. Com isto, os conceitos de supramundano e sobrenatural tornam-se para nós, sem refletirmos a respeito, designações de uma realidade e qualidade 'completamente diferentes', cuja peculiaridade sentimos, sem podermos dar-lhe uma expressão conceitual clara"[84].

O misticismo – que multiplica infinitamente a negação no discurso "aumentando-a ao ponto do paradoxo" e até mesmo declarando o predicado "ser" inadequado para descrever o "completamente diferente" – situa-se do lado de cá da negatividade do fracasso discursivo. O próprio lugar, que torna inevitável a fala apofática, não permanece negativo. Ele tem a "*qualidade* positiva", que se faz conhecer no sentimento: "O misticismo leva ao extremo essa contraposição do objeto numinoso como o 'completamente diferente', não se contentando em opô-lo ao natural e mundano, mas, em última instância, ao próprio 'ser' e ao 'ente'. O misticismo finalmente o chama de 'o nada' mesmo. Por 'nada' ele entende não apenas aquilo de que não se pode predicar coisa

---

[84] OTTO, R. *Das Heilige*, p. 34.

alguma, mas também aquilo que é absoluta e qualitativamente diferente e oposto a tudo o que é e o que pode ser pensado. Mas, à medida que ele intensifica até o paradoxo a negação e o contraste – que é a única coisa que o *conceito* pode conseguir aqui para apreender o elemento de 'mistério' –, a qualidade positiva do 'completamente diferente' torna-se para ele ao mesmo tempo extremamente viva no sentimento, na exuberância sentimental"[85].

O Deus kantiano, por outro lado, não confunde a razão. Em vez disso, a crença em Deus é desencadeada pelo conceito de razão. Segundo Kant, a "fé racional" é a "bússola" com a qual alguém se orienta no pensamento e no mundo. O deus da razão é a suprema instância econômica, sem a qual a administração moral vai à falência. O afeto que, segundo Otto, perturba a razão e a conduz a paradoxos seria, segundo Kant, incapaz de apreender Deus, ou de ter um conceito de Deus: "Com tudo isso, apenas se quer dizer o seguinte: embora o medo tenha sido inicialmente capaz de produzir *deuses*

---

[85] *Ibid.*, p. 33.

(demônios), a *razão*, por meio de seus princípios morais, foi a primeira capaz de produzir o conceito de Deus"[86]. "A razão inevitavelmente se enreda no cálculo econômico. Será preciso deixar o trabalho da razão para poder situar Deus para além da economia.

A ideia de que Deus só pode ser experimentado no sentimento não é nova. Hegel combateu a chamada "teologia do sentimento". Segundo Hegel, quem busca Deus apenas no sentimento está perigosamente próximo do animal: "Se a religião no ser humano se fundasse apenas num sentimento, então este certamente não teria outra determinação senão ser o *sentimento de sua dependência*, e assim o cão seria o melhor cristão, pois ele porta em si este sentimento de modo mais vigoroso e vive principalmente nele. O cão também tem um sentimento de salvação quando sua fome é saciada por um osso". Não a pele de galinha, mas o conceito é a primeira imagem do divino. A pele de galinha, enquanto expressão do "sentimento natural do coração",

---

[86] KANT. *Kritik der Urteilskraft*, p. 317s.

seria de origem animal para Hegel. O sentimento é apenas o "ponto do ser subjetivo, acidental"[87], o "*particular*", o "*limitado*"[88]. É, portanto, incapaz de universalidade e comunidade: "No solo do pensamento, do conceito, ao contrário, estamos no solo do universal, da racionalidade [...]. Mas se passamos ao sentimento, abandonamos esse comum e nos retiramos para a esfera de nossa contingência [...]"[89]. O "homem formado" pode, de fato, ter um "sentimento verdadeiro de Deus", mas deve-o à "formação do pensamento"[90] que falta ao "homem natural": "Deus está essencialmente no pensamento"[91]. O sentimento é a "pior maneira pela qual tal conteúdo pode ser demonstrado"[92]. Ele se inflama, renova-se com a representação. Devido à sua universalidade,

---

87 HEGEL. *Vorlesungen* über *die Philosophie der Religion*, I: *Werke in 20 Bänden*, p. 131.

88 *Ibid.*, p. 129.

89 *Ibid.*

90 *Ibid.*, p. 130.

91 *Ibid.*, p. 129.

92 *Ibid.*

a representação é mais apropriada para Deus do que o sentimento. O coração deve passar por uma purificação, uma "formação", para se livrar do "maligno", da "particularidade natural"[93]. É a "formação do pensamento"[94] que purifica o coração, o *circuncida* e o supera em favor do *universal*. Curiosamente, Hegel atribui mais universalidade ao coração do que ao sentimento, embora o coração seja, em última análise, a sede do particular: "O *coração* já é mais do que sentimento; este é apenas momentâneo, contingente, fugaz. Mas quando digo que tenho Deus no coração, o sentimento se expressa aqui como um *modo duradouro, fixo de minha existência*"[95]. Em que consistiria

---

93 *Ibid.*, p. 130; é interessante que Hegel se refira à Bíblia aqui: "Na Bíblia, no entanto, o mal como tal é expressamente atribuído ao coração; o coração também é a sede do mal, essa particularidade natural. Mas o bom, o moral não é que o homem imponha sua particularidade, seu egoísmo, sua egolatria; se ele faz isso, ele é mau. O ególatra é o mal que, em geral, chamamos de coração". Mas a circuncisão bíblica do coração o libera da obstinação do homem: "Circuncidai, pois, o prepúcio do vosso coração e não mais endureçais a vossa cerviz" (Dt 10,16).

94 *Ibid.*

95 *Ibid.*

a constância que caracteriza o coração? De acordo com Schleiermacher, esse modo contínuo de existência seria o estado de ânimo: "*A permanência do sentimento religioso é o estado de ânimo*"[96].

No sentimento religioso, Deus não se torna o conteúdo positivo ou *posse* tangível de um sujeito apropriador. Não é uma forma afetiva de apropriação, mas o sentimento extremo de sua impossibilidade. Por outro lado, o conceituar, o apreender, com suas mãos apropriadoras, arrastam Deus para a praça do mercado. São comerciantes em essência. A economia regula que, para uma quantidade de pensamentos, se obtém uma quantidade igual de objetos. O próprio Deus se torna uma mercadoria aqui. Mas o ser comovido carece

---

96 SCHLEIERMACHER, F. *Ästhetik*, p. 71. Em Schleiermacher, Deus não é experimentado na reflexão, mas no sentimento, ou seja, no sentimento de dependência absoluta. Uma deficiência está inscrita no eu. Ele não pode reivindicar a autoria de sua unidade. A autoconsciência imediata, que não é resultado de um empreendimento reflexivo, mas ocorre do lado de cá da reflexão, é um sentimento geral de dependência. Deus é o "nome explícito" da "procedência" desse sentimento (*Der christliche Glaube*, p. 28).

do poder econômico da apreensão. As mãos postas em oração impossibilitam o comércio, dão testemunho visível da impossibilidade da economia. A entrega das mãos unidas em oração é uma recepção de Deus em que nada cai nas *mãos*. Segundo Hegel, a sede da disposição de ânimo é o coração *inconsciente*. Se a inconsciência impedisse a economia, então o coração seria o órgão da religião[97]. Em sua *inconsciência*, o coração *aprende* Deus *de cor*, e isso aquém do sentido e sem possibilidade de apropriação compreensiva. A *vocação* é sempre um ato ou estado *inconsciente* do *coração*. A inconsciência seria a única receptividade possível ao divino e ao mistério. No entanto, ela não é o resultado de uma abolição irracional da "consciência", nem uma dissolução orgiástica de fronteiras, nem um êxtase, mas o resultado de uma *consciência aguçada*. O coração se torna a casa de Deus, quando *pensamos até a inconsciência e na inconsciência*.

---

97 Cf. *GA* 4, p. 73: "O sagrado é a intimidade mesma, é 'o coração'".

VII
A órbita excêntrica

> *Acontece? – Não, isso não acontece.*
> *– E, no entanto, algo está vindo.*
> *– Na espera, que retém e deixa*
> *qualquer chegada.*
> Maurice Blanchot

A *tração* do homem para o ser é *excêntrica*. Ele está enredado em uma trágica lei da gravidade que lança o ser-aí humano em uma "órbita excêntrica"[1]. Ele se afasta do "centro do seu ser"[2] e vai para o exílio. Heidegger se baseia em um traço dialético essa tração trágica para o ser. A marcha para o estrangeiro é ao mesmo tempo uma volta para casa, um retorno a si mesmo: "No entanto, a fonte só é a riqueza quando é experimentada como fonte.

---

1 Cf. *GA* 52, p. 189.

2 *Ibid.*

Isso acontece porque, mediante a peregrinação no estrangeiro, ela se torna primeiramente o distante do qual um regresso pode se aproximar, quando ela se torna um retorno ao lar"[3]. No começo, a pátria ainda está fechada em si mesma, não iluminada e não livre, de modo que ainda não veio a si. Esse vir a si exige um vir a partir de algo distinto"[4]. De uma forma muito sublime, Heidegger traduz a poesia de Hölderlin para o seu pensamento e vice-versa. A necessária marcha ao estrangeiro, o "longo inverno", a "noite" e o "regresso a casa" têm seu equivalente na história do ser. É particularmente interessante a analogia entre a "órbita excêntrica" (motivo importante na poesia de Hölderlin) e a história do ser.

A "excentricidade"[5] do ser nasce do *paradoxo do começo*. Pois, no começo, o começo não começa com o começo[6]. No começo, ele permanece preso no começado. Por causa

---

3 *GA* 4, p. 147.

4 *GA* 52, p. 190.

5 Cf. *Ibid.*, p. 189.

6 Cf. *Ibid.*, p. 189.

dessa falta de liberdade, o começo não pode liberar o que é "inicial" no começo. O começo começado abandona o começo. O começo, que no primeiro começo permanece preso ao começado, se libera *para si mesmo* no segundo começo. Só no segundo começo o começo é experimentado *como* começo. Aqui, o primeiro começo não é eliminado no segundo começo, porque pertence às "posses do começo"[7]. O segundo começo é *a verdade* do primeiro começo. Aquele *acolhe* este em si e o *supera*.

A "despedida"[8] como ser traz à tona sua "excentricidade". O ser se despede, se afasta de si mesmo. No começo, a história do ser não toma a "órbita mais íngreme e mais curta"[9] (no periélio) no interior da excêntrica elipse do ser, onde o homem estaria o mais próximo do ser, mas sim a órbita mais plana e lenta (no afélio), que lança o homem a uma noite do ser. A distância do ser surge de uma "lei do começo" dialética. Heidegger, imperceptivelmente, insere

---

7 *GA* 65, p. 179.

8 *GA* 13, p. 31.

9 *GA* 65, p. 177.

certa dialética do começo na história do ser. O começo, para consolidar seu fundamento, inscreve uma distância em relação a si mesmo: "Na consolidação do fundamento, que retorna a si mesma, a origem faz que surja a distância mais distante, e nesta a possibilidade da proximidade pura, que sustenta a distância"[10].

A metafísica marcada pela distância do ser no primeiro começo é o começo que se desdobra. O desdobramento, a história do primeiro começo, nega de certa maneira o começo. A marcha do primeiro começo é a "progressão desde o começo"[11]. De fato, a progressão não retrocede dialeticamente, mas faz que "o retorno se torne uma vez necessidade, e a lembrança do começo se torne uma necessidade necessitada"[12]. Somente no segundo começo, que recorda, o começo desperta para si mesmo. A recordação da história do ser certamente se distingue do duplo movimento dialeticamente sincronizado do entrar-em-si saindo de

---

10 *GA* 4, p. 146.

11 *Nietzsche II*, p. 486.

12 *Ibid.*, p. 486s.

si. A "progressão" e o "retorno" são separados por uma diacronia, por uma ruptura na história do ser. Apenas um "salto" pode saltar sobre o fosso da história do ser.

No primeiro começo, indo além de si mesmo, o começo fica *fora de si*. A despedida de si, traço fundamental do começo mesmo, acarreta sua retirada: "O começo – carregando até o final a clareira – leva consigo a despedida. O começo apropriador é a dignidade enquanto a própria verdade que se ergue até sua despedida [...] que é desvelamento do encobrimento – e isso porque ele é propriedade do abismo"[13]. A retirada do começo não é seu traço deficitário. O começo se desenrola nela.

O primeiro começo é, de certa maneira, digerido dialeticamente. O "ultrapassamento" pode ser lido como uma variação sutil da "superação"[14]. Heidegger escreve uma dialética do

---

13 *Ibid.*, p. 485.

14 No entanto, é inegável que Heidegger se distancia da "superação" dialética: "O pensamento não supera a metafísica pelo fato de, subindo mais alto, excedê-la e conservá-la em algum lugar, mas descendo de volta à proximidade

sim e do não. O "não" como "salto" não salta a partir do que deve ser negado, mas o afirma e, dessa maneira, "ultrapassa" o "sim"[15]. Por meio de uma economia dialética, o não inscreve para si um sim. Arrasta consigo o que foi negado: "Tal negação não se basta com o salto que apenas deixa para trás, mas se desdobra ao desvelar o primeiro começo e sua história inicial, e devolver o que foi desvelado à posse do começo, onde ele, depositado, se ergue agora e também no futuro sobre tudo o que um dia surgiu em seu rastro e se tornou objeto de contabilidade histórica. Essa construção do erguimento do primeiro começo é o sentido da 'destruição' na transição para o outro começo"[16]. A "destruição" segue claramente uma economia dialética. Ela constrói o começo

---

do mais próximo. A descida, sobretudo onde o homem se perdeu na subjetividade, é mais difícil e perigosa do que a subida" (*VW*, p. 348) No entanto, a progressão dialética não ocorre em uma via de mão única, onde seria possível um movimento apenas em uma direção. Em vez disso, no tráfego dialético, subida e descida, ou ir para frente e para trás, ocorrem ao mesmo tempo.

15 *GA* 65, p. 178

16 *Ibid.*, p. 179.

reconstruindo o primeiro começo. A transição é *desconstrutiva*.

O primeiro começo não é um movimento unilateralmente negativo. Sem dúvida, a história do primeiro começo, a metafísica, de certa maneira volta as costas ao ser. Mas, como uma "época necessária da história do ser"[17], ela é constantemente puxada pelo começo que se retrai. Na "lembrança" da história do ser, ela se revela como um necessário movimento (de retirada) do começo. Portanto, o primeiro começo não é uma mera partida saindo do começo. Ao suportar o começo até o fim, ela produz os frutos do começo. O primeiro movimento do começo não o faz morrer. No primeiro movimento o começo cresce, brota, floresce, e ele se esconde a si mesmo nos "brotos"[18] que germinam.

O passo da história do ser é imprevisível. Em primeiro lugar, não é dialético. Os "brotos" do ser não germinam em uma sequência dialeticamente organizada: "As épocas nunca podem

---

17 *Nietzsche II*, p. 482.

18 *Der Satz vom Grund*, p. 154.

ser derivadas umas das outras, nem postas na trajetória de um processo contínuo"[19]. Não há um "por quê", apenas o "fato de que – o fato de que a história do ser é assim"[20]. Os "brotos" do ser germinam um após o outro porque germinam um após o outro. O "porque" é "o durar, aquilo que perdura como destino"[21]. Por outro lado, a história descreve uma órbita excêntrica. Sua progressão é caracterizada por uma distância crescente do ser. O traço destrutivo da distância do ser precede necessariamente a entrada abrupta do começo: "Antes que o ser possa ocorrer em sua verdade inicial, o ser como vontade *deve* ser quebrado, o mundo *deve* ser forçado ao colapso, a terra à devastação e o homem ao mero trabalho. Só depois desse ocaso ocorre por longo tempo a abrupta duração do começo"[22].

Em uma passagem de *Ser e tempo*, Heidegger procura situar o movimento destrutivo fora

---

19 *Ibid.*

20 *Zur Sache des Denkens*, p. 56.

21 *Ibid.*

22 *VA*, p. 69, ênfase minha.

de sequência. A causa da distância do ser seria então uma proliferação dos "brotos", situados de certo modo fora da história *real* do ser: "Essas épocas se sobrepõem em sua sequência, de modo que a destinação inicial do ser como presença é ocultada cada vez mais, de várias maneiras"[23]. No entanto, não se pode responsabilizar apenas a proliferação pelo encobrimento da "destinação inicial". Da respectiva forma dos "brotos" se deduz a lógica excêntrica inscrita no próprio destino, que conduz ao distanciamento destrutivo do ser.

Heidegger compartilha com Hegel essa paixão pelo mesmo. Toda a história da filosofia é a expressão de um *mesmo*, da *verdade* única. A marcha da história da metafísica certamente não é uma "progressão em si mesma necessária e consistente"[24] da "ideia". Falta um vínculo dialético ligando os "brotos" do ser em um todo orgânico. Mas todos os projetos filosóficos nascem de "*uma só* fonte"[25], de um

---

23 *Zur Sache des Denkens*, p. 9.

24 HEGEL. *Vorlesungen* über *die Geschichte der Philosophie. Werke in 20 Bänden*, vol. 18, p. 55.

25 *Ibid.*, p. 38.

dar que se apresenta como o mesmo ao longo de toda a história[26]. A memória da história do ser se lembra de "algo que é o mesmo, que, no entanto, não se deixa representar por um conceito geral nem extrair como um fio condutor do curso da história de múltiplas dobras"[27].

A metafísica é um *arquivo do ser*, no qual suas "palavras"[28] são preservadas, mas no qual o ser não se mostra a si mesmo. Temos de caminhar recordando por este arquivo, para trazer o esquecido de volta à luz. A transição para o outro começo realiza este trabalho arquivista, arqueológico. No escrito, o arqueólogo procura o não-escrito, que faz escrever escrita, mas que escapa à escrita. As "preleções

---

26 Cf. *Zur Sache des Denkens*, p. 44: "O pensar então está em e perante aquilo que destinou as distintas figuras do ser epocal. Este, porém, o destinador, como acontecimento apropriador, é ele próprio a-histórico, ou melhor, sem destino".

27 *Der Satz vom Grund*, p. 110.

28 *Zur Sache des Denkens*, p. 9: "Quando Platão concebe o ser como ideia e *koinonia* de ideias, Aristóteles como *energeia*, Kant como posição, Hegel como o conceito absoluto, Nietzsche como vontade de potência, isto não são doutrinas apresentadas casualmente, mas palavras do ser como respostas a um apelo encorajador que fala no destinar que se oculta a si mesmo, no 'há ser'".

'históricas'"[29] de Heidegger sobre filosofia são conferências arqueológicas sobre a história do primeiro começo, preleções que buscam "sempre fazer saber *uma única coisa*"[30].

Toda metafísica é centrada em torno de uma determinada "palavra" do ser, dando-lhe um *cunho* particular. É uma forma de cunhagem que molda a visão para o ente de uma maneira determinada. No processo, o cunhador, que permanece idêntico a si através das várias formas de cunhagem, se subtrai ao que é cunhado. Este não se lembra daquele. Ao respectivo "cunho epocal"[31] do ser corresponde a formação de um discurso metafísico determinado. Todos os enunciados efetivos de um discurso metafísico formam-se em torno da "palavra" e produzem um discurso coerente em si mesmo.

A formação metafísica é baseada em um traço *metafórico, quase-metafórico*. Ao que se subtrai, ao que poupa sua manifestação o discurso metafísico corresponde de maneira metafórica,

---

29 Cf. *GA* 65, p. 176.

30 *Ibid.*

31 *Identität und Differenz*, p. 59.

ainda que a este discurso seu traço metafórico permaneça oculto. Trata-se de uma *metáfora* ilimitada, vertical, estranha e abismal que transcende infinitamente a "metáfora" metafísica. O "como" (p. ex., no ser *como* objetividade, ou *como* vontade) marca o traço metafórico do discurso metafísico. Este sempre se encontra em uma "situação trópica", figurativa[32]. Em toda formação metafísica, o ser "se contém", recolhe-se em seu "relicário", em sua "cripta"[33]. As metáforas crescem e proliferam junto ao "relicário do nada"[34]. Este é tapado por elas e torna-se cada vez mais invisível. A vegetação metafísico-metafórica acarreta a dupla retirada. Deve-se assinalar, no entanto, que o relicário está vazio, que não contém nenhum sujeito, nenhuma transcendência críptica.

Heidegger escreve aqui uma genealogia não dialética do discurso metafísico.

---

32 DERRIDA, J. "Entzug der Metapher", p.337: "[...] no que se refere ao ser ou ao pensamento do ser, ela [a metafísica] já estaria em situação trópica. A metafísica *como* trópica, ou mais precisamente, como rodeio metafórico, corresponderia a uma subtração essencial do ser".

33 *Ibid.*, p. 339.

34 *VA*, p. 171.

Heidegger põe a genealogia dialética da metafísica de Hegel no arquivo do ser, com um breve comentário: "Mas não ouvíamos falar do ser na ordem e na sequência históricas do processo dialético que Hegel pensa? Certamente. Mas também aqui o ser se mostra apenas na luz que se aclarou para o pensamento de Hegel"[35]. A genealogia de Hegel é, portanto, apenas *uma* luz cega, que é muito escura, muito cega para iluminar a história da filosofia. Outra luz incide sobre o arquivo heideggeriano do ser, uma luz orlada por escuridão, que, contudo, é mais brilhante e alcança mais longe do que qualquer luz metafísica.

A formação metafísica não é um acontecimento puramente discursivo. A camada mais inferior de formação é pré-discursiva[36]. A formação metafísica se baseia em uma traço não discursivo que, embora não se tematize na superfície discursiva, permeia todas as camadas

---

35 *Identität und Differenz*, p. 59.

36 Dilthey já formula esta ideia. A respectiva visão de mundo é apoiada por "um só estado de ânimo básico" (*Gesammelte Schriften*, Vol. VIII, p. 33): "Esses estados de ânimo vitais, as inúmeras nuances da atitude em relação ao mundo formam

discursivas. Esse traço é a gravitação da formação metafísica. Nesta, a gravitação dá o *tom*, reúne os enunciados em torno de uma *nota tônica*. Ela é o traço tonal do discurso metafísico. A tonalidade do discurso metafísico é regulada pela "tonalidade afetiva": "A lembrança da metafísica como uma época necessária na história do ser faz pensar que e como o ser determina, a cada vez, a verdade do ente, que e como o ser abre, a partir dessa determinação, um âmbito de esboço para a explicação do ente, que e como tal determinação é o que primeiramente sintoniza um pensar com o apelo do ser e, a partir de tal sintonização, obriga em cada caso um pensador a dizer o ser"[37]. A formação de um discurso metafísico é um evento que ultrapassa as "cabeças": "O pensar dos pensadores não é nem um processo nas 'cabeças' nem é

---

a camada inferior para a formação das visões de mundo" (*ibid.*, p 82). Deve-se acrescentar, no entanto, que o estado de ânimo fundamental está localizado no sujeito ou nas "almas afetivas ou cismáticas" (*ibid.*, p. 81). Em Dilthey ele não é um "acontecimento" (cf. *GA* 39, p. 142). Para Heidegger, por outro lado, a mudança na visão de mundo seria uma "recunhagem do ser" (*ibid.*), que se subtrai ao homem cismático, criador.

37 *Nietzsche II*, p. 482.

obra dessas cabeças. [...] A lembrança da história do ser remonta ao apelo da voz silenciosa do ser e ao modo de sua sintonização"[38].

Portanto, a lembrança da história do ser pinta para si imagens de tonalidade afetiva. A tonalidade afetiva torna-se repleta em história. A história do ser torna-se a história da tonalidade afetiva. A história descontínua, caracterizada por rupturas dialeticamente intransponíveis, está submetida a uma abrupta mudança da tonalidade afetiva do ser ou do acontecimento. O curso da história do ser torna-se imprevisível, porque o ser é caprichoso, por assim dizer. A circuncisão da história e da metafísica, que passa pela *circuncisão do coração*, consiste em abrir um espaço do dom, do "*es gibt*" ["dá-se", há], para além da economia e do cálculo. Será preciso ser todo ouvidos, será preciso aguçar *os ouvidos do coração circuncidado*, para poder perceber o tremor imprevisível do acontecimento.

Segundo Heidegger, a metafísica é um falar e um corresponder cegos. Ela só se ouve a

---

38 *Ibid.*, p. 484.

si mesma falando, embora corresponda a uma voz diferente. Heidegger certamente não toleraria uma reaparição do sujeito morto vestido de linguagem ou história. Mas no ponto cego da metafísica cai uma voz que, subitamente, irrompe no terceiro ouvido do "ouvinte", uma voz que por sua vez também é cega, que nada sabe das positividades e disposições sócio-político-econômicas, uma voz que abre uma brecha no existente, no tradicional, e assim cria as descontinuidades da história.

A filosofia tem certa vida sentimental. Heidegger teria gostado de parafrasear assim as palavras que ele mesmo citou de A. Gide: "*C'est avec les beaux sentiments que l'on fait la bonne philosophie*"[39] ["É com bons sentimentos que fazemos a boa filosofia"]. O caráter determinado da filosofia remonta à sintonização, à afinação. A filosofia corresponde, portanto, à voz do ser, na medida em que se deixa comover, afinar, determinar por ela. O pensamento deve primeiro ser comovido, arrebatado, para falar e corresponder:

---

39 Cf. Was ist das- die Philosophie?, p. 4.

"O corresponder escuta a voz do apelo. O que, como voz do ser, apela a nós determina nosso corresponder. 'Corresponder' significa então: ser determinado, *être disposé*; ou seja, desde o ser do ente. [...] O ente como tal determina o falar de tal maneira que faz concordar (*accorder*) o dizer com o ser do ente. O corresponder é necessariamente e sempre, não apenas casualmente, um corresponder sintonizado. Ele está numa afinação"[40].

Heidegger exemplifica a vida sentimental ou emocional na filosofia delineando o quadro da tonalidade afetiva do pensamento cartesiano ou da filosofia moderna. Trata-se de uma tonalidade de dúvida e certeza que deve basear a formação da subjetividade: "Para ele (sc. Descartes) a dúvida torna-se aquela tonalidade afetiva em que vibra a sintonização com o *ens certum*, com o ente na certeza. A *certitudo* torna-se aquela fixação do *ens qua ens* que resulta da indubitabilidade do *cogito* (*ergo*) *sum* para o *ego* do homem. Desta forma, o *ego* torna-se um *subjectum* eminente, e assim a

---

40 *Ibid.*, p. 23.

essência do homem entra pela primeira vez no reino da subjetividade no sentido da egoidade. [...] A tonalidade afetiva da confiança na certeza absoluta do conhecimento que pode ser alcançado a qualquer momento continua sendo o *pathos* e, portanto, a *arché* da filosofia moderna"[41].

Quando Heidegger fala da história do ser e da destruição da metafísica, onde pinta os quadros da tonalidade afetiva dos discursos metafísicos, ele próprio está na tonalidade afetiva metafísica. Não podemos esquecer que, em 1935, Heidegger ainda sonhava com uma "metafísica diferente"[42], que possibilitasse uma "nova experiência fundamental do ser". A destruição da metafísica por Heidegger não libera aquele espaço em que uma linguagem não-metafísica poderia encontrar um lar. A metafísica ainda vagueia como um fantasma pelo destino do ser. Envolta em um traço adicional da dupla retirada do ser, ela retorna ao arquivo heideggeriano do ser. O propósito de Heidegger de

---

41 *Ibid.*, p. 27.

42 *GA* 39, p. 196.

deixar a metafísica entregue à própria sorte[43], de deixar que os mortos enterrem os mortos, provavelmente nunca passou de um desejo. Os retornados da metafísica seduzem e atormentam o *espírito* de Heidegger. Uma e outra vez Heidegger agarra a pá e cava as sepulturas, sem saber que os teimosos retornados da metafísica não podem encontrar descanso em nenhuma sepultura, nem talvez naquela cripta, no "relicário do nada". A terra e o céu de Heidegger os expulsa definitivamente do mundo? Não é antes o caso que a "quaternidade" ainda mantém uma secreta aliança com os mortos? Ou é ela a última fórmula mágica para expulsar os retornados?

---

43 Cf. *Zur Sache des Denkens*, p. 25.

VII.1
A respiração sustida

> *O mais elevado que o homem pode alcançar é o espanto, e quando o fenômeno primordial o lança no espanto, ele está contente; algo de mais alto não lhe é permitido, e ele não deve ir atrás de algo mais; aqui está o limite. Contudo, a visão de um fenômeno primordial não costuma ser suficiente aos seres humanos; eles pensam que se deve ir além, e são parecidos com as crianças, que, quando olham para um espelho, imediatamente o viram para ver o que está do outro lado.*
> J.-W. Goethe

Como é bem sabido, Heidegger reserva o espanto para o "primeiro começo": "Tonalidade sentimental fundamental – no primeiro começo: espanto". Para que sua classificação histórica não soe "fantasiosa", ele se refere a

Aristóteles. No entanto, sua interpretação do espanto aristotélico soa fantasiosa em si mesma.

Para Aristóteles, o espanto é um traço suplementar da filosofia, que de certa forma realmente pertence à filosofia, mas que ao mesmo tempo deve ser mantido distante de seu traço essencial; um traço da filosofia que é, de certa forma, inevitável, mas pelo qual esta não deve permanecer dominada. Por um lado, como *traço* externo à filosofia, ele a marca ao depurar o saber da economia da utilidade. Sua utilidade consiste, então, em situar o saber filosófico fora da economia da utilidade. A filosofia, por outro lado, faz um trabalho de depuração que elimina esse afeto que é útil para a filosofia. O filósofo onisciente, que conheceu as primeiras causas e princípios, não deve se espantar. Ao espanto é inerente um traço deficitário. Ele revela ignorância: "Pois, como dissemos, todos começam admirando-se de que algo realmente se comporta assim, como no caso das marionetes autômatas, ou a respeito das voltas do sol, ou a respeito da incomensurabilidade da diagonal (de fato, a todos os que ainda não consideraram as causas, isso parece ser espantoso...).

Mas é preciso, conforme se diz, terminar no estado oposto e 'melhor' [...], pois nada poderia causar mais espanto a um geômetra do que a diagonal tornar-se comensurável"[1].

Heidegger ignora o traço deficitário do espanto aristotélico. Sua tradução da conhecida passagem da *Metafísica* escamoteia o começo aristotélico para permitir que se ressalte um começo diferente, que sobrevive ao final: "Aristóteles diz [...]: 'As pessoas, tanto agora quanto antes, chegaram pelo espanto ao ponto de partida dominante do filosofar' (àquilo de onde parte o filosofar e que determina consistentemente a marcha do filosofar)"[2]. A adição, a tradução da tradução, faz do ponto de partida uma passagem, um traço contínuo do filosofar. A sua leitura arqueológica atribui um papel diferente, um protagonismo, ao espanto, que na verdade só aparece para desaparecer. Ele o dramatiza como o traço fundamental da filosofia que "rege" "cada passo da filosofia".

---

[1] ARISTÓTELES. *Metafísica*, 983a.
[2] HEIDEGGER. *Was ist das- die Philosophie?*, p. 25.

No entanto, Heidegger silencia o fato de que, ao contrário, em Aristóteles cada passo da filosofia como "ciência" trabalha precisamente para o desaparecimento do espanto, e que a filosofia como obra de purificação liberta o espantado de sua emoção. Heidegger fala de uma purificação diferente, da "lavagem das mãos"[3] que precede a operação cirúrgica. Heidegger observa que em Aristóteles o espanto não está simplesmente no início da filosofia. Ele nega que, em Aristóteles, o espanto seja, antes, uma sujeira necessária na mão a ser removida pelo trabalho de purificação filosófica. No exemplo incomum de Heidegger, a "lavagem das mãos", o trabalho aristotélico de purificação que ele reprimiu não retorna codificado e deslocado pelo inconsciente?

Heidegger não faz distinção entre Aristóteles e Platão no que diz respeito ao espanto. Em contraste com o espanto aristotélico, o espanto platônico mostra certa semelhança com o espanto heideggeriano. O espanto não é

---

3 *Ibid.*

sujeira a ser removida pelo trabalho de limpeza filosófico-científico. É difícil demonstrar no espanto de Platão o traço deficitário que caracteriza o espanto aristotélico. O espanto platônico se apresenta mais como um *ethos* filosófico, um traço fundamental, contínuo, não externo à filosofia. O espanto não atesta a "arrogância intelectual" dos ignorantes. Pelo contrário, é uma habilidade, uma qualidade que distingue o filósofo. Além disso, não é apenas um afeto subjetivo, mas a *coisa mesma* tem traços espantosos, que não podem ser atribuídos à ignorância. Só aquele que é capaz de se espantar é receptivo ao espantoso. O espanto é uma disposição, uma sintonização com o espantoso. No final do caminho gradual do belo, "de repente" se contempla o "espantosamente belo" (*thaumaston kalon*)[4], o "divinamente belo" (*theion kalon*)[5]. O momento em que se contemplam as ideias é o momento do êxtase, de "delírio"[6]. O espantado fica fora de

---

4 PLATÃO. *O banquete*, 210e.

5 *Ibid.*, 211e.

6 PLATÃO. *Fedro*, 244a.

si. O estar-fora-de-si não tem nenhum traço deficitário que possa ser anulado por uma compreensão racional das causas, na próxima tomada de fôlego em que a pessoa volta a si. O delírio não é um episódio inevitável no caminho filosófico para a verdade. O *telos* filosófico não é o estar-em-si tranquilo. No momento da contemplação da beleza, o contemplador é posto em espanto (*ekplettontai*)[7].

Em Aristóteles, o espanto se refere a um fato concreto, como a incomensurabilidade da diagonal. Heidegger, por outro lado, tenta limpar o espanto de todo referente representável, mas sem fazer que ele se torne autorreferencial. Sem dúvida, o espanto não se espanta consigo mesmo, mas aquilo com que nos espantamos não é mais referencialmente preenchido. Toda tonalidade afetiva fundamental é referencialmente

---

7 "*Ekplesso, neu = att. -tto:* I. ativ. 1) lançar para fora, *expulsar*, afugentar [...]. 2) fig.: a) assustar, assombrar, deixar consternado, deixar desnorteado, atordoar, confundir, surpreender; b) deixar maravilhado e pasmado, inflamar. II. ficar fora de si, aterrorizar-se, perder a consciência, assustar-se, ficar desnorteado, *atordoado*, embaraçado, aflito, abalado, perplexo, estupefato, *espantado*, *ser* ou *estar* arrebatado [...]" (*Langenscheidts Griechisch-Deutsch*, p. 221)

vazia. Na angústia, por exemplo, a rede referencial se rasga, e uma região força entrada através do rasgo, uma região que é mais antiga do que qualquer referente intramundano. Toda tonalidade afetiva fundamental estabelece primeiramente a base para uma *colonização referencial do mundo*.

Heidegger examina cada significante que possa ser referido ao *thaumazein* em busca de seu conteúdo e seu movimento referenciais. De acordo com essa semântica do *thaumazein*, admirar-se, surpreender-se, assombrar-se, espantar-se são incapazes de portar esse vazio, por causa de sua rígida relação referencial. Eles estão todos agrilhoados a um "inusual determinado e concreto"[8] que, saindo de uma determinada "circunferência do habitual", o repele. Por causa dessa polarização, eles são incapazes de se referir à totalidade.

De acordo com Heidegger, o "homem moderno", o consumidor do ente, cambaleia, por causa de sua "embriaguez de vivências"[9], de

---

8 *GA* 45, p. 173.

9 *Ibid.*, p. 162.

uma determinada coisa inusual para outra. Ele permanece preso na rede referencial. Falta-lhe o olhar ascético do "espanto", que permanece em um espaço referencialmente desocupado. O "espantado" não tem o olhar seletivo e polarizador do olhar que se admira ou se pasma, preso a algo "inusual determinado e concreto". No espanto, saímos do cativeiro no ente e nos dirigimos a outro cativeiro, que não permite "escapatória". Heidegger fala de um "no meio de", de um "entre" ou "entremeio", onde o ente ainda não ocupou seu lugar, ainda não se assentou, ainda não se distanciou do "não ente". Aqui Heidegger está obviamente tentando exibir um ser, um espaço estranho que de certa forma se impõe com sua ausência de entes: "Esse 'espaço' (tempo-espaço) – se podemos falar assim aqui – é aquele 'entre', no qual ainda não está definido o que é ente e o que é não ente [...]"[10]. No entanto, este não é um espaço deficitário, mas um "excesso"[11], uma "abundância". Ele nos apanha, nos inunda.

---

10 *Ibid.*, p. 152.

11 *Ibid.*, p. 160.

O espaço não tem janela nem porta. Não há "escapatórias"[12]. Não "sabemos como sair". Tal espaço não admite um fora a partir do qual alguém de fora pudesse pôr o espaço, tornando-o, assim, dominável. É impossível aquela distância a partir da qual poderia representá-lo, colocá-lo diante de nós. Ele inunda a soberania do sujeito. Estamos à mercê dele. E dentro do espaço não se pode ficar em nenhuma "localização"[13] do qual ele poderia ser organizado. Não se sabe como entrar ou sair. A pessoa é forçada a essa falta de saída. Nesta "necessidade", o homem do primeiro começo não lança um grito de horror. E não há nela nenhum absurdo que o encha da náusea sartreana. E ele não anseia por uma evasão deste espaço sem janelas. Ao contrário, o "não saber como entrar ou sair", a "necessidade", vêm acompanhados de um "espanto".

O "espaço não pisado do entre"[14], o "aberto de um espaço de jogo ainda mal pressentido,

---

12 *Ibid.*, p. 170.

13 *Ibid.*, p. 160.

14 *Ibid.*, p. 151.

ainda mal considerado"[15] se fecha ao olhar representativo. Devido à sua economia da limitação e da individualização, este olhar representativo não pode enquadrar o espaço ilimitado. Ele é um modelo, uma imagem prévia, que não pode ser enquadrado. O olhar limitador, individualizador deve repousar em uma espantosa *visão prévia*. O que vê o espaço ilimitado é a tonalidade afetiva fundamental, a qual é anterior a todo olhar isolador. Esse olhar (prévio), que dissolve limites, é o que primeiramente abre os olhos: "Aquela situação de necessidade em que não se sabe como sair nem como entrar, enquanto necessidade afinadora, não compele apenas a uma relação determinada com o ente já aberto e interpretado em sua entidade, mas ela torna forçoso, antes de mais nada, aquele entre e aquele 'em meio', em cujo espaço de jogo do tempo, o ente em sua totalidade pode ser determinado em sua entidade. Aquela situação de necessidade do pensar inicial só pode, sintonizando, forçar numa tonalidade

---

15 *Ibid.*, p. 169.

afetiva essencial, ou como dizemos, numa *tonalidade afetiva* fundamental"[16].

O aprisionamento do "não saber como entrar nem como sair" impede, é verdade, a expressividade do estabelecimento subjetivo, mas não anula toda distância. O entre não nos prende de tal forma que não seja possível nenhum comportamento, nenhum *proceder*. Apesar da impossibilidade de resistir a ele, ele não derruba todo *erigir-se*. Em vez disso, pode-se, ou deve-se, resistir a ele. O espanto não implica uma retirada passiva. Ele oferece uma contrapartida ao espantoso. Trata-se de um "captar", que, no entanto, não tem o acesso repressivo do apreender, ou compreender. O "captar" é um tomar pé, um abarcar que se aconchega. Heidegger usa a palavra "sofrimento" para designar esse captar não repressivo: "Suportar a tonalidade afetiva fundamental que nos força é, como ato da necessidade, um sofrimento [...]. Em tal sofrimento, há uma correspondência com o que deve ser captado, na medida em que aquele que capta se transforma em

---

16 *Ibid.*, p. 155.

adequação a ele"[17]. O pensar é um captar que sofre. O ente captado no olhar não é posto, mas sofrido por um sofrimento, ao passo que o pensamento não perde de vista (prévia) o "aberto de um espaço de jogo ainda mal pressentido, ainda mal considerado, em que entra em jogo o ente como tal"[18]. A perda desse olhar (prévio) surge da "perda da tonalidade afetiva fundamental", da "ausência da necessidade"[19]. A captação que sofre torna-se uma apreensão representativa do ente.

A genealogia *metafísica* da metafísica feita por Heidegger está inevitavelmente emaranhada nesta[20]. De fato, a metafísica é reconduzida à sua

---

17 *Ibid.*, p. 177.

18 *Ibid.*, p. 169.

19 *Ibid.*, p. 181.

20 Esta genealogia conduz a uma *metafísica* da metafísica. Cf. *GA* 45, p. 185s.: "E se o abandono do ser por parte do ente fosse a *razão mais oculta e autêntica* e a *essência* do que Nietzsche reconheceu primeiramente como 'niilismo' e interpretou à maneira platônico-schopenhaueriana a partir da 'moral' e do 'ideal', mas ainda não compreendeu *metafisicamente*? (Não metafisicamente significa: ainda não a partir do evento fundamental do questionar inicial da questão-guia da filosofia ocidental e, portanto, ainda não a partir do que primeira e originariamente aponta para o âmbito da superação real do niilismo, uma superação que recomeça.)". O

"origem", mas, nessa arqueologia da metafísica, ela escava de certa maneira em si mesma para encontrar suas raízes. O espanto permanece fixado à construção rígida dessa genealogia. Ele é creditado ao "primeiro começo". Isso não esgota um possível potencial não metafísico ou pós-metafísico do espanto. É certo que, em "Serenidade", Heidegger fala do espanto fora da genealogia, especificamente na espantada "criança no homem"[21]. Aqui, Heidegger retira tacitamente a crítica dirigida ao espanto, segundo a qual este ainda consiste em "encontrar algo espantoso, sempre determinado e individualizado, e ser tomado de assalto por ele"[22] e, portanto, incapaz do aberto. O olhar espantado da criança, que suspeita de uma "costureira" da noite que costura as estrelas ao céu, aproxima-se da visibilidade extasiada que se afasta da contraparte visível; isto é, do aberto. O espanto não está em casa no primeiro começo. A respiração sustida pode significar um *a priori* trans-epocal do pensar.

"niilismo" – isto é, a metafísica – é superado *"metafisicamente"* na genealogia da metafísica.

21 *Gelassenheit*, p. 71.

22 *GA* 45, p. 165.

O espanto devolve ao mundo sua diversidade caleidoscópica. E inverte a soberania em receptividade. É capaz de escancarar o sujeito, de pôr fim ao seu canibalismo, de apontar o complemento distinto do sujeito. No espanto, a pessoa é incapaz de permanecer dentro de si mesma. Ele pressupõe necessariamente um fora, que interrompe o trabalho do sujeito, o trabalho da dialética.

E. Lévinas "dedica" sua obra principal *Autrement qu'*être *ou au-delà de lessence* ao espanto (*l'étonnement*) pela respiração, que liberta o eu do aprisionamento em si, que põe o eu em uma "passividade" que "é mais passiva do que a passividade da matéria"[23]. Esse espanto percorre todos os traços da escrita de Lévinas. O pensamento não trabalha para o desaparecimento do espanto, mas para aumentá-lo. É preciso despojá-lo do traço deficitário do espanto aristotélico. O pensamento é novamente despertado pelo espanto e mantido atento. O espanto domina cada respiração do pensamento.

---

23 LÉVINAS, E. *Jenseits des Seins oder anders als Sein geschieht*, p. 385s.

Não é um traço externo que apenas acompanha emocionalmente o que deve ser pensado, mas sim *dá a pensar*.

O sentido do sublime que desperta no pós-modernismo é compatível com o espanto. É evidentemente capaz de dar a pensar e encomendar um pensar diferente, um pensar que respira mais fundo, que pensa também na impossibilidade de si mesmo, que também está pronto, sem se revelar, a pensar contra si mesmo sem desistir de si mesmo, pensando como um atravessador de fronteiras que se move ao longo de suas próprias fronteiras. No sentimento paradoxal e autocontraditório do sublime, ressoa um espanto, a saber, o espanto do "acontece que"[24]. O "acontece que" não é um deserto. Seu silêncio encontra o choro repentino da criança. Sua solidão fala do café enfumaçado. Sua aspereza é a suavidade das margens musgosas do rio. Seu deserto é a proximidade da carícia. O sublime, o acontecimento, é o mistério do "acontece que" que abala a economia do entendimento. Lyotard

---

24 LYORTARD, J.-f. *Das Inhumane*, p. 163.

cita Boileau em "O sublime e a vanguarda": "'O sublime'", escreve Boileau, "é, estritamente falando, nada que possa ser provado ou mostrado, mas algo maravilhoso que agarra, que sacode e mexe com a sensibilidade"[25]. O espanto impõe silêncio ao sujeito e ao seu trabalho de síntese. É um sopro de pensamento que persevera *antes* da síntese, sem parar de pensar.

---

25 *Ibid.*, p. 171.

VII.2
Jogo final

O fim do primeiro começo permanece ladeado por uma variedade de tonalidades afetivas. Estas marcam a "disposição do salto"[1], que deve ajudar o "salto" a saltar. Nela "se atinge com um salto" o outro começo[2]. Enquanto Heidegger afirma resolutamente que o espanto é a tonalidade afetiva fundamental do primeiro começo, ele hesita em nomear a tonalidade afetiva fundamental do outro começo: "Falta a palavra para a unidade das tonalidades afetivas (do outro começo: terror, comedimento, recato)"[3]. A coisa não existe fora da ausência do nome. Como se sabe, em Heidegger, a

---

1 *GA* 65, p. 485.

2 *Ibid.*, p. 486

3 Ibid, p. 14.

nomeação não corre atrás da coisa para alcançá-la, para retratá-la. Em vez disso, a coisa e o nome têm a mesma data de nascimento[4]. A ausência do nome então se propagaria para a coisa mesma e a tornaria insubstancial. Por conseguinte, a hesitação de Heidegger sobre a designação pode ser reconduzida à hesitação em relação à própria coisa. A coisa mesma, neste caso a tonalidade afetiva fundamental do outro começo, estaria atrasada com sua aparição.

As tonalidades afetivas finais mencionadas, nas quais oscila a ainda inominada disposição do salto, são as tonalidades afetivas intermediárias que brotam do "meio abissal do entre o não-mais do primeiro começo e sua história e o ainda-não do cumprimento do outro começo"[5]. A "disposição do salto" é a tonalidade afetiva do saltador que se detém sobre o abismo.

---

[4] Segundo Heidegger, a palavra "serenidade" não designa uma coisa que preceda a nomeação. Em vez disso, surge de uma "nomeação" "na qual acontecem, ao mesmo tempo, o nomeável, o nome e o nomeado" (*Gelassenheit*, p. 46).

[5] *GA* 65, p. 23.

Trata-se de uma tonalidade afetiva abismal de transição, que ainda não firmou pé no outro começo, no outro pensar.

O outro pensar germina na outra tonalidade afetiva fundamental. Por isso, a busca de Heidegger por um pensar completamente diferente, que obviamente permaneceu uma busca, está a caminho de uma tonalidade afetiva fundamental diferente. Ao que parece, em 1965, ele ainda não o havia encontrado: "A transformação necessária do pensar no lidar com sua matéria completamente diferente, a indicação do final e do limite interior do pensamento filosófico não contêm depreciação da filosofia, como se esse outro pensar inicialmente ainda *não determinado, nem sintonizado*, se elevasse acima da filosofia"[6]. Não haveria terror ou angústia, nem recato, nem comedimento ou serenidade se houvesse a única tonalidade afetiva fundamental do outro pensar, capaz de determinar e sintonizá-lo.

---

6 *Zur Frage nach der Bestimmung der Sache des Denkens*, p. 19 (ênfase minha).

O jogo final ainda não foi decidido. O outro pensar permanece *indeterminado e não sintonizado*. As mencionadas tonalidades afetivas apenas flanqueiam como marcos o caminho até lá.

VII.2.1
Angústia ou terror

> MEFISTÓFELES. *És tão limitado que uma nova palavra te incomoda? / Só queres ouvir o que já ouviste? / Nada te incomodas, não importa como soe, / Estás acostumado há muito tempo com as coisas mais prodigiosas.*
> FAUSTO: *Mas não busco na rigidez minha salvação: / O estremecimento é a melhor parte do homem / Ainda que o mundo lhe faça pagar caro pelo sentimento / Comovido, ele sente profundamente a imensidão.*
> J.-W. Goethe

Um princípio básico da economia é a segurança. Nem mesmo a falência põe em questão a economia. Ela constrói mais segurança. O logocentrismo é baseado na necessidade de organizar economicamente o mundo, o ser. A economia deve garantir a segurança da casa, do *oikos*. O mundo só deve se mostrar pela janela da casa segura. O mundo do logocentrismo é o mundo economicamente emoldurado. Mas onde a moldura ameaça ruir, surge a angústia. A angústia é mais antiga que a economia.

Em um fragmento, Bataille escreve: "*Hegel, je l'imagine, toucha l'extrême. Il était jeune encore et crut devenir fou. J'imagine même qu'il élaborait le système pour échapper. [...] Pour finir, Hegel ramène à l'abîme aperçu, pour l'annuler: Le système est l'annulation*" ["Hegel, imagino, tocou o extremo. Ele ainda era jovem e pensava estar ficando louco. Eu até imagino que inventou o sistema para escapar. [...] Por fim, Hegel regressa ao abismo visto, para anulá-lo: O sistema é a anulação"[1].

---

1 BATAILLE, G. *Oeuvres completes*. Vol. V. Paris 1973, p. 56. Cf. tb. Vol. II, p. 323: "*Pour Hegel le fondement de la spécificité humaine est la négativité, c'est-à-dire l'action destructrice. Hegel a raconté lui-même que pendant plusieurs années il était resté terrifié par la vérité que son esprit lui représentait et qu'il avait cru devenir fou. Cette période d'extrême angoisse est antérieure à la Phénoménologie de l'Esprit*". [Para Hegel, o fundamento da especificidade humana é a negatividade, ou seja, a ação destrutiva. O próprio Hegel

A formação do sistema de Hegel é acompanhada pela anulação do abismo sinistro. Sua incapacidade de perseverar à beira do abismo o obriga a um trabalho que esforça por levantar andaimes conceituais ao redor do espaço abismal. O silêncio sinistro do abismo é suplantado pela barulhenta agitação da produção dialética de sentido. Em vez de se entregar ao abismo, ele opta por uma submissão total ao *saber*. Sob a coação para assegurar-se, ele se decide pelo trabalho. A diligência do trabalho dialético, que

---

disse que, por vários anos, ficara apavorado com a verdade que seu espírito representava para ele e que pensava ter enlouquecido. Esse período de extrema angústia é anterior à *Fenomenologia do espírito*.] Para Bataille, a angústia marca a transição do saber para o não saber (*non-savoir*). Este ponto de transição é o *ponto cego* do saber, que não aponta para nenhuma presença, nenhum sentido, e que abre aquele espaço vazio onde começa a comunicação com o "além inatingível" (*l'au-delà insaisissable*), com o "impossível". Na angústia, que faz clarear o lugar do não saber, o pensamento desliza para um vazio infinito onde não aparece nenhuma contraparte, nenhuma imagem, nenhum sentido. Sem esperar um conteúdo positivo, uma plenitude transcendente, mística, o pensamento apenas recorre aos seus próprios limites. Desse modo, o pensar se liberta das cargas e das tentações do sentido; fica nu: "*Le non-savoir est tout d'abord* ANGOISSE. *Dans l'angoisse apparaît la nudité, qui extasie*" (O.C., vol. V, p. 66). [O não-saber é antes de tudo ANGÚSTIA. Na angústia aparece a nudez, que extasia.]

constrói o sistema e a totalidade, afasta a angústia perante o desaparecimento total do *saber*.

O abismo, ao qual Hegel, por angústia, vira as costas faz que o ver intencional, que se aproxima cuidadosamente da figura identificável, afunde no nada. O abismo não oferece nenhuma contraparte positiva, que possa deter o movimento de deslizamento sem fim, o mergulho vertiginoso no nada. Por medo da ilegibilidade, do não saber, Hegel se retira para a interioridade subjetiva, que lhe sugere um conhecimento absoluto. Hegel encontra a "salvação" no sistema, "mata" a "súplica insistente" e torna-se o "homem moderno". O homem moderno é um economista que planeja, produz, capitaliza, acumula e conta com o "êxito". Produção e propriedade são seus princípios. Ele não apenas gerencia a circulação do dinheiro, mas também a do conceito. Sua face autêntica é o sujeito, que, como a aranha na teia, reside no universo abstrato do conceito.

O sujeito hegeliano anseia pela posição de poder do autor onisciente, que não é perturbado por nenhuma incerteza, nem ameaçado por nenhum destino. Ele habita o espaço de total transparência, do qual toda surpresa e todo medo são removidos. No entanto, Hegel não se curva para a presença rígida e indeclinável. Em vez disso, a persistência do sólido é degradada ao *status* de "positivo morto"[2]. Hegel se livra da rigidez da substância ao fazer que o "negativo" avance para a posição de fonte insubstituível da verdade. A negatividade é bem-vinda como o fermento da verdade. O verdadeiro acaba com a tranquilidade apolínea e se transforma no "frenesi bacanal, em que nenhum membro deixa de estar embriagado"[3]. O negativo se articula como o "sentimento da violência" que arrasta a consciência de uma morte para outra. A consciência sofre "inquietação" e "angústia"[4]. Assim, o processo dialético torna-se um drama. A consciência é constantemente sacudida para fora de sua "irrefletida inércia" de "encontrar satisfação na estação anterior" e é impelida para além de sua

---

2 Hegel, *PdG*, p. 39.

3 *Ibid.*

4 *Ibid.*

"existência imediata". Essa progressão dialética é uma vertigem da consciência inquieta.

No entanto, o drama hegeliano da consciência revela ser um cálculo econômico. "Morte", "inquietação" e "medo" são investidos, meramente por causa de sua lucratividade, no objetivo final do saber absoluto. O jogo de intrigas da dialética instrumentaliza todas as figuras dramáticas. A angústia que a consciência natural sente perante seu próprio desaparecimento é como a angústia mortal de um ator que já sabe que na realidade não morre. Ele está constantemente ciente do começo e do fim do drama. A angústia não desiste do trabalho. Ela trabalha incansavelmente para se superar a si mesmo. Até mesmo a morte é apenas um pretexto para a gloriosa ressurreição final. A morte contínua da consciência caminha, na realidade, de uma evidência para outra. O processo e a vertigem de morte não são mutuamente exclusivos. Cada passo das mênades ébrias é ditado pelo "ritmo imanente dos conceitos". Em uma camisa de força, elas percorrem o caminho prescrito da dialética.

O sujeito não tem medo. Vive no espaço interpretado, desencantado, unívoco onde tudo pode ser esclarecido e explicado. O enigma dá lugar à regra. A luz expõe todos os segredos. A escuridão é expulsa em favor da visão. O pressentimento é sacrificado à certeza. A teleologia da evidência esvazia o espaço da experiência até o um-ou-outro do certo ou errado. Neste espaço sem sombras de transparência, evacuado pelo raio da certeza, não há surpresa, nem medo. A única inquietação do sujeito é a espera de mais posses ou certezas. Sua economia é o acúmulo incessante de evidências. O espaço de certeza que Descartes projetou a partir de sua necessidade insaciável de segurança é estéril, fantasmagórico e inabitável. Lá nos deparamos com uma abandonada paisagem desértica de rocha e argila: *"[...] tout mon dessein ne tendait qu'à m'assurer, et à rejeter la terre mouvante et le sable, pour trouver le roc ou l'argile"* [Meu propósito não era outro senão me assegurar e remover a terra movediça e a areia, para encontrar a rocha ou a argila.][5]. Sua compulsão por segurança

---

5 DESCARTES. *Discours de La Méthode*, p. 46.

opera sucessivas eliminações e esvaziamentos até que o mundo seja esvaziado no espaço homogêneo da geometria, no qual as coisas são dispostas domesticadamente em torno do sujeito, que se esforça em "pôr-se a si mesmo, e de si mesmo, como centro e medida na posição de domínio; isto é, em administrar seu asseguramento"[6]. Por meio dessa esqueletização do mundo, o sujeito forma com este seu próprio rosto, que ele já não precisa temer. O contato com o mundo, que parece ensinar ao sujeito sobre seu exterior, é na realidade o encontro com o seu duplo. O *a priori* do sujeito representa o mundo mediante uma reprodução infinita de si mesmo. O eu e o mundo tornam-se coextensivos. A obviedade e o hábito do eu atravessam a amplitude do mundo. Isso imprime no mundo a mesmidade da fisionomia do eu. Durante a infinita viagem em carrossel do sujeito, não há salto, nem abertura que possam inquietá-lo, lançá-lo fora da trajetória da mesmidade. No constante retorno a si mesmo, à ordem e à evidência, o sujeito se

---

6 *Nietzsche II*, p. 146.

arma secretamente, ou publicamente, contra o toque, o ferimento, o medo e a angústia.

De modo semelhante à leitura que Bataille faz do sistema hegeliano, Heidegger traduz a rejeição kantiana da imaginação como uma cena traumática. Como se sabe, a imaginação, que na primeira edição da *Crítica da razão pura* é apresentada como uma "faculdade fundamental da alma humana" transcendental, mediadora entre a sensibilidade e a compreensão e subjacente a todo conhecimento *a priori*, é rebaixada na segunda edição a favor do entendimento; é apenas descrita como "um efeito do intelecto sobre a sensibilidade"[7]. Para Heidegger, essa repressão ou reinterpretação da imaginação em favor do entendimento é suspeita. Segundo sua convicção, na *Fundamentação da metafísica*, Kant olhou para uma dimensão desconhecida da existência humana, para o "desconhecido inquietante"[8]: "Faz-se, antes, claro que Kant, no curso de sua fundamentação, escava o terreno sobre o qual ele inicialmente apoiou

---

7 Kant, *KdrV*, p. 167.

8 *Kant und das Problem der Metaphysik*, p. 157.

sua crítica. [...] A investigação que penetra na subjetividade do sujeito, a 'dedução subjetiva', conduz ao obscuro"[9]. Kant se salva dessa obscuridade ao "repelir" e "reinterpretar" a imaginação. Essa fuga da "raiz desconhecida" da subjetividade ocorre sobre o plano de fundo daquele "movimento na filosofia" que "revela o desmoronamento do solo e o abismo da metafísica"[10]. Diante desse "abismo, ao longo de cujas bordas toda filosofia autêntica deve se mover constantemente", Kant "recua assustado"[11] e foge para a ordem do entendimento.

O pensamento se mantém junto às bordas estreitas do abismo para abrir ali um espaço ilimitado, um "espaço ainda não pisado". Em vez de recorrer ao conforto do conhecido, ele "ama" o "abismo", aprende a "clara coragem para a angústia essencial"[12]. O pensamento exercita-se na "bravura" de perseverar diante da "voz silenciosa" que ressoa na superfície rasgada do

---

9 *Ibid.*, p. 208.

10 *Ibid.*, p. 209.

11 *GA* 25, p. 279.

12 *WM*, p. 103.

conhecido, "que nos sintoniza com os terrores do abismo"[13]. A "prontidão para a angústia" mantém-se fora da ocupação discursiva do pensamento, que se empenha em vestir o mundo em formas invariáveis, em manobrar o desconhecido até a transparência do conhecido. Sem querer anestesiar a angústia, o pensamento se dirige ao vazio do nada e se demora onde não se espera nenhuma contraparte delineada, nenhuma tranquilizadora proximidade do ente. Heidegger encoraja o pensamento a renunciar ao conforto da teoria, da transparência e do cálculo econômico, ou seja, ao "salto" que abandona o "que é corrente no comportamento no familiar" em favor daquela estranha "afluência do que se oculta", o "mistério", em cuja proximidade e distância "o corrente se mostra ser ao mesmo tempo desconcertante e cativante"[14]. No "horror interior" "que todo mistério carrega consigo"[15], o pensamento se vê entregue a uma inquietante

---

13 *Ibid.*, p. 102.
14 *GA* 65, p. 15.
15 *GA* 29/30, p. 244.

grandeza, que encontra abrigo no universo do saber, no contínuo da substância. A angústia, situada no ponto do "salto", é a experiência do diferente que invade e abala a ordem do conhecido. Na nudez da angústia, que transforma a invulnerabilidade do sujeito em vulnerabilidade, o pensar se esgota frente à afluência do distinto que se oculta.

Em *Ser e tempo*, porém, a angústia não leva o ser-aí à proximidade da amplitude extática que se vê no Heidegger tardio, nem à proximidade da "alienação"[16] a partir "da coragem para o abismo", alienação esta que se consome por essa amplitude extática. Por certo, a angústia arranca a existência da ordem doméstica da "completude relacional", levando-a para a "região", para o "mundo como tal", mas em seu centro reside o si mesmo. A angústia só conduz à hipertrofia do si mesmo.

No palco da angústia, encontra-se um eu solitário e hipocondríaco olhando fixamente para a possibilidade de seu "poder ser mais

---

16 *GA* 65, p. 28.

próprio". A "voz desconhecida"[17] que persegue o ser-aí no "modo estranho do calar" e o arranca de sua "perda em que ele se esquece de si mesmo" revela ser, por fim, sua *própria* voz: "O ser-aí é o que chama e o chamado a um só tempo [...] o que chama é o ser-aí que [...] se angustia por seu poder ser"[18]. Portanto, a conversa inquietante que ocorre entre o chamador e o chamado não é um "solilóquio de negociador"[19], mas é conduzida entre *dois* eus, ou seja, entre o si mesmo impessoal e o eu autêntico. Nesse solilóquio, o ser-aí é incapaz de ouvir a voz *realmente* outra, cuja ampliação extática posteriormente cura o ser-aí de sua hipocondria. Por angústia perante a voz do outro, o ser-aí tapa os ouvidos. Ele se ouve a si mesmo falando, e assim se reinscreve no arquivo do sujeito autoauditivo.

Em *Ser e tempo*, a angústia está principalmente a serviço do "escolher-se e apanhar-se

---

17 *SZ*, p. 277.

18 *Ibid.*

19 *Ibid.*, p. 274.

a si mesmo"[20]. Na "estranheza do estar em suspenso, em que o ser-aí pode se aproximar de uma crescente carência de fundamento", o ser-aí desperta, da publicidade anônima do impessoal, para si mesmo: "Na estranheza, o ser-aí originariamente está junto de si mesmo"[21]. Na angústia ocorre certa *epoché*. A rede de referências, tecida pela finalidade do "para quê", a totalidade relacional e sua implicação[22] intersubjetiva desmoronam. Elas são de certa forma "postas entre parênteses", e o Impessoal "neutro" e sua "ditadura"[23] são "inibidos". O desmoronamento do mundo, o "nada" e o "nenhures" reduzem o ser-aí a uma esfera solipsista do ser, esfera do "puro 'fato de que...' da própria e isolada condição do estar lançado"[24].

---

20 *Ibid.*, p. 188.

21 *Ibid.*, p. 286s.

22 A "significatividade" do mundo não é uma esfera do ser do que "está à mão" independente de outro ser-aí, mas já implica uma relação intersubjetiva: "Esta abertura dos outros, que se constitui previamente com o ser-com, compõe também a significatividade – isto é, a mundanidade –, que se fixa no em-virtude-de existencial" (*SZ*, p. 123).

23 *Ibid.*, p. 126.

24 *Ibid.*, p. 343.

Nessa redução existencial, o eu se estabelece em sua "estabilidade" de "ter alcançado certo estado"[25]. O resíduo da *epoché*, o eu autêntico, marca o centro de gravidade do "aí", do qual o mundo que escorreu deve ser recuperado do nada ou deve ser preenchido explicitamente com a "estabilidade do eu". Quanto ao conteúdo, no entanto, o mundo reconstruído e assumido pelo eu autêntico não difere essencialmente do mundo da "publicidade" imerso na "estranheza nua": "O 'mundo' à mão não se torna outro mundo em seu 'conteúdo', o círculo dos outros não se substitui, embora o ser para o que está à mão, em sua compreensão e ocupação, e o ser-com da preocupação com os outros sejam agora determinados a partir de seu poder-ser-si-mesmo mais próprio"[26]. Portanto, alterou-se apenas a relação de posse. Em vez de abandonar-se às "possibilidades que fortuitamente avançam contra nós", em vez de se fazer público, o ser-aí refere expressamente as possibilidades a si mesmo e as reúne em

---

25 *Ibid.*, p. 322.

26 *Ibid.*, p. 297s.

torno de seu "aí" isolado. A menoridade, o "ser levado, sem escolha, por ninguém"[27] é substituído pela "autonomia" do eu autêntico.

Em *Ser e tempo*, a angústia revela ser um *principium individuationis*. Dela emerge um indivíduo que tem seu "destino" e impõe sua "autoridade" contra a "ditadura" do impessoal anônimo. A "*lealdade* da existência ao próprio si mesmo"[28] e o "respeito" por este tornam-se máximas existenciais do indivíduo. A angústia – isto é, a impossibilidade de "fornecer" ao eu o "que pode ser fornecido"– põe a descoberto o limiar existencial no qual se torna possível a passagem do impessoal "neutro" ao "si mesmo expressamente apreendido". A "resolução pronta a enfrentar a angústia" forma uma "extensão inteira em forma de destino", que contrapõe à "instabilidade da dispersão" nos "acontecimentos e acasos iminentes que afluem contra nós" uma "continuidade extensa" *a priori* do eu, que não pode ser juntada posteriormente a partir de fragmentos.

---

27 *Ibid.*, p. 268.

28 *Ibid.*, p. 391.

O "instante" enquadrado na "extensão originária do destino" e dela se alimentando inscreve todo "faticamente possível" na "estabilidade do eu" e assim o traduz para a "situação" que tem o nome próprio, o selo individual do "si próprio que propriamente se apodera de si": "A resolução leva o si-mesmo precisamente a ser na ocupação junto ao à-mão e o empurra para o ser-com solícito com os outros"[29].

Em *Ser e tempo*, é inconfundível o desejo de Heidegger de uma presença ininterrupta do si próprio "que propriamente se apodera de si". Não há dúvida de que não se trabalha aqui no sujeito que se apresenta como proprietário das representações. Mas o centro do ser continua a ser ocupado, monitorado, administrado pelo si próprio e mantido por sua "constância". "Angústia pela morte", "angústia pela consciência" e "resolução pronta a enfrentar a angústia", todos esses modos de ser da existência deságuam na formação daquele si próprio que "escolhe", "ganha" e "apanha" a si mesmo. Das ruínas da destruída filosofia do sujeito, ressurge

---

29 *Ibid.*, p. 298

secretamente o fantasma moderno da posse de si mesmo. Na ribalta ontológica do ser, o si próprio torna-se uma reencenação existencial da apercepção transcendental. Em vez da diligência do *Eu penso* que "deve poder acompanhar" toda "representação"[30], surge a paixão do *eu existo*, que como veículo de "autenticidade" deve se ligar ao, e preceder todo, "faticamente possível". Por certo, esse distribuidor de "autenticidade", "pronto a enfrentar a angústia", está carregado com o fardo do "estar lançado", mas este não limita essencialmente a perseverança e o funcionamento do si próprio, que deve em toda parte acompanhar todo "faticamente possível".

O eu cheio de angústia, que em *Ser e tempo* se aferra autisticamente a si mesmo não está mais presente em *O que é a metafísica?* Na angústia que nos "arrebata" para a "suspensão", o "ser-aí audacioso" se abre para uma amplitude aberta que inunda toda contraparte definível, se abre para uma "voz" realmente diferente que não é o outro de si mesmo.

---

30 Kant, *KdrV.*, p. 140.

O espaço que faz aparecer a *epoché*, a "nadificação" do "nada", que faz que todo ente resvale, não é aquela esfera solipsista do ser que libera a "*consistência do si-próprio* no sentido de ter alcançado certa posição"[31]. Ele não se deixa subordinar à finalidade daquele "em virtude de" em que o ser-aí é "para si mesmo" e "está junto" "consigo mesmo". No Posfácio de "O que é a metafísica?", a angústia se comunica diretamente com o espaço abismal do ser sem a mediação da finalidade e do hipertrofiado si próprio. Esse espaço não é mais visto através da abertura estreita do "para quê" e do "em virtude de"[32]. A angústia agora sintoniza o pensar com o espaço abismal, que se distancia infinitamente de qualquer *posição* invariável.

A retirada do *posto* assegurado é horror. O pensar se expõe ao horror, que deve

---

31 *Ibid.*, p. 322.

32 No entorno de *Ser e tempo*, o ser-aí permanece fortemente dominado pela finalidade: "O ser-aí é, enquanto simesmidade, *em vista de si mesmo*. Este é o modo originário em que ele é para-si. Mas ele mesmo, o ser-aí, só o é como ser junto 'à mão'; isto é, junto ao que ele entende a partir do nexo do 'para quê'. As relações 'para que' estão enraizadas no 'em-vista-de'. A unidade dessa totalidade de relações pertencente ao ser-em do ser-aí é o mundo" (*GA* 24, p. 428).

despertá-lo do entorpecimento com o ente para o ser. O horror é a "tonalidade afetiva fundamental da 'experiência' do ser"[33], que, enquanto o inquietante, escapa a qualquer apreensão econômica, escapa a toda economia do pensamento orientada para a presença do ente: "Esse horror é uma sintonização, sim, a projeção originária da própria instância sintonizadora [...]. A tonalidade afetiva da angústia resiste ao horror na medida em que esse horror nadifica no sentido originário e de-põe o ente como tal [...]. No entanto, a nadificação é precisamente a própria de-posição pela qual o ser se transfere como descentramento da clareira do aí apropriado no acontecimento"[34].

Heidegger crê que o pensamento é capaz de um trabalho quase acrobático, ou seja, deve ser capaz de "permanecer sem suporte no desprotegido", de "manter-se" sem precipitar-se "pelo desprotegido e pelo sem suporte abismo abaixo"[35]. O pensamento do ser deve, sem que

---

33 *GA* 65, p. 483.

34 *Ibid.*

35 *GA* 65, p. 487.

isso lhe forneça alguma base, manter-se acrobaticamente no abismo, sem "as pontes, parapeitos e escadas da explicação"[36].

---

36 *GA* 54, p. 223: "Esse pensar real 'dá saltos', porque não conhece as pontes, parapeitos e escadas da explicação, que apenas sempre derivam o ente do ente, porque permanece no 'solo' dos 'fatos' [...]. Mas ser não é um solo, mas o que não tem solo".

VII.2.2
Recato

> *Por que nunca se inventou um deus da lentidão?*
> Peter Handke

> *Tanto no moral como no físico, sempre tive a sensação do abismo, não só do abismo do sono, mas do abismo da ação, do sonho, da lembrança, do desejo, do arrependimento, do remorso, do belo, do número... Cultivei minha histeria com prazer e terror. Agora, continuo com a vertigem, e hoje, 23 de janeiro de 1862, sofri uma singular advertência: senti passar por cima de mim o vento da asa da imbecilidade.*
> Charles Baudelaire

No decurso do achatamento e da "imbecilidade" [*Verblödung*] linguística, a palavra *blöd* ("imbecil") significa agora apenas bobo ou cretino. Mas originariamente "*blöd*" significa "temeroso", "delicado", "tímido", "recatado". A imbecilidade nasce do temor do estranho ou do outro, que escapa à monotonia do mesmo. Ela é o estado de não-poder-compreender, da impossibilidade do acesso apropriador. Como sentimento limiar ou como experiência limiar, ela desperta perante a irrupção do completamente diferente no sempre igual. É um sinal de que se está lidando com aquilo que não se pode submeter imediatamente ao acesso apropriador. Imbecil é o oposto de *idiota*. Enquanto a imbecilidade implica uma referência a algo alheio, idiota significa uma referência exclusiva a si mesmo. Por outro lado, *stupid* indica uma referência alheia[1]. Nesse sentido, imbecil e *stupid* se referem a um exterior que

---

1 Stupeo [...] *ficar paralisado* diante de surpresa, alegria, terror = ficar *atordoado* ou perplexo, ou ficar *parado* pasmo, surpreso, fora de si (abs. ou *re*, por ou ante, devido a alguma coisa, p. ex., *admiratione, exspectatione, malo, carminibus; in alqo* e *in re* ante a visão de alguém ou uma coisa; p. ex., *in* Turno, *in imaginibus; ad alqd* junto a algo, p. ex., *ad auditas voces*; mirar com pasmo, olhar admirado *alqd*, algo; p. ex., *domum Minerva*; com acusativo *c.* infinitivo) (MENGE-GÜTHLING. *Lateinisch-Deutsch*).

perturba o autocontentamento do interior. A voz ou a visão de um fora estranho tornam *estúpidos* o ouvinte ou o espectador; isto é, elas *os arrancam de si*.

O *coração* de Heidegger não é aventureiro. Certo recato, certa reserva distinguem o coração de Heidegger do "coração aventureiro" da metafísica. A batida do coração por aquela "chave mágica"[2] que poderia "rebentar mil cadeados" não seria o traço fundamental do pensamento heideggeriano. Este não está a caminho da "violência chave"[3]. A verdade pela qual o coração de Heidegger está apaixonado difere de maneira peculiar da verdade metafísica. O sentimento de prazer que cresce à medida que nos aproximamos do "ponto absoluto"[4] na "fonte do conhecimento", na "zona das palavras primordiais", não seria inerente ao coração de Heidegger. O *coração* de Heidegger não abriga a interioridade desse sujeito que ilumina a totalidade do que é e,

---

2 JÜNGER, E. *Sämtliche Werke*, vol. 9, p. 70.

3 *GA* 52, p. 109.

4 JÜNGER, E. *Sämtliche Werke*, vol. 9, p. 73.

em virtude de sua interiorização, instala uma absoluta certeza de si mesmo.

Como se sabe, em Heidegger não se encontra uma luz rígida e perene, cuja violência e presença desenfreada como causa e senhora[5] pudessem penetrar, explicar e dominar todos os fenômenos[6]. Por recato, Heidegger vira as costas para o sol platônico e se retira para o espaço sombrio da caverna rodeada por terra e aberta para o céu, na qual a luz "joga" e "luta"[7] com a escuridão[8]. Contra a violência da luz, da

---

5 PLATÃO. *A república*, 517c.

6 O primeiro Heidegger não se liberta completamente do feitiço metafísico da luz (*lumen naturale*). Em *Ser e tempo*, a luz se infiltra sorrateiramente na forma do horizonte (temporal). Ali, a aprioridade da luz se veste com o traje existencial: "Na análise da compreensão e da abertura do aí, fez-se referência ao *lumen naturale*, e a abertura do ser-em foi denominada clareira do ser-aí, a única na qual algo como uma visão se faz possível" (*SZ*, 107).

7 *Zur Sache des Denkens*, p. 71.

8 O escuro aqui não tem a qualidade daquela escuridão "mística", "luminosa" e "divina" do misticismo, que se deve à diferença entre a infinitude da transcendência absoluta de Deus e a faculdade cognitiva finita do homem: "Considere-se, então, a escuridão divina, que, como resultado da clareza indescritível, são trevas para toda compreensão, para todos os anjos e pessoas, assim como o brilho do disco solar torna-se escuridão para o olho fraco (humano)" (Tau-

"mera claridade"[9] que busca subjugar toda escuridão em nome da transparência, Heidegger reabilita a escuridão. Esta não nega a luz; em vez disso, a luz, por assim dizer, cresce a partir dela. A escuridão é retirada do espaço deficitário e levada para aquele campo de manobra em que, como parceira de jogo da luz, trava a "disputa sem guerra". Nesta, a escuridão e a luz se mantêm mutuamente despertas, mutuamente se tornam legíveis. A luz faz a escuridão hesitar, e a escuridão obriga a luz a esperar. A "luz que espera" e "a escuridão hesitante"[10] preenchem aquele lugar sombrio, o "espaço de disputa"[11] da "clareira".

---

ler. *Predigten*, p. 623). Deve-se, portanto, distinguir entre o abismo intransponível entre riqueza divina e carência humana, e a tensão *interna* da luz; isto é, a finitude da própria luz.

9 "A mera claridade tende a comprometer a representação, pois a claridade, em seu brilho, dá a impressão de que só ela basta para garantir a visão. O poeta pede o dom da luz escura, na qual o brilho é suavizado. Mas esse abrandamento não enfraquece a luz do brilho. Porque o escuro abre a aparição daquilo que oculta e preserva o que está oculto ali dentro. A escuridão preserva para o aclaramento a plenitude do que ele tem a proporcionar em sua luzente aparição".

10 *GA* 13, p. 222.

11 *HW*, p. 48.

A clareira não oferece um "cenário fixo com uma cortina constantemente levantada, onde se desenrola o teatro do ente"[12]. A rigidez do espaço meramente iluminado em que os atores aparecem não reflete a mobilidade da clareira. Frente à indiferença no palco, a clareira é o que é prometido por trás da cortina que se abre, ou seja, o drama oculto, a "confrontação"[13] dos atores.

Heidegger tenta substituir o paradigma metafísico da "luz" pela figura da clareira, para assim reagir contra aqueles mecanismos violentos daquela luz que permite que tudo se coagule em *imagem*. A experiência daquilo de que não se pode ter uma imagem seria semelhante à experiência de Baudelaire de estar à mercê do "vento da asa da imbecilidade". Se há um estado que designa a incapacidade de estar ao corrente, de formar uma imagem de algo, é o estado da imbecilidade. O ser ou acontecimento seria uma coisa imbecil, porque,

---

12 *Ibid.*, p. 41.

13 A respeito desse interessante uso sinônimo de confrontação (*Aus-einander-setzung*) e clareira (Lichtung), cf. *VA*, 269.

devido à estupidez da coisa, a apreensão apropriadora não apreende, porque não se pode formar uma imagem da coisa, nem estar ao corrente dela. A imbecilidade da coisa exige a proibição de imagens.

A presença evidente é substituída pelo não *aparente*, que não pode ser traduzir como a contraparte de um encontro: "Aqui não há mais 'encontro', nenhum aparecer para um homem já se fixa previamente e capta o que apareceu"[14]. A presença rígida se retira em favor de uma vibração infinita e contínua[15] e de presença e ausência. Há nisto uma lembrança do "mistério", daquilo que "se mostra e ao mesmo tempo se retrai"[16]. O coração de Heidegger, cheio de timidez e receio, renuncia à vontade de dispor de, renuncia ao trabalho metafísico do luto, e o faz precisamente pela percepção de que "o inicial escapa a toda retenção"[17]. Para

---

14 *GA* 65, p. 311.

15 Cf. *GA* 54, p. 185: "Entre ambas (*lethe-aletheia*) não há mediação, nem transição, porque ambas em si mesmas, segundo sua essência, pertencem uma à outra".

16 *Gelassenheit*, p. 26.

17 *GA* 65, p. 416.

além da aventura metafísica, o recato leva o pensamento a esse lugar misterioso onde a luz e a escuridão, o desvelamento e o velamento se dedicam um ao outro numa troca "erótica"[18]: "A presença é o ocultar-se clareado. A ela corresponde o recato. Este é o contido permanecer oculto perante a proximidade do presente. É acolhimento do presente na proximidade intocável do que sempre permanece no vir, um vir que permanece um crescente velar-se. Deste modo, o recato e todo o elevado relacionado a ele devem ser pensados sob a luz do permanecer oculto"[19].

O recato não conhece uma ascensão gradual até a total transparência e controlabilidade da proximidade, uma ascensão que cessaria com a ausência definitiva da distância. Ele é formado pela figura, onipresente nos escritos de Heidegger, do cruzamento da proximidade com a distância: "O recato é o pensamento que se contém, que se culmina em longânime inclinação em relação ao que está próximo,

---

18 *VA*, p. 262: "O desvelar-se ama o velar-se".

19 *VA*, p. 255s.

numa proximidade que se satisfaz unicamente em manter distante algo distante em sua plenitude e, desta maneira, em mantê-lo sempre pronto em seu surgir"[20]. Enquanto "tonalidade afetiva do pensar na origem e que vê longe"[21], ele só desperta "onde algo distante aparece"[22]. Em cada ponto do *caminho*, em cada marco, a proximidade e a distância se cruzam. Em nenhum lugar ao longo do caminho a distância se distancia da proximidade. O próximo se despedindo do distante seria algo metafísico. A marcha para a origem, para a proximidade, é mantida ou até mesmo possibilitada precisamente pela "lentidão" da longa distância, que obriga a um passo meditativo. A proximidade é constantemente deslocada, adiada, e guardada pelo "oculto poupar"[23]. A proximidade não se esgota pela transparência, não vai ao encontro da apreensão imediata que elimina a distância: "[...] a proximidade à origem é uma

---

20 *GA* 52, p. 171.
21 *Ibid.*
22 *Ibid.*, p. 172.
23 *GA* 4, p. 24

proximidade poupadora"[24]. O recato é "o saber de que a origem não pode ser experimentada de maneira imediata"[25]: "Alguém pode em algum momento estar imediatamente 'junto à' fonte?"[26] Como um arco-íris, a fonte não permite acesso imediato; ela se abre apenas ao olhar do recato, um olhar que "vê longe" e se espanta com a distância, que mantém perto a distância, que a guarda e faz que a distância se aproxime, e a proximidade se distancie: "Pois no recato há, antes de tudo, uma inclinação pelo temido, cuja familiaridade se oculta no permanecer longe e tem perto seu distante ao olhá-lo com espanto"[27].

Segundo Heidegger, a forma da aventura, que não conhece o temor, já está prefigurada na economia da representação. A representação não é uma participação no ser, arrebatada e comovida pela *visão*, não é um desinteressado reflexo do mundo. É uma percepção ou

---

24 *Ibid.*, p. 25.

25 *Ibid.*, p. 131.

26 *GA* 52, p. 174.

27 *Ibid.*, p. 171.

produção do mundo organizada pelo interesse econômico da apropriação, e controlada unicamente pela necessidade de poder e asseguramento dessa apropriação. Sua economia é sempre uma economia de poder que regula a relação de propriedade ou de poder: "[...] *percipere* (*per-capio*) – tomar posse de algo, apoderar-se de uma coisa, aqui precisamente no sentido do pôr algo à disposição, do pôr algo à frente de si, do representar"[28]. A representação é produto das "maquinações" como "domínio do fazer e do feito", que reduz o ser à disponibilidade total: "Assim, algo está entregue ao humano, representado para ele – *cogitatum* – somente quando é fixado e assegurado para ele como aquilo do qual ele pode dispor por si mesmo a qualquer momento e de forma inequívoca, sem hesitação e dúvida, na esfera de seu dispor"[29]. Esta economia da representação baseada no poder "enfeitiça" o mundo em algo "consumível", que é então administrado pelos "números" como meramente quantitativo.

---

28 *GA* 48, p. 190.

29 *Ibid.*, p. 191.

Dentro do "feitiço", do "encantamento" e da "bruxaria"[30] das maquinações, só se ouve aquilo sobre o que o cálculo da "disposição calculista" tem "total clareza"[31]. A economia da representação é uma "economia maquinal", um "minucioso cálculo de máquina"[32]. Não sabe nada "não factível": "Basicamente não existe o 'impossível': 'odeia'-se essa palavra, tudo é humanamente possível, desde que tudo seja levado em conta em todos os aspectos e isso, ademais, antecipadamente, e as condições sejam ensinadas"[33]. A velocidade, o aumento mecânico das velocidades técnicas, não pode suportar o "silêncio do crescimento oculto, nem a espera"[34]. Esse silêncio das "pontes compridas", que só é audível na "lentidão do temor ao não factível", na "respiração sustida do temor ao milagre esperado", é abafado pela "mera gritaria cega", "em cujo grito se grita

---

30 *GA* 65, p. 124.
31 *GA* 48, p. 192.
32 *Ibid.*, p. 205.
33 *GA* 65, p. 136.
34 *Ibid.*, p. 121.

a si mesmo"[35]. Para a atividade inquieta e ruidosa da "engrenagem sempre inventiva"[36] e para o "perder-se no que está mais próximo", o "silenciamento"[37] e o olhar espantado do recato tornam-se insubstanciais.

A idiossincrasia de Heidegger contra o cálculo de maquinações encontra expressão no verso: "Condena o número e o dinheiro"[38]. O "elevado" "se doa" apenas "sem número" ao "recato do pensar puro"[39]. É a "lentidão do recato" que, "em vez de contar com o ente para calcular o ente", presta atenção aos "sinais lentos do incalculável"[40]. A ascese do recato renuncia ao "gigantesco"[41] que, como delírio do cálculo, transforma tudo o que é em "consumível" e "calculável". O recato a economia, que opera em toda metafísica.

---

35 *Ibid.*, p. 131.

36 *Ibid.*, p. 121.

37 *Ibid.*, p. 16: "Dele, do recato, em particular, surge a necessidade do silenciamento".

38 *GA* 13, p. 29.

39 *Ibid.*, p. 30.

40 *WM*, p. 106.

41 *GA* 65, p. 441.

O "recato, pronto para a angústia, do ânimo para o sacrifício"[42] é exigido contra a economia. Para Heidegger, o sacrifício não é uma forma arcaica de cálculo, não é um "esquema mágico de troca racional"[43]. Não pode ser reduzido à fórmula *do ut des*[44]. Pelo contrário, é desprovido de qualquer racionalidade econômica, e trabalha de acordo com a lógica não econômica do "esbanjar". Curiosamente, Heidegger define o sacrifício como um puro "esbanjar"[45], livre de qualquer compulsão. Ele está localizado além da economia da troca: "Portanto, o sacrifício não tolera nenhum cálculo, pelo qual ele é sempre lançado em conta em termos de utilidade ou inutilidade, por mais

---

42 *WM*, p. 106.

43 HORKHEIMER, M.; ADORNO, T.W. *Dialektik der Aufklärung*, p. 65.

44 Embora Heidegger não esteja pensando aqui na prática arcaica do sacrifício, sua ideia de sacrifício pode ser generalizada. Não seria tão absurda a suposição de que na pré-história arcaica o sacrifício não era um "logro" calculado contra Deus (Horkheimer; Adorno. *Ibid.*, p. 66), que o submete ao "primado dos propósitos humanos", ou seja, uma ação movida pela carência, mas sim um ritual dionisíaco de esbanjamento, desprovido de qualquer racionalidade.

45 *WM.*, p. 105.

altas ou baixas que se tenham estabelecido as metas. Tal erro de cálculo deforma a essência do sacrifício"[46]. Para além da economia da racionalidade calculista, das "artes dos calculadores"[47], o pensamento, cheio do "terror do ânimo para o sacrifícios", "se esbanja" para a abundância incalculável, para o "in-esgotável inesgotado"[48] do ser.

"Poupar" é um termo econômico. Com uma categoria econômica, Heidegger descreve o não-econômico por excelência. Essa tensão entre o termo linguístico e a *coisa* perpassa o pensamento de Heidegger. Seria a tensão inerente a todo gesto de "superação". Portanto, o que é poupado por meio do "poupar oculto" não é o resultado de uma *contabilidade secreta*. Não se poupa um algo que aparece e que poderia ter sido gasto; em vez disso, é o *aparecer como tal* que é poupado. O poupado não pode ser capitalizado nem acumulado. A forma de cálculo em que se baseia esta

---

46 *WM.*, p. 311.

47 *GA* 13, p. 32.

48 *GA* 65, p. 137.

poupança inusitada é a de contar com o incalculável. Assim, o "poupar" e a "abundância" não se excluem um ao outro necessariamente. A abundância também pode se situar fora da economia de acumulação. A "abundância incalculável" não é *precedida* por uma contabilidade. Pelo contrário, surge da renúncia à economia.

Heidegger também suspeita haver uma economia de poder da representação em sua refutação supostamente anti-intelectualista, anticartesiana, ou seja, na "vivência": "O que, no início do pensamento moderno, Descartes primeiramente põe como a certeza do eu, na qual o homem se assegura do ente como objeto de sua representação de sua segurança é o germe do que hoje, como 'vivência' e 'vivenciar', constitui a forma fundamental do ser humano"[49]. Uma das "coisas grotescas da história é que se descobre hoje – contudo, muito tardiamente – a necessidade de refutar Descartes, e que se faz isso alegando a 'vivência' *contra* ele e seu 'intelectualismo'"[50]. Na economia da vivência,

---

49 *GA* 45, p. 149.

50 *Ibid.*, p. 149.

a fortaleza do sujeito, isolada pelo *cogito*, não é arrastada pela corrente das vivências. Ao contrário, o nó da subjetividade, no qual convergem fios não apenas cognitivo-perceptivos, mas também afetivos e volitivos, é atado com mais força ainda[51]. A segurança e a certeza do eu funcionam como o único princípio organizador do ser. Todo o querido, sentido e percebido é "entregue" ao eu, "apresentado" perante ele, como centro de referência subjacente: "Somente o vivenciado e o vivenciável, o que avança para dentro da esfera da vivência, o que o homem pode trazer para si e pôr diante de si podem contar como 'ente'"[52]. O tempo da vivência, em que todo empreendimento e todo acontecimento estão "alagados" de experiências, permanece dominado pelo imperialismo do sujeito. A fórmula da vivência de Dilthey, o "tornar-se consciente", reproduz o esquema da certeza do eu que molda por completo o *cogito*

---

51 Cf. *GA* 65, p. 442s. "Se os 'valores' e 'objetivos' são estabelecidos pela razão ou se surgem do 'instinto' da vida 'natural' e 'saudável' em si, em toda a parte o 'sujeito' (ser humano) se desdobra aqui como o centro do ente [...]".

52 *GA* 65, p. 129.

cartesiano; o tomar consciência das vivências é "possuir-se a si mesmo", "estar presente para si e seguro de si"[53]. A realidade concreta imediata da vivência, que se apresenta "sem subtração"[54], é, tanto como o mundo a ser representado, uma posse do eu como proprietário das vivências.

O representável e o vivenciável são indistinguíveis em relação a essa economia das maquinações que permite ao eu avançar até a posição de superior hierárquico do ser. A vivência é o "mau descendente do *cogito ergo sum* cartesiano"[55]. Nela, esses mecanismos de maquinações continuam a operar de maneira oculta: "[...] quanto mais decisivamente as maquinações se escondem desta forma, mais elas empurram na direção da hegemonia do que parece ser completamente contrário à sua essência e, no entanto, é da sua essência, ou seja, a vivência"[56]. Como ideal do "ser humano pleno,

---

53 DILTHEY, W. *Gesammelte Schriften*, vol. XIX, p. 62s.
54 *Ibid.*, vol. VI, p. 314.
55 *GA* 45, p. 149.
56 *GA* 65, p. 127.

íntegro e são", da "saúde da vida", aparece agora o poeta diltheyiano, que busca "desfrutar" o mundo como uma vivência: um aventureiro que se move pelo mundo levado pelo desejo ilimitado de vivências. O homem inteiro, íntegro e são não é um superador do cético cartesiano, mas apenas sua reedição ampliada. Até mesmo no tempo das vivências, a azáfama ilimitada das maquinações continua a causar desordens. Tudo deve se curvar à "obsessão pelo surpreendente, ao que arrebata sempre imediatamente e cada vez de modo distinto"[57]. Não é próprio deste coração aventureiro o recato do "quase não ser permitido desvelar o mistério": "É da essência de ambas (sc. maquinações e vivências) não conhecer limites e, acima de tudo, nenhum embaraço e absolutamente nenhum recato...). Em conformidade com sua ausência de limites e falta de embaraço, tudo está aberto às maquinações e às vivências e nada é impossível"[58].

---

57 *Ibid.*, p. 121.
58 *Ibid.*, p. 131.

Reafinar e persuadir o pensamento, mergulhá-lo em um elemento completamente diferente, em que ele se estende ao infinito com recato e paciência hiperbólicos, essa era obviamente a "opinião do coração" de Heidegger. Em favor de um pensamento "meditativo"[59], "robusto"[60] formado pela "resolução pela paciência, uma resolução que espera"[61], Heidegger renuncia a essa atitude aventureira, que, segundo sua convicção, organiza, enquanto vontade de poder, a metafísica e a subjetividade. Heidegger vira as costas resolutamente ao coração aventureiro, que busca indagar, desvendar o ser em seus recantos mais recônditos, até mesmo desnudá-lo. Em vez da arrogância muitas vezes criticada de recortar o mundo segundo um modelo explicativo teórico, e em vez de lançar sobre ele uma rede teórica para conceituar e explicar, o pensamento se exercita na "longanimidade", aprende o

---

59 *GA* 13, p. 153.

60 *Gelassenheit*, p. 27.

61 *GA* 52, p. 171.

"ânimo para o que é longo"[62], que em "longas passarelas" observa com espanto, ao longe, o que há por dizer.

O pensamento de Heidegger pretende ser um pensamento "cordial". Ele faz do *coração* o lugar do pensamento. O pensar torna-se vulnerável como o coração, e *sofre*, deixa-se transformar pelo que deve ser pensado. O pensamento do *coração* ou o "coração pensante"[63] é, desse modo, confrontado com a capacidade invulnerável e ilimitada da razão. O pensar diz a "opinião do coração" e o "amor do coração", aquilo "em que o coração pensa antecipadamente e sempre"[64], aquilo "que inicialmente afina por completo o coração"[65]. O coração de Heidegger não tece a rede *a priori*; não é, portanto, uma tecelã de conceitos, mas, segundo Heidegger, "a guardiã e a guarda da tonalidade

---

62 *Ibid.*, p. 181.
63 *GA* 13, p. 27.
64 *GA* 52, p. 158.
65 *Ibid.*, p. 160.

afetiva fundamental"[66]. Como tonalidade afetiva fundamental do pensamento não metafísico, o coração de Heidegger porta e custodia o recato. O pensar cordial é a "respiração do temor perante o milagre esperado"[67]. O pensar quer tomar tempo para si. Sem se precipitar com o ponto de vista e com o método sobre o que há de ser pensado, sem se render à "univocidade linear", aguarda com paciência na ausência infinita da solução, no espaço ou no espaço intermediário da "inter-vocidade"[68]. O acanhamento torna-se assim o peso pesado do pensar não metafísico. O que é exigido pelo "outro começo" é um pensamento sintonizado pelo "longo ânimo para o lento"[69], pela "longanimidade do amor"[70], um pensar que olha para frente e para trás nas lentas passarelas e, aguardando, retroceda à lembrança.

---

66 *Ibid.*, p. 130.
67 *Ibid.*, p. 123.
68 *GA* 65, p. 484.
69 *GA* 52, p. 171.
70 *Ibid.*, p. 160.

Na "lentidão do recato perante o não factível", ou seja, sabendo que pensar não é fazer, mas uma busca acompanhada de "longanimidade indestrutível e de longo alcance" e de "paciência", o passo se atrasa e desacelera até aquele ponto de transição onde o próprio caminho começa a andar[71]. Na lentidão do passo longo, o caminhante conforma-se ao caminho, que "conduz", "clareia" e "traz", "porque compõe"[72].

Frente ao "fanático"[73] das maquinações que visam unicamente a "assegurar o estoque do mundo e da 'vida'", o recato formula uma atitude de pensamento radicalmente diferente. Ele "clareia e envolve aquela localidade do ser humano"[74] na qual seria possível um aí completamente diferente, uma estadia não metafísica. Heidegger quer ensinar o recato para o pensar, quer *ressintonizá*-lo com ele. Ele "sobrevém ao ser humano como o

---

71 *GA* 65, p. 83.

72 *GA* 13, p. 234.

73 *GA* 54, p. 112.

74 WM., p. 103.

determinante; isto é, como o sintonizador"[75]. Como um acontecimento "que afina por completo toda atitude em meio ao ente e todo comportamento com o ente", o recato é "permitir ao ser essenciar-se"[76].

O coração que porta o recato é anterior ao arquivo cardiográfico e ao arquivo da interioridade. Esse antiquíssimo coração não é uma propriedade do sujeito, que em um deslocamento metafórico, seria transferida para o ser. A frase "o coração tranquilo da clareira" não brota do transporte metafórico. É preciso inverter aqui o movimento metafórico. É o *próprio ser* que dá informações sobre o que é o *coração*. Não se pode buscar o significado "autêntico" do coração. O coração cheio de recato é o coração do ser: "O próprio ser carrega o recato"[77]. A circuncisão do coração circuncida o próprio ser. A ressintonização do coração é a "recunhagem do ser"[78].

---

[75] *Ibid.*
[76] *GA* 65, p. 16.
[77] *GA* 54, p. 111.
[78] *GA* 39, p. 142.

VII.2.3
Espera ou contenção

> *Esperar? O que havia para esperar? Ela ficou surpresa quando ele lhe perguntou a esse respeito, porque para ela não havia nada além dessa palavra. Se esperamos por algo determinado, então já esperamos menos.*
> Maurice Blanchot

A espera foi, evidentemente, a tonalidade afetiva fundamental de Heidegger desde o início. Em 1910, Heidegger publicou seu poema juvenil "Esperemos": "Em frente ao portão do jardim da primavera / esperemos e escutemos / até que voem as cotovias / até que os cantos e os violinos / o murmúrio das fontes / os prateados / sinos dos rebanhos / se tornem o coro universal da alegria"[1]. Certamente não

---

1 *GA* 13, p. 6.

se pode negar que na filosofia tardia de Heidegger é possível constatar certo movimento de retorno a esse coral universal. A terra que aflora no "jardim da primavera", cantada em imagens ingênuas, não difere essencialmente da terra do Heidegger tardio. De certa forma, a espera do "dia do ser"[2] também ressoa naquela linguagem ingênua. Esse retorno, no entanto, é apenas parte da "virada". Heidegger está sempre se voltando para um espaço onde as "canções e violinos" ameaçam emudecer, para um vazio no qual as "cotovias" não podem mais alçar voo.

Em Heidegger, a espera não está ligada a uma data cronológica nem a um evento empírico. Do ponto de vista cronológico-empírico, a espera de Heidegger é errante. Pois ela não se detém em nenhum lugar referencial. Baseia-se em um movimento singular, em uma (não) intencionalidade *plana*, em uma (não-)economia peculiar. A espera não espera a reparação de uma deficiência.

---

2 *Ibid.*, p. 29.

No seminário sobre Heráclito, Heidegger explica a relação entre esperar e ter esperança da seguinte forma: "Ter esperança sempre inclui contar com algo, enquanto esperar – se nos atemos à palavra – é a atitude do conformar-se. [...]. Ter esperança significa 'ocupar-se firmemente com algo', enquanto na espera há o resignar-se, a reserva. A esperança contém um elemento agressivo, por assim dizer, enquanto a espera contém um elemento de contenção. [...] A espera [...] é a atitude de contenção e resignação"[3]. A espera aqui não tem os traços agressivos da intencionalidade direta do "esperar" de *Ser e tempo* baseada no "presente", que almeja o ente ou "aquilo de que se pode se ocupar" e o possui até mesmo no "ainda não". A contenção da espera carece do agarrar intencional, que não afrouxa no "ainda não", mas aperta. Ela não agarra, não força seu caminho para frente. *Paciência*[4] e espera são

---

3 *GA* 15, p. 246.

4 Cf. *GA* 65, p. 367: "*Autenticidade*: o poder criador de preservação do que é outorgado, o poder criador de efetuação do que é encomendado. Autenticidade do ânimo, da coragem, da vontade longa, sintonizada e sapiente. A paciência

os traços básicos da contenção. Ela demonstra paciência frente à ausência infinita da contraparte tangível.

A serenidade tem o mesmo *traço* básico da contenção. O seu traço fundamental é a espera, que se mantém paciente no "movimento ao que se retrai", sem evadir-se para uma contraparte: " *Erudito*: Com efeito, a espera, supondo que seja essencial – isto é, uma espera que tudo decide –, assenta no fato de que nosso lugar se encontra naquilo que estamos esperando. / *Professor*: Da experiência da espera, e precisamente da espera pela abertura da região que se abre defronte, e na relação a essa espera, esta foi referida como a serenidade"[5].

A "espera" de Heidegger é baseada em uma (não-)intencionalidade peculiar. Não tem uma *intenção* dirigida a algo determinado: "Na espera, deixamos aberto o que esperamos"[6]. Mas ela não vagueia; ela é sintonizada. Não carrega em si meramente a ausência do que

---

essencial como a coragem suprema. Autenticidade e *contenção*; esta última ainda mais originária".

5 *Gelassenheit*, p. 50.

6 *Ibid.*, p. 42.

tencionamos. O "ainda não" inerente à espera é um "ainda não" do "já"; o ainda não nunca se transforma no definitivo do ter. A espera é um prolongamento infinito do "ainda não" no "já". O "ainda não" não é privativo. Um possível "cumprimento" destruiria precisamente o já; o já é preservado no "ainda não", este isso o mantém desperto. A espera de Heidegger não pode ser descrita com a intencionalidade do *esperar até o fim*. A estada tranquila na inquietação da simultaneidade do já e do ainda não, do sim e do não, é a espera: "*Pesquisador*: Novamente esse irrequieto vaivém entre o sim e o não. / *Erudito*: Estamos suspensos entre ambos, por assim dizer. / Professor: Mas a estada nesse entre é a espera. /Erudito: Esta é a essência da serenidade [...]"[7].

Quem espera não olha ao redor. Não se trata de um "esperar por", mas de um "esperar em". A "permanência em" não tolera a dispersão do olhar ao redor. A espera aguarda pacientemente no "não" do determinado. Ela está primariamente a caminho de um

---

7 *Ibid.*, p. 51.

nada. O nada é e *se dá* apenas na espera, que se distancia do impaciente pôr-diante-de-si, da intencionalidade da representação. O dom inusitado não se oferece em forma de posse ao sujeito representativo que põe tudo diante de si. A impossibilidade de ter, a "renúncia" caracteriza a espera de Heidegger. Renúncia e espera têm a mesma (não) intencionalidade.

A renúncia é, evidentemente, uma medida contraeconômica, destinada a manter o dom longe do acesso econômico, é uma tomada não econômica do dom: "A verdadeira renúncia – isto é, sustentada e lograda por uma tonalidade afetiva fundamental genuinamente expansiva –, é criadora e geradora. Ao permitir que sua posse anterior se vá, ela recebe, e não posteriormente como uma recompensa; suportar em luto a necessidade da renúncia e do ceder é em si um recebimento"[8]. A ideia de recompensa restauraria a economia. Aqui, a economia é estritamente negada. A renúncia refere-se à própria economia. Também se renuncia à economia de troca do trabalho de

---

8 *GA* 13, p. 94.

luto. Não está em atividade aqui aquele luto que se esforça em *ocupar* o vazio, para assim se dispor dele. Em vez disso, como uma "coleção incomum", o luto não econômico mantém o vazio aberto. É um luto de "ter de renunciar", que não lamenta nem chora, mas renuncia ao *trabalho* (de luto). O trabalho é um empreendimento econômico orientado para o "dispor de", que, segundo Heidegger, representa o traço fundamental da metafísica. A renúncia é uma concessão ao indisponível. Para tomar o dom indisponível, o pensamento deve ir além da economia metafísica.

O pensar aprende a agradecer aprendendo a renunciar: "A renúncia é um agradecer no não se negar. Aí reside a renúncia. Renúncia é ter de agradecer e, portanto, uma gratidão"[9]. O agradecer não restaura secretamente a economia? O agradecimento não é uma retribuição simbólica? Ele não estabelece um equivalente simbólico? *A quem* se agradece? A quem se deve o quê? Que a renúncia seja em si um agradecimento não é uma obviedade econômica. Não é o

---

9 *US*, p. 233s.

eventual doador que renuncia, mas o recebedor ou o devedor. Sua renúncia é o agradecimento. Uma estrutura econômica unívoca não pode ser reconhecida aqui, principalmente porque aqui se abandona a dimensão do *ter*. Não se agradece por uma *posse* inesperada. Heidegger, porém, terá sempre de recorrer a termos econômicos. A economia pura, a contabilidade estrita não conhecem o agradecimento. Seriam incapazes de pensar em renúncia e agradecimento em sua identidade. Apenas o dom, que só é possível além da economia, torna o agradecimento concebível. Mas o agradecimento aqui não anulará o dom, pois nenhum sujeito da generosidade recebe o agradecimento como um equivalente simbólico, como uma retribuição simbólica. A fusão entre renúncia ou não-querer-*ter* e gratidão caracteriza um pensamento não econômico, que se distancia do "entendimento calculista". O pensamento grato questiona radicalmente a autonomia do sujeito sem instalar uma instância transubjetiva de poder. A "estrutura" autônoma e transubjetiva restituiria a economia.

O dom dado na renúncia não deve se mostrar como algo determinado. Caso contrário, o dom corre o risco de se enredar na economia. Se o dom é dado como algo determinado, a renúncia não pode ser recepção. Ela deve se retirar, recusar-se a *aparecer*. A "doação" do dom indisponível ocorre na forma de uma "negação": "A recusa é a suprema nobreza da doação e o traço fundamental do ocultar-se [...]"[10].

O dom só deve se mostrar como um nada, como um vazio, como o "distinto de tudo o que está presente e ausente". Caso contrário, o dom ameaça tornar-se uma possessão. O meramente ausente, enquanto significa a ausência de algo determinado, não pode transcender a economia. O nada ou o vazio não expressam a ausência de algo presente. O que se oculta e que depois se retrai não é algo determinado; em vez disso, o retraimento, o ocultamento, está inscrito nele *originariamente*[11]. A retração é o traço fundamental do dom. Este

---

10 *GA* 65, p. 406.

11 Cf. *GA* 52, p. 117: "A presença se estende como tal, não apenas posterior e incidentalmente, mas, de acordo com sua essência, se estende até a ausência".

nunca é dado sem retração e demora. Faz parte de sua essência que ele "hesite e se poupe ao se retrair"[12]. O *poupar* aqui não pertence ao vocabulário econômico.

A economia é um traço fundamental do pensar. Para evitá-la, o pensamento tem de pensar, de certa maneira, contra si mesmo: "Pois o pensamento, que essencialmente sempre é pensar em alguma coisa, deveria, como um pensar em nada, agir contra sua essência"[13]. Como se sabe, a representação trabalha economicamente. O circulante é o geral, e sua economia se orienta pelas posses. O representado é retido pelo sujeito representador como sua posse. O dom dado fora da economia deve se situar aquém do representável. Com a renúncia e a espera, expressa-se a impossibilidade de representar, a impossibilidade do dispor representativo: "A espera não se presta a representar"[14]. Torna-se impossível o *trabalho* (de luto) que busca recalcular o dom como presença representável. Trata-se de um presente inusitado,

---

12 *US*, p. 169.

13 *WM*, p. 5.

14 *Gelassenheit*, p. 42.

que jamais pode ser trazido ao presente por meio da representação.

Aquele que espera se exercita na "paciência". Espera pacientemente a ausência infinita do determinado, do disponível e do representável. Trata-se de uma propriedade essencialmente alheia ao sujeito econômico que se pauta pelo sucesso rápido. Paciência não promete *sucesso de longo prazo*. Ela não é economicamente programada.

Alguns representantes da modernidade duvidosa de si mesma retomam a figura da espera na idiossincrasia contra sujeito, representação, sentido, sincronia e continuidade. A espera abre a relação com o que não se pode esperar, apreender, conceber: "A síntese passiva do tempo, a paciência, é a espera sem objetivo esperado, é a espera entorpecida por essas expectativas determinadas e seus cumprimentos segundo a medida de um apreender e de um *conceber antecipado*. O tempo como espera – a paciência, que é mais passiva do que toda a passividade correlata a atos – espera o inconcebível"[15]. A espera expressa aquela temporalidade em que se torna possível a transcendência, uma fuga ética para fora do ser, da força da luz, da proximidade do infinito; uma temporalidade que se abre ao diferente, que leva à descoberta do "bem"[16]. O "tempo como a paciência da espera pelo *infinito*, que se transforma em 'substituição' para os outros"[17], é mais antigo que o tempo da consciência. O tempo diacrônico e anárquico da espera é invadido pelo "impensável em antecipação", anterior ao tempo e à ordem da consciência; nele se delineia o rosto do distinto, que o raio de luz do ser extinguiu.

A espera se contraopõe ao ato de consciência. Descobre uma passividade na qual o pensar se torna *mais ativo* do que a atividade do ato da consciência, do que a diligência do "eu penso" e, ao mesmo tempo, se torna *mais passivo* do que a passividade de um

---

15 LÉVINAS, E. *Wenn Gott ins Denken einfällt*, p. 92s.

16 *Ibid.*, p. 189ss.

17 *Ibid.*, p. 128.

espelho. A espera se volta contra a violência da consciência, que dobra o "aí" para apreendê-lo, contra a interioridade do sujeito, que dobra tudo o que existe para conformá-lo a si mesma. De certa maneira, na espera o pensar se consome num fora sem *se concentrar* novamente. A renúncia de regressar a si mesmo, de se retirar para a interioridade solipsista, esse insistente consentimento à *dispersão* não leva à distração, mas a uma atenção diferente, à vigilância por um exterior. Na espera, o pensamento, de certo modo, se aquieta, se põe em silêncio para pensar mais do que pensa. Nesse impossível mais, desenha-se um fora que não pode ser reproduzido pelo ato da consciência.

Com Blanchot, a espera torna-se o principal traço da escrita. Como é de esperar, a espera não tem objeto, não tem uma contraparte determinada: "Há quanto tempo ele começara a esperar? Desde que se libertara para a espera, ao perder o desejo de certas coisas e até mesmo o desejo do fim das coisas. A espera começa quando não há mais o que esperar, nem mesmo o final da própria espera. A espera não sabe o que espera e destrói o que ela espera. Espera por nada"[18]. Esperar é uma atitude oposta ao eu "eu penso", que com o ruidoso discurso científico-metafísico suprime o murmúrio e o sussurro do exterior. Esperar faz parar a engrenagem instalada pelo *eu-penso* e sensibiliza o pensamento para um silêncio abismal. No "tempo vazio"[19] da espera, o exterior murmura e escorre. A espera tenta escapar da luz, mas sem cair na escuridão. O fora de Blanchot é anônimo, neutro, vazio; nada aparece nele. A espera pratica uma negligência radical para com o mundo, consistente em "deixar que todas as coisas realizáveis se afastem"[20]. "Na espera, todas as coisas regressaram para a não aparição"[21]. A espera é acompanhada pelo esquecimento abismal, que é uma abertura para o que é esquecido. A extrema "vigilância" daquele que espera trabalha no esquecer.

O aberto, pelo qual espera a espera heideggeriana, certamente não é um fora a ser

---

18 BLANCHOT, M., *Warten Vergessen*, p. 39.

19 *Ibid.*, p. 36.

20 *Ibid.*

21 *Ibid.*, p. 102.

alcançado por meio da negligência e do esquecimento, que, após o escorrimento de todas as coisas realizáveis, após a retração de tudo o que é visível e invisível, percorre o espaço esvaziado como uma estranha corrente de vento. Em Heidegger, a aversão ao sujeito e à representação não desencadeia a paixão pelo fora, que desliza para uma certa ausência do mundo. Em vez disso, ele opta por um *dentro distinto*.

A "região à frente" para a qual a serenidade está a caminho mostra-se como um certo nada, como o "não" do ente determinado. Mas, de certa maneira, seu vazio ainda permanece preenchido por coisas. Ele não repele as coisas. Em vez disso, todo ente se acomoda nele. É um espaço acolhedor, cuidadoso para com o ente.

Sem dúvida, o longo olhar de espera retrai-se, por recato, cuidadosamente do ente. Mas falta-lhe o *olhar insistente* para o determinado e o particular. Diante de seu olhar, o determinado parece perder sua diversidade e colorido individuais. Aparece, de certa maneira, *despido*. Por certo, a coisa nua despiu-se da nudez metafísica da coisa despojada de seus "acidentes", mas sua individualidade lhe permanece negada. A memória de uma coisa, que constitui sua individualidade, não se deixa reduzir à "quaternidade". Até mesmo a "quaternidade" ainda tem características violentas do universal. Seu ponto cego é a individualidade irrepetível, o nome próprio de uma coisa determinada. Heidegger impõe silêncio ao *obstinado sentido próprio* da coisa. A preocupação de Heidegger é, primeiramente e sobretudo, com o "aberto". Sua espera infinita caminha precipitadamente para o "aberto", lança-se para ele. Sua espera ascética leva *a uma nova negligência* para com o particular.

O olhar de Heidegger para o "aberto" não se detém sobre algo particular, algo determinado; é muito *longo* para *descansar* sobre este. O *descansar* em algo particular não o reduz necessariamente a algo "de que se pode se ocupar" ou a um *objeto*. Devido à sua excessiva extensão, o olhar *demasiado longo* não é sensível ao *timbre*. De fato, para Heidegger, o determinado não é um exemplo, mas é uma passagem que ele sempre terá atravessado. O olhar *demasiado longo* pode se transformar em hipermetropia. O olhar que permite ao particular manter sua particularidade e ao mesmo tempo se apoia sobre ele é um olhar longo, que, contudo, não é demasiado longo e não persevera em uma espera ascética. Nem mesmo o comprimento excessivo pode alcançar o particular. A visão microscópica, que se exercita no olhar longo, também é capaz do mistério. Ele é perceptível ao timbre, mas sem ser míope, sem negligenciar o acontecimento. O olhar *demasiado longo* é incapaz de acariciar o particular, de entrar em contato com seu *timbre* e sua memória. O olhar para o "aberto" não está aberta à *vida própria* nem ao *nome próprio* do particular. O pensar da serenidade não toma tempo suficiente para si, não porta paciência suficiente para a memória do particular, seja uma coisa ou um ser humano. Falta-lhe a *impaciência para* o particular.

A espera ascética não repete, ocultamente, a impaciência da metafísica? A espera infinita não traz o perigo de fazer que o particular se *canse*? Ela não abrevia precisamente o finito "aí" com coisas que não só têm capacidade de "coisar", mas também querem ser queridas, acariciadas, se exporem ao olhar e à mão, *e com as pessoas que não só são mortais como também são amorosas*? Não se deve perdoar o olhar impaciente de Orfeu? O seu olhar não é só o olhar que traz a morte, mas, sobretudo, o olhar do amor: "[...] ali, preocupado de que ela se cansaria, exigindo finalmente vê-la, o amante olhou ao redor [...]".

O amor ao distinto concreto não se daria bem com aquela hipermetropia do coração de Heidegger. Aquele amor é baseado numa proximidade diferente. A hipermetropia de Heidegger só seria capaz de um "'impiedoso' um-com-outro"[22]. A consideração ou preocupação com o nome próprio de um mortal não é inerente ao coração heideggeriano enamorado do ser.

---

22 *SZ*, p. 167.

VIII
Dor

> *A dor, esse lado interior da pele, é a nudez, que é mais nua do que todo desnudamento: a existência, que, imposta como sacrifício – sacrificada, em vez de se sacrificando, porque obrigada à adversidade da dor ou ao sofrimento continuado da dor – não tem posição própria. A subjetividade do sujeito é justamente esta: vulnerabilidade, exposição ao sofrimento, sensibilidade, passividade mais passiva do que toda passividade, tempo irrecuperável, diacronia inalcançável da paciência, desproteção que sempre seguirá se expondo, exposição, que deve se exprimir e, portanto, dizer e, assim, dar.*
> Emmanuel Lévinas

É interessante que, no "mero esboço" da preleção sobre Parmênides, Heidegger fale de certa morte (sacrificial) do ser humano: "Mas a forma suprema da dor é o morrer da morte, que sacrifica o ser humano pela preservação da verdade do ser. Este sacrifício é a experiência mais pura da voz do ser. [...] Então não é aqui que devem estar os sacrifícios, sejam quais forem as causas imediatas pelas quais são provocados, pois o sacrifício tem em si sua própria essência e não precisa de objetivos nem de proveito?"[1] Trata-se aqui de certa agonia destinada a despertar o pensamento de um "sono antropológico"?[2] O ser humano precisa *morrer* primeiro para *viver*? Quem é o ser humano aqui que se sacrifica, ou é sacrificado? Até que ponto essa morte sacrificial tem a ver com a morte pós-moderna do homem?

Para Foucault, como se sabe, o pensar só começa com a morte do homem: "Hoje só se pode pensar no vazio do homem desaparecido. Esse vazio não produz uma carência, não

---

1 *GA* 54, p. 250.

2 Cf. FOUCAULT, M. *Die Ordnung der Dinge*, p. 410ss.

dita uma lacuna a ser preenchida. É nada mais nada menos do que o desdobramento de um espaço no qual finalmente é possível pensar"[3]. Quem pensa senão o homem? Quem enterra o homem? O pós-homem ou além-do-homem significa o "mortal"? Em que consiste então a mortalidade ou a finitude do pensar? O pensamento só toma consciência de sua finitude em meio à dor?

O "mero esboço" de Heidegger começa com uma crítica ao "homem moderno", que se apresenta como sujeito: "O homem moderno 'vivencia' o mundo e o pensa enquanto o vivencia; isto é, o pensa por si mesmo como aquele ente que subjaz, como fundamento, a toda explicação e arranjo do ente em seu conjunto. Na linguagem da metafísica, o que está subjacente é chamado de '*subjectum*'. Em sua essência, o homem moderno é o 'sujeito'"[4]. Aqui Heidegger critica implicitamente o pensar antropológico. Segundo Heidegger, a antropologia é "aquela interpretação filosófica

---

3 *Ibid.*, p. 412.

4 *GA* 54, p. 247.

do ser humano que explica e avalia o ente em sua totalidade a partir do ser humano e para o ser humano"[5]. Na antropologia, o homem se apresenta como aquele ser "que dá a todo ente a medida e dita as normas"[6]. Segundo Heidegger, a antropologia é a continuação do cartesianismo: "Com a interpretação do homem como *subjectum*, Descartes cria o pressuposto metafísico para a futura antropologia de todo tipo e orientação. Com o advento da antropologia, celebra seu triunfo supremo"[7].

Para Foucault, é a linguagem que desperta o pensamento do "sono antropológico": "Tendo o homem se constituído quando a linguagem estava condenada à dispersão, não será ele dispersado quando a linguagem se reúne? E se isso fosse verdade, não seria um erro – um erro profundo, já que nos ocultaria o que é preciso pensar agora – interpretar a experiência atual como uma aplicação das formas da linguagem à ordem do humano? Não seria

---

5 *HW*, p. 86.

6 *Ibid.*, p. 87.

7 *Ibid.*, p. 91s.

preciso, antes, renunciar a pensar o homem, ou, para ser mais rigoroso, pensar mais de perto este desaparecimento do homem – e o solo de possibilidade de todas as ciências do homem – em sua correlação com a nossa preocupação pela linguagem?"[8] A preocupação pela linguagem seria preocupação pela morte. Devolver a linguagem ao homem significaria, portanto, devolver-lhe a morte, a sua mortalidade.

No entanto, a autonomia da linguagem propagada por alguns representantes do pós-modernismo, que leva à morte do homem, repete a economia. Há apenas uma mudança de poder. A linguagem agora dispõe do ser humano que fala. Ela se orienta pela finalidade e pela posse: "Os fins surgem realmente dos gêneros de discurso [...]? De fato, e eles se apropriam das frases e das instâncias que estas representam, especialmente de 'nós'. 'Nós' não aspiramos a eles"[9]. A linguagem é um encadeamento de frases organizado de modo estritamente econômico: "A finalidade

---

8 FOUCAULT, M. *Die Ordnung der Dinge*, p. 461.

9 LYOTARD, J.-F. *Widerstreit*, p. 226.

vinculada a um gênero de discurso seria capaz de determinar os encadeamentos entre as frases. Mas ela os determina como um fim pode determinar os meios: excluindo aqueles que não são apropriados"[10].

No "mero esboço", Heidegger contrapõe o sujeito à linguagem ou à palavra. O homem deve corresponder à palavra, sacrificar-se a ela de certa maneira: "No início, a essência nascente do ser afina e determina as maneiras do abrigo do desencoberto como a palavra. É a essência da palavra que primeiramente afina e determina a essência da humanidade que lhe corresponde e, assim, a remete à história; isto é, ao começo essencial e à mudança da essência da verdade do ente. [...] Só porque o ser e a verdade do ser estão essencialmente para além de todos os homens e mundos humanos, só por isso pode, e só consequentemente deve – onde o homem, enquanto histórico, está destinado a preservar a verdade do ser – se tratar também do 'ser' ou 'não-ser' do ser

---

10 *Ibid.*, p. 149.

humano"[11]. É muito importante ressaltar que a linguagem em Heidegger, embora em certo sentido anteceda o homem, não é constituída economicamente. A difícil tarefa de Heidegger é pensar não economicamente certa primazia da linguagem, proteger a linguagem como um dom para que não se enrede novamente na economia. Se a linguagem é compreendida como uma nova instância de poder, então a economia se repete fora do sujeito humano (cf. VIII.4).

O sujeito se reflete no mundo. A imagem do mundo é de certa forma sua própria imagem especular. O sujeito crê estar ao corrente do *mundo* por sua *imagem* de mundo[12]. Isso elimina o outro indisponível, que não pode ser

---

11 *GA* 54, p. 249.

12 O fato de que, mesmo assim, o termo "visão de mundo" se tenha afirmado como nome para a posição do homem no meio do ente fornece a prova de quão decididamente o mundo se tornou imagem, tão logo o homem trouxe a sua vida, enquanto *subjectum*, para a primazia de centro de referência. Isso significa que o ente só vale como ente enquanto e na medida em que é envolvido nesta vida e remetido de volta para esta vida, ou seja, na medida em que é vivenciado e se torna vivência.

assimilado pelo sujeito, que não é objeto nem atributo do sujeito. Onde o sujeito se quebra, a dor desperta. Ou a dor dilacera a interioridade subjetiva. Nisto, o pensar não é quebrado pelo indisponível. Não se perde *totalmente*. À dor está associada uma concentração peculiar, que, no entanto, não se estabelece como uma interioridade subjetiva. Na dor, o pensar *se concentra* naquilo que dá a pensar, em um fora que não pode ser apropriado pelo sujeito. Nesta *dispersão concentrada* da dor, o pensar voltando-se para fora aprende de cor o exterior (*apprendre par coeur*) – deste lado de cá do saber e da ciência, os quais possibilitariam um *aprendizado interiorizante* assimilador.

A dor não pode ser explicada nem pela resistência nem pelo fracasso. Estes são termos econômicos. Não se trata de uma falência do pensar. É preciso situar a dor fora da economia. A dor não surge da ausência de sucesso. Pelo contrário, baseia-se na renúncia à própria economia. Pensar é tampouco uma sublimação da dor. A sublimação repete a economia – isto é, a economia psicanalítica – que é organizada antropologicamente. Ela é um desvio calculável das unidades de força que podem se organizar economicamente.

A dor requer certa ruptura, certo rasgo. A dor designa esse rompimento no pensar, a abertura que o pensar deve manter aberta para receber o distinto indisponível. Essa quebradura, esse rasgo no pensar torna isso possível. A dor não ocorre quando fracassa o querer dispor, mas é um sofrimento, uma *paixão pelo* distinto indisponível. O *por* indica o fundamento não econômico da dor.

A dor é do "por", não do "devido a". Ligada a isso está a necessidade de pensar o *luto* sem "luto". O *luto* não lamenta, não procura preencher o lugar que ficou vazio. Ele não *trabalha*. O luto *sem* o enlutar só é concebível fora da economia (VIII.3).

O sacrifício, como enfatiza Heidegger, não precisa de "objetivos nem proveito". O sacrifício está situado fora da economia. Não se trata de um investimento. É a dialética que capitaliza a morte ou a dor. Na economia dialética, a negatividade dolorosa e mortífera transforma-se em positividade (VIII.1).

A dor surge da impossibilidade daquela identidade que aspira à *superação* da diferença. E o sujeito que trabalha na identidade, retornando a si mesmo na sua interioridade, assimilando o mundo, é incapaz de dor. A dor só é concebível a partir de uma diferença obstinada que não pode ser *subsumida* em uma identidade superordenada, no universal. A dor é um fenômeno da diferença. E isso define a finitude (VIII.2).

Em última análise, a dor é aquela gravitação que dá ao mortal apoio, permanência e *sentido* em seu duplo sentido. É o traço básico, a tonalidade afetiva fundamental da mortalidade: "Mas a dor toca o ânimo dos mortais de tal maneira que este recebe dela sua gravidade. Essa gravidade mantém os mortais na calma de sua essência, em meio a todas as oscilações. O 'estado de espírito' correspondente à dor, o estado de ânimo afinado por ela e com ela, é a melancolia"[13].

Como "tonalidade afetiva fundamental da melancolia", a dor torna o pensamento

---

13 *US*, p. 235.

receptivo a toda tonalidade afetiva fundamental, e, enquanto tonalidade do ser, desperta a sensibilidade para a voz sintonizadora do ser. É a tonalidade da finitude, do sofrimento e da vulnerabilidade, que expõe o pensar à contingência da respectiva tonalidade afetiva do ser. É a tonalidade do pensamento finito, da passividade e da receptividade, que consiste em se deixar abordar, comover, sintonizar pelo ser. É o *traço idêntico* que, como *base* de certa maneira *formal*, sustenta toda tonalidade fundamental ocupada por algum conteúdo, o traço principal que, enquanto o mesmo, está na base do modo da respectiva afinação: "Se a respectiva tonalidade fundamental de uma metafísica e o modo e a medida como ela afina são destino – isto é, ao mesmo tempo se transformam e não são vinculantes para todas as épocas –, então a filosofia, apesar de tudo, *permanece na notável proximidade de determinada tonalidade afetiva fundamental*. [...] A filosofia, como ação criadora e essencial da existência humana, está na *tonalidade afetiva fundamental da melancolia*. Essa melancolia concerne à forma, não ao conteúdo, do filosofar, e necessariamente já se delineia uma tonalidade afetiva fundamental que delimita a conteudalidade do questionar filosófico"[14].

A dor abre um espaço em que o pensar se torna possível pela primeira vez, um espaço sem traços antropológicos, e do qual o sujeito desapareceu. A dor *dá a pensar*. Pensar seria, portanto, o dom da dor.

O que daria a *pensar* não é o sofrimento real do homem, não é o olho que chora ou o rosto contorcido pela fome ou pela tortura. Diante da "essência da dor", a dor "humana" se desvanece em sofrimento "vulgar". A dor do céu estrelado ou da terra arborizada estaria mais próxima da "essência da dor" do que a da terra povoada. O rosto traumatizado de uma pessoa seria apenas a superfície da dor, mais ocultando do que desvelando sua "essência". As lágrimas cobrem não apenas o olho, mas também a "essência da dor". Mesmo aumentado ao imensurável, o meramente humano não toca a "essência". O lugar da "essência" está além-do-homem: "Incomensuráveis sofrimentos rastejam e se

---

14 *GA*, 29/30, p. 270s.

desencadeiam sobre a terra. A maré de sofrimento nunca para de subir. Mas a essência da dor se oculta. A dor é a fenda em que se inscreve o traçado da quaternidade do mundo. A partir deste traçado, o grande recebe aquela grandeza que é grande demais para o homem. A fenda da dor arrasta a velada marcha da graça até um advento inutilizado da clemência. Em todos os lugares somos assediados por incontáveis e imensuráveis sofrimentos. Mas nós somos sem dor, não apropriados pela essência da dor"[15]. Este além-do-homem se aproxima furtivamente do inumano. O dobre de finados que anuncia o fim do homem terá de *postergar o humano*.

---

15 *Die Gefahr*, inédito.

VIII.1
Dialética da dor

> *O espírito é a vida que corta,*
> *ela própria, na vida: pelo seu*
> *próprio tormento, ela aumenta*
> *seu próprio saber – já sabíeis isso?*
> *E a felicidade do espírito é esta:*
> *ser ungido e consagrado pelas*
> *lágrimas como um animal de*
> *sacrifício – já sabíeis isso?*
> Friedrich Nietzsche

A "consciência natural", da "Introdução" à *Fenomenologia do espírito*, é descrita por Heidegger em termos de sintomas de esquecimento do ser[1]. Ela tende à indolência do "'eu

---

[1] Isso se torna possível por sua intervenção no uso linguístico de Hegel. Segundo Heidegger, essa reorganização linguística não é uma arbitrariedade terminológica. Heidegger aponta que em Hegel o termo "ser" retorna onde na realidade deveria ter desaparecido. Segundo Heidegger, esse uso da linguagem não é consequência da incoerência terminológi-

árido', que encontra sua única satisfação em sua limitação ao ente que lhe sai ao encontro"[2]. Desnorteada pelo ente, "não se volta para o ser, pelo qual é, contudo, atraído de antemão e até mesmo por toda propensão ao ser do ente", e por mais que ele a "atraia

---

ca de Hegel, mas "baseia-se na forma oculta como o próprio ser se desvela e se oculta". A mudança de terminologia, que dá o nome "ser" ao "verdadeiramente real" (*HW*, p. 143), à realidade do espírito, pretende evocar "a linguagem do pensar, crescida a partir do destino". Esta linguagem evoca o "pensado de outro pensar ate à claridade do pensar dessa linguagem, a fim de liberar esse outro para sua própria essência" (*ibid.*, p. 143). Nisto, o sujeito do esquecimento do ser não é a metafísica, mas sim *um* momento da consciência, a saber, a "consciência natural" que constantemente se opõe ao seu oponente, a "consciência real". Portanto, a linha de frente entre o esquecimento e a percepção do ser corre dentro da consciência: "Onde quer que o saber real saque à luz o ser do ente, a consciência natural não lhe dá atenção, porque isso contestaria a sua própria verdade" (*ibid.*, p. 137). Em um ponto, porém, a consciência natural deixa a linha de frente imanente à consciência e torna-se uma parábola para a metafísica em geral: "Esta metafísica não desmoronou perante o positivismo dos séculos XIX e XX; em vez disso, o mundo técnico moderno, em sua reivindicação incondicional, nada mais é do que a consciência natural que, de acordo com sua maneira de opinar, consuma a produtibilidade incondicional e autosseguradora de todo ente na objetivação irrefreável de tudo e de todas as coisas" (*ibid.*, p. 137s.).

2 *HW*, p. 149.

até sua própria essência"³. A "luz do ser"⁴ incide sobre o ponto cego da consciência natural. Esta é diagnosticada com uma cegueira que se assemelha à fraqueza de *memória* da metafísica. Não percebe o espaço em que já se encontra: "Sua verdade, atrás da qual, como seu plano de fundo, a consciência natural nunca vem é, ela própria, ou seja, é na verdade o primeiro plano de luz no qual já se encontra – como um ter visto – qualquer tipo de saber e de consciência"⁵. No drama dialético da consciência, Heidegger depara com um duplo da metafísica. É à consciência natural que Heidegger dirige todas as acusações e demandas cujo destinatário autêntico é o pensamento metafísico. Em relação ao "opinar do ser" que o esvazia até um nome "que não nomeia mais nada"⁶, a consciência natural mostra-se da mesma mentalidade que a metafísica: "No entanto, a consciência natural, quando se dá conta do ser, assegura que ele é

---

3 *Ibid.*, p. 189.

4 *Ibid.*, p. 136.

5 *Ibid.*, p. 164.

6 *GA* 65, p. 443.

algo abstrato. A consciência faz passar por algo abstraído aquilo pelo qual ela é atraída até sua própria essência. À consciência natural não é possível uma inversão maior de sua essência do que esta opinião"[7]. A consciência natural erra e se demora em "perversidades", por meio das quais "ela tenta eliminar uma perversidade organizando outra, sem se lembrar da autêntica inversão"[8]. Uma "inversão" é necessária. Contextualmente deslocada, retorna aqui aquela "virada" em que "a verdade da essência do ser se recolhe no ente"[9]. A palavra "necessidade" também aparece aqui: "Portanto, a necessidade permanente é que a consciência regresse desse não-voltar-se para o ser do ente e se volte para a manifestação do fenômeno"[10]. A inversão é um regresso, um "passo atrás" que dever se firmar no ser, um salto sobre o chão sobre o qual já se encontra: "Se ela (sc. a consciência natural) deve se aperceber do ser dos entes,

---

7 *HW*, p. 189.

8 *Ibid*.

9 *Die Technik und die Kehre*, p. 40.

10 *HW*, p. 189s.

então não deve apenas permanecer no ente, mas penetrar nele de tal maneira que regresse ao que, na representação do ente, já é implícito para ela no estar-representado"[11].

O "já" esquecido, incompreendido, negado não permanece completamente excluído. Aparece na forma do "ainda não" e enreda a consciência na inquietação do paradoxo: "já ser algo que ao mesmo tempo ainda não é"[12]. O "ainda não" não é uma negação, não é uma barricada que, posto ao lado do já, impede que ele se apresente. Em vez disso, o já se instala no ainda não. A permanência do "já" no "ainda não" é constitutiva do ser da consciência: "Ser no sentido da consciência significa: permanecer no ainda-não do já, e precisamente de tal modo que esse já esteja presente no ainda-não"[13]. A inquietação da simultaneidade do "já" e do "ainda não" põe a consciência em movimento. O movimento pela *tração* para o já no ainda-não é o traço básico, o ser da

---

11 *Ibid.*, p. 173.

12 *Ibid.*, p. 167.

13 *Ibid.*

consciência: "A presença é, em si, o remeter-se ao já. Põe-se a caminho deste. Forma para si mesma o caminho. O ser da consciência consiste em que se move e cria caminho"[14]. Esse *traço paradoxal* abre caminho para a consciência, inaugura o caminho dialético que transporta a consciência de uma figura para outra.

A tensão da simultaneidade do "já" e do "ainda não" pode ser transposta para aquela inquietação que se espalha na diferença entre a consciência natural e a real. A consciência natural e a consciência real estão unidas em uma aliança peculiar. A aliança não é "mero acoplamento"[15] que ocorreria nas superfícies indiferentes dos termos já dados. Ele atrai, reúne a consciência natural e real no "mesmo", cujo traço fundamental é a diferença[16]. Esta não é uma inventariação única de uma distância ou

---

14 *Ibid.*

15 *Ibid.*, p. 145.

16 "O mesmo só pode ser dito quando se pensa a diferença. No levar ao cabo o diferenciado, vem à luz a essência agregadora do mesmo. O mesmo bane qualquer zelo de apenas sempre equilibrar o diferente no igual. O mesmo reúne o diferente numa unidade originária. O igual, por outro lado, está disperso na unidade insípida do Uno apenas uniforme"

proximidade, não é uma grandeza existente que se desenha entre termos imóveis, não é um *traço posterior* que corre atrás de termos já delineados. A diferença, como a que é a consciência[17], não pressupõe termos já concluídos que possam ser distinguidos por um traço adicional, subsequente. Em vez disso, a consciência é um diferenciar autorreferencial, no qual seus termos se delineiam pela primeira vez. A diferença é um traço negativo que antecede os termos positivos. Sem se tranquilizar tornando-se algo, ela "reina" como uma "inquietação" que organiza e impulsiona o "movimento da marcha da história": "A diferenciação é, na medida em que reina como inquietação do

---

(*VA*, p. 187). A tensão do mesmo, que se opõe à dispersão e à indiferença do igual, é inerente à consciência: "A consciência natural e o saber real são, de fato, o mesmo, na medida em que aquela, enquanto o ainda-não-verdadeiro, e este, enquanto sua verdade, se co-pertencem necessariamente. Mas ambas não são, justamente por isso, o igual" (*HW*, p. 138).

17 "[...] *ser*-consciente significa *ser* essa diferenciação" (*HW*, p. 163). A diferença não é um acessório do qual a consciência se serve para sua apresentação, mas é seu conteúdo primário: A apresentação "se move no diferenciar da diferenciação, que é a própria consciência" (*HW*, p. 154).

natural contra o real e do real contra o natural. A própria consciência é, em si, a inquietação de um distinguir-se entre conhecimento natural e conhecimento real. O movimento da marcha da história se baseia nessa inquietação da própria consciência e já obtém dela a direção"[18]. O movimento da diferença não é um salto único de um termo a outro, no qual ele se deteria. O salto empurra incessantemente a diferença para frente, sem aplaná-la. A diferença trabalha incansavelmente na marcha dialética: "O caminho da apresentação não vai da consciência natural para a real, mas é a própria consciência, a qual enquanto distinção entre consciência natural e real está em todas as figuras da consciência, que progride de uma figura para outra"[19].

O movimento da diferença se dá em um "entre"[20], em que a consciência natural e a consciência real se sobrepõem. O entre marca o "lugar"[21] no qual ocorre o diálogo dialético.

---

18 *HW*, p. 145s.
19 *Ibid.*, p. 150.
20 *Ibid.*, p. 132, 177.
21 *Ibid.*, p. 176, 182.

Tal lugar é clareado por aquela "inversão"[22] que fornece um excedente ontológico que não se converte por cálculo na medida do ente, uma desmesura que abre o ente à diferença. O "entre" emoldura, engloba, supera de antemão os participantes do diálogo e as "figuras do diálogo". Esse fórum dialético é guiado pela diferença, que examinando, comparando, diferenciando, percorre ou *discute a fundo* toda a "extensão do lugar". No curso dessa reunião dialética, do falar um com o outro (*legein*) no entre (*dia*), a consciência se concentra (*dialegein*) na verdade de sua essência.

É inerente à consciência natural o afã de se instalar fora da diferença, de se estabelecer como uma totalidade autocontida, que se remete apena a si, e se contenta consigo mesma, a fim de contornar a inquietante diferença que a arrasta para além de si: "Mas a consciência natural oculta a si mesma a inquietação nela reinante do ir para além de si. Foge dela e assim se acorrenta a ela à sua maneira. [...] Sua própria opinião delata constantemente a

---

22 *Ibid.*, p. 176.

inquietação do irrefreável arrebatamento para além de si"[23]. Ela procura fixar seu *status quo* bloqueando-se contra o "irrefreável do movimento"[24]. Abriga-se da "violência que o movimento da experiência exerce sobre a própria consciência"[25], cerca-se do ente e, assim, protege-se "do que se passa nas suas costas"[26], ou seja, da irrupção da diferença, através da qual o ser do ente anuncia-se como movimento irrefreável. A consciência natural ouve o chamado inquietante da diferença. Ela cai no "medo por sua própria existência"[27]. No chamado que vem da consciência mesma a consciência interpelada é subjugada pelo "sentimento de violência"[28], que, como

---

23 *Ibid.*, p. 146.

24 *Ibid.*, p. 146.

25 *Ibid.*, p. 181.

26 *Ibid.*, p. 163.

27 *Ibid.*, p. 149.

28 Heidegger indica, com ênfase, que Hegel concede ao sentimento a capacidade de comunicar com o ser: "Hegel, cujo racionalismo não pode ser suficientemente elogiado ou desdenhado, fala, no ponto crucial em que menciona a relação do conhecimento natural com o ser do ente, do "sentimento de violência" (*HW*, p. 149). Heidegger reprova – no "mero

"vontade do absoluto"[29], a arrebata para além de si mesma, até sua verdade. O chamado chama a consciência de volta da queda do "egoísmo do homem" para sua "verdadeira existência"[30]. No entanto, por "temor do ceticismo consumado"[31], do vaivém do "movimento do vir do aparecer [do ser] e do ir daquilo que aparece [do ente]"[32], a consciência foge para a "dogmática do opinar"[33]. Sua máxima é: "Tudo o que lhe ocorre (ou seja, à consciência natural) cai no seguinte enunciado: isso é e continua a ser o meu e, enquanto esse opinado, é o ente"[34]. Presa no ente, a consciência natural não se deixa arrancar do vaivém do ceticismo. A inquietação do vaivém desencadeia o temor

---

opinar" de que a filosofia assim se entrega ao "mero sentimento" — a "vaidade do entendimento, que se deleita na inércia de sua falta de pensamento". Aqui Heidegger sublinha implicitamente sua concepção de tonalidade afetiva, que é capaz de portar o ser.

29 *HW*, p. 148.

30 *Ibid.*, p. 181.

31 *Ibid.*, p. 150.

32 *Ibid.*, p. 140.

33 *Ibid.*, p. 150.

34 *Ibid.*, p. 137.

que "faz que a consciência se esquive do ser do ente"[35]. Na forma de fuga, a consciência natural é referida àquilo que ela tenta evitar. A angústia possibilita, assim, uma "referência ao ser"[36]. É inconfundível o vocabulário da autenticidade ou da inautenticidade. Retorna, de forma modificada, a tensão entre autenticidade e inautenticidade do ser-aí na consciência. Até mesmo a morte, que em *Ser e tempo*, como guardiã da autenticidade, desperta o "impessoal" para o "poder-ser próprio", é aqui empregada como veículo da verdade.

A angústia surge da fenda, da diferença entre o ser e o ente, que a consciência natural é incapaz de suportar. O instinto de preservação da consciência natural recalca a diferença, porque seu movimento, o "arrancar para fora", acarreta sua "morte permanente". O levar a cabo a diferença convida para si a repetição da morte, que é recompensada com um excedente de verdade. A angústia perante a diferença é a angústia perante a morte: "Ao

---

35 *Ibid.*, p. 149.

36 *Ibid.*

ser arrancada para fora, a consciência natural perde o que considera ser sua verdade e sua vida. Por isso, o arrancamento para fora é a morte da consciência natural. Nesta morte permanente, a consciência sacrifica sua morte a fim de ganhar, com seu autossacrifício, sua ressurreição para si mesma"[37].

A repetição constante da morte e da ressurreição para si mesma é, enquanto "estar junto a si, que vem a si mesmo ao tornar-se algo distinto"[38], o *ser* do *ser*-consciente. Para se articular, para ser, a consciência deve tornar-se "algo distinto", se rasgar, conter-se no rasgamento e novamente despertar para si mesma. Para *aparecer*, para difundir o seu *ser*, a consciência, deve assumir a "tribulação da dor"[39], "resistir à laceração". A progressão rumo a si mesma se realiza, portanto, na dor constante.

No sentimento de dilaceração, a consciência se vê envolvida na agonia do ser, no doloroso movimento do irresistível "arrebatamento

---

37 *Ibid.*, p. 147.
38 *GA* 32, p. 33.
39 *HW*, p. 127.

para fora de si". Arrancada da estreiteza que não deixa transparecer nada senão o ente, a consciência vê, no caminho do desespero, o *aparecer* descrito pela dor, vê precisamente seu *ser*, que é continuamente ignorado pelo olhar da consciência natural fixado apenas no ente, no "que lhe vem diretamente ao encontro"[40], pelo "representar diretamente"[41].

O traço principal da experiência dialética é a dor: "A experiência é a dor transcendental da consciência"[42]. A consciência que experiencia não se atém às "trilhas batidas"[43], mas cava para si as vias até seu progresso, e nisto repete a agonia, sua morte dialética, ao longo do caminho. O trabalhador dialético é um sofredor. Ele percorre um calvário, estafa-se do poder do Absoluto, e o faz precisamente para *viver*: "O caráter de trabalho da experiência não exclui, mas inclui, que em todo experienciar e todo ter experiências há um 'passar por' no

---

40 *Ibid.*, p. 144.

41 *Ibid.*, p. 174.

42 *GA* 68, p. 103.

43 *Ibid.*, p. 133.

sentido de sofrer e suportar"[44]. A "riqueza da experiência" brota da "força para o sofrimento".

A própria compreensão de experiência de Heidegger se inscreve nesta interpretação do conceito hegeliano de experiência: "A experiência [...] é, em sua essência, dor"[45]. Aquele que experiencia deve passar por metamorfoses dolorosas. Ele não é um espectador que, sem mudar a si mesmo, se encontra sentado como sempre o mesmo perante cenas mutáveis do mundo: "Ter uma experiência com algo, seja uma coisa, um ser humano, um deus, significa que isso nos sucede, nos atinge, apodera-se de nós, nos derruba e nos transforma"[46]. O sujeito desta experiência é sem dúvida diferente do hegeliano. Não é um sujeito econômico-canibal. Não devora nem capitaliza o diferente. De certa forma, trata-se de um não-sujeito altruísta e sofredor: "Aqui 'ter' não significa que produzimos a experiência por nós mesmos; 'ter' aqui significa: passar por, sofrer, receber e

---

44 *Ibid.*, p. 134.

45 *GA 54*, p. 249.

46 *US*, p. 159.

aceitar o que nos vem ao encontro, na medida em que nos conformamos a ele"[47].

A dor escancara a diferença entre o ser e o ente, tornando-o legível e tangível. Nesse rasgo, ser e ente se entrecruzam. O doloroso ponto de interseção é o "meio", que "inicia constantemente o movimento"[48], abrindo com um rasgo o tecido do ser. A dor *que rasga* marca o movimento da diferença ao *arrastar consigo* o ser e o ente ao centro da "inquietação de um diferenciar-se"[49]. A diferença entre ser e ente que mantém a progressão dialética é mantida desperta pela dor. A dor é guardiã e garante da diferença.

Como se sabe, o espírito hegeliano é dotado da capacidade "de suportar a negação de sua imediatez individual, a dor infinita; isto é, manter-se afirmativamente nesta negatividade e ser idêntico a si mesmo"[50]. O positivo que está em repouso em si mesmo, despojando-se de tudo o que é negativo e de todo o diferente,

---

47 *Ibid.*

48 *HW*, p. 147.

49 *Ibid.*, p. 146.

50 HEGEL. *Enzyklopädie* III, § 382.

empobrece até torna-se "ser morto"[51]. A vitalidade do espírito é mantida pela arte da "alma dialética"[52] de "manter-se na contradição, consequentemente na dor"[53]. O demorar-se no negativo, na rasgadura, aquela "tribulação da dor" são recompensados com saber e verdade: o espírito "só ganha sua verdade encontrando-se a si mesmo na dilaceração absoluta"[54]. O espírito, que se retira da sua "relação simples consigo mesmo"[55] para compreender-se, para enriquecer-se, enreda-se na dolorosa diferença em que os diferentes não se encontram lado a lado indiferentemente, mas sim, "conduzidos ao ápice da contradição, em ativa e vívida contraposição uns aos outros", mantêm a "negatividade", "que é a pulsação inerente ao automovimento e à vivacidade"[56]. O espírito que sai de sua interioridade simples para ampliar

---

51 HEGEL. *Logik* II, p. 58.

52 *Ibid.*, p. 496.

53 HEGEL. *Enzyklopädie*, III, § 382.

54 HEGEL. *PdG*, p. 30.

55 HEGEL. *Enzyklopädie*, III, § 382.

56 HEGEL. *Logik* II, p. 61.

seu saber encontra sua riqueza apenas mediante "a paciência e o trabalho do negativo"[57] ou da diferença demiúrgica que o preenche com aquela "dor infinita" de ter de suportar a dilaceração, a desunião: "O distinto, o negativo, a contradição, a desunião pertencem, portanto, à natureza do espírito. Nessa desunião reside a possibilidade da dor"[58]. Seguindo o reflexo da "negatividade absoluta", o espírito se expõe à diferença que o divide, à "dor infinita", para retornar ao lar em si mesmo, com o aumento de saber, e enriquecido com a verdade. A dor é a tensão da diferença que alimenta o movimento dialético, uma tensão que não causa a dispersão dos diferentes, mas os *emoldura*, os recolhe e os reúne no um; é *um puxão que reúne*, um arrastar que, juntando os diferentes, os refere ao Um e os educa para ele; um *traço pedagógico* que não pode ser reprimido na continuada formação do espírito para a totalidade. Ele percorre a história da formação do espírito de uma ponta à outra.

---

[57] HEGEL. *PdG*, p. 20.

[58] HEGEL. *Enzyklopädie*, III, § 382.

A dor e a diferença são um corredor inevitável, que o espírito que se forma para a totalidade deve atravessar, mas ao mesmo tempo é uma passagem superior que, em benefício da não-diferença, da identidade, vem abaixo, é alijada por esta.

Se olharmos mais atentamente a diferença hegeliana, que é constitutiva da dor, facilmente descobriremos sua intenção autêntica. Ela não trabalha para si mesma, mas serve à não-diferença. Por causa dessa relação de serviço, ela não pode ser considerada autônoma. Em seu movimento, ela é puxada pelos fios do idêntico. Em última instância, ela sucumbe às garras do idêntico, que gradualmente consome todo o distinto, todo o diferente. Por encargo dele, ela se enterra, por assim dizer: "A diferença é o subsolo, mas apenas o subsolo para a manifestação do idêntico. O círculo de Hegel não é o eterno retorno, mas apenas a circulação infinita do idêntico que atravessa a negatividade"[59].

---

59 DELEUZE, G. *Differenz und Wiederholung*, Munique, 1992, p. 76. Segundo Deleuze, o idêntico é a única matriz na qual, e somente na qual, se desenvolve a tensão da contradição: "Porque só à medida que continuamos a subordinar a diferença ao idêntico é que ela implica o negativo e pode ser

Segundo Heidegger, a negatividade é, sim, reabilitada em Hegel, mas, "por sua acomodação antecipada no absoluto", torna-se "inofensiva e é revogada"[60]. Permanece sujeita à identidade do Absoluto. Ela se sacrifica a este. Ela é apenas para desaparecer: "A intimidade do 'não' e o contencioso no ser, não é isso a negatividade de Hegel? Não, e, ainda assim, como o *Sofista* de Platão, e Heráclito antes, ele experimentou algo essencial, só que de maneira mais essencial e, contudo, diferente, mas o assumiu, superando-o no conhecimento absoluto: a negatividade apenas para desaparecer e manter o movimento de superação em andamento"[61]. A inquietação dionisíaca da negatividade é enganosa. Ela é apenas a máscara com que Apolo finge embriaguez. Sem realmente afundar na

---

levada à contradição" (*ibid.*, p. 11). "A contradição é a *máxima* diferença apenas em relação ao idêntico, em sua dependência do idêntico. Embriaguez e vertigem são fingidas; o obscuro já é aclarado desde o início" (*ibid.*, p. 330). "Na realidade, a dialética não libera o diferente; pelo contrário, garante sua monopolização constante. [...] Pensa-se ver a subversão irromper do distinto, mas secretamente a contradição trabalha para a salvação do idêntico. A origem da dialética é professoral" (*Der Faden ist gerissen*, p. 43).

60 *GA* 53, p. 96.

61 *GA* 65, p. 264.

embriaguez, Apolo apenas permite que "um pouco de sangue de Dionísio" corra em suas veias. No palco dialético, abre-se um mundo "em que só aparentemente se está bêbado, em que a razão representa o papel de ébria e entoa uma canção dionisíaca"[62]. A "calma ou serenidade do idêntico"[63] não é perturbada pelo falso delírio da negatividade. O idêntico preserva a sobriedade que "captura o poder do delírio, da embriaguez, da crueldade e até mesmo da morte"[64]. A morte dialética é uma *morte aparente*. Ela não é uma *catástrofe*. Em "A negatividade", Heidegger escreve: "Mas com esta 'morte' as coisas nunca podem ficar sérias; nenhuma catástrofe é possível, nenhuma queda e derrubada são possíveis; tudo é apanhado e amortecido. Tudo já está incondicionalmente assegurado e acomodado"[65].

---

62 DELEUZE, G. *Op. cit.*, p. 331.

63 *Ibid.*, p. 76.

64 *Ibid.*, p. 330.

65 *GA* 68, p. 24. Não se pode contestar que a morte de Heidegger também não é uma "catástrofe". A morte como um poder alheio que extingue todo ser é estranha a Heidegger. De certa forma, ele também inverte a morte no ser. A morte é alojada, resguardada na "cordilheira do ser".

O espírito de Hegel é um animal de tração dialético que arrasta incansavelmente a "massa inteira" do negado, acreditando que pode crescer até a totalidade. Ele "não só não perde nada em sua progressão dialética, nem deixa nada para trás, mas carrega consigo todo o adquirido e se enriquece e se condensa em si mesmo"[66], um asno da "afirmação infinita", que, para criar o fantasma da totalidade, da identidade infinita, diz sim à negatividade, à dor.

A ferida dialética, que não sofre perda, só confirma a salvação do idêntico. O espírito hegeliano é, em si, invulnerável. A ladainha do idêntico torna toda ferida um episódio. Se a representação se estende até o infinito, assim também o rasgo que se desloca é definitivamente tapado. Hegel não conhece o rasgo permanente, a dor que nunca acaba. A superação do movimento da negatividade no absoluto abole a própria dor do dilaceramento. No visionário momento do saber absoluto, o espírito se torna livre da dor. A dor só seria repetível na lembrança.

---

66 HEGEL. *Logik* II, p. 349.

VIII.2
Dor e inter-cisão

> *Se sente a dor das soleiras, então você não é um turista; pode haver a transição.*
> Peter Handke

À diferença como tal são inerentes uma estranha mudez, uma discrição. Ela se anuncia permanecendo em silêncio. Ela fala através de todos os textos metafísicos, mas se retira para o silêncio. Seu "aí" mudo é, enquanto esquecimento, esquecido: "O passo atrás vai do impensado, da diferença como tal, para o que deve ser pensado. Isso é o *ter esquecido* a diferença. A diferença a ser pensada aqui é o velamento da diferença como tal, pensado desde a *lethe* (ocultação), um velamento que, por sua vez, ocorreu inicialmente. O esquecimento pertence à diferença porque esta pertence àquele"[1]. A diferença não se entrega posteriormente ao velamento como algo externo a ela. Pelo contrário, ela é como encobrimento, como ocultação. A ocultação está inscrita na própria diferença. Não é que uma presença, se esvaziando ou se encobrindo, passa a ser ausência; ela se mescla com esta, sem, no entanto, se diluir nessa ausência. Não é nem presente nem ausente, é um nada, mas apenas um *certo* nada, não um esvaziamento da plenitude da presença, caso contrário a presença se infiltraria na diferença novamente. O nada que aparecesse como uma presença escavada seria ao mesmo tempo a presença. Mas a diferença é mais antiga que a presença e a ausência, e mais antiga que o mais antigo "agora". Ela evita qualquer marcação na presença. Ao seu "aí" é inerente o *recato* do *rastro*. Ela não se lança desmedidamente em direção à presença. Ela encobre seu aí, retirando-se para uma não-presença que, no entanto, não abandona o aí. O rastro aqui não é entendido como um passado *existente* no presente; ele ainda

---

1 *Identität und Differenz*, p. 40s.

remonta a antes do mais antigo "ato", do qual ele seria o esvaído outrora no agora. Portanto, ele não é uma presença passada recuperada para o presente. Ao contrário, está fora da ordem da presença e do presente. Ele se instala em um lugar que nem mesmo o regresso infinito do agora pode alcançar. O "rastro primitivo da diferença"[2] é o "rastro" *do rastro*, cujo tempo é a "alvorada", que é mais antiga que o passado mais antigo.

O "passo atrás" é um passo arqueológico. Ele tenta pôr a descoberto a esquecida "estrutura da essência da metafísica"[3]. O trabalho arqueológico, como "rememoração"[4], suspeita que, por detrás da superfície da metafísica tradicional, haja "um sido que foi reservado"[5], a "fonte"[6], "o que dá início"[7], mas se extingue no *iniciado* e é por ele desconhecido, negado,

---

2 *HW*, p. 336.

3 *Identität und Differenz*, p. 64.

4 *Ibid.*, p. 59.

5 *Ibid.*, p. 38.

6 *Ibid.*, p. 40

7 *US*, p. 99.

esquecido. Heidegger dá ao "reservado"[8] um nome que nomeia o que deve ser nomeado e ao mesmo tempo não o nomeia. Esse inevitável paradoxo do nomear decorre da obstinada presença da metafísica na linguagem: "A dificuldade reside na linguagem. Nossas línguas ocidentais são, de maneiras diferentes, línguas do pensamento metafísico. Se a natureza das línguas ocidentais é, em si, apenas metafísica e, portanto, definitivamente moldada pela onto-teo-lógica, ou se essas línguas permitem outras possibilidades do dizer – isto é, ao mesmo tempo –, do não-dizer que diz, é algo que deve permanecer aberto"[9]. O próprio Heidegger diz e ao mesmo tempo não diz. Ele dá ao reservado um nome provisório, ele o nomeia, a saber, "provisória e inevitavelmente na linguagem da metafísica". Mas no nomeado, o reservado que se deve nomear permanece prorrogado, adiado, inominado.

A diferença não pode ser posteriormente marcada pelos diferentes, ser e ente. Em

---

8 Cf. *GA* 15, p. 432.

9 *Identität und Differenz*, p. 66.

vez disso, estes são primeiramente delineados por aquela. Em "Identidade e diferença", Heidegger formula uma questão que não é fácil de responder: "O que vocês pensam da diferença se tanto o ser quanto o ente aparecem, cada um à sua maneira, a partir da diferença?"[10] Se a diferença primeiramente torna possível essa manifestação do ser e do ente – isto é, de tudo o que é –, então ela não pode como tal aparecer como ser ou ente. Tem de se anunciar sem aparecer. Certa prematuridade, certa hesitação postergam-na, reservam-na, impedem-na de aparecer. Ela sempre demora em sua manifestação. No entanto, essa demora não deve ser jogada contra a *execução*. Ela não é obrigada a cumprir uma ação; ela já tem em si uma completude, uma plenitude. A demora sem a possibilidade de uma presença cumprida é o traço básico da diferença. A diferença não é uma propensão tardia que relaciona retrospectivamente os diferentes, não é um ingrediente: "Se tentamos representá-los, nós nos vemos imediatamente induzidos a entender

---

10 *Ibid.*, p. 55.

a diferença como uma relação que nossa representação acrescentou ao ser e ao ente. Assim, a diferença é rebaixada a uma distinção, a um produto de nosso entendimento"[11]. A diferença é um acontecimento anterior à relação, que permanece presa entre termos já existentes sem abrir e romper o "para si" deles. A relação é integrada às coordenadas estendidas pela mente, nas quais os termos existentes são acomodados. Por outro lado, a diferença acontece, separa e relaciona *antes de* qualquer separação e relação como atividade do entendimento. Não pode ser produzida nem reconstruída pelo entendimento, que está sujeito a uma demora fundamental. Essa prematuridade da diferença frustra qualquer tentativa de subordiná-la ao entendimento. Além disso, se toda representação pressupõe um algo que pode ser marcado substancial ou nominalmente, então não é possível representar a diferença como tal, que nunca pode ser construída como um algo. Apesar dessa retirada obstinada, ela permanece na *proximidade*.

---

11 *Ibid.*, p. 53s.

Não se deve mergulhá-la em uma profundidade escura e oculta na qual toda proximidade, toda familiaridade seriam extintas: "Para fazer justiça a essa questão, devemos primeiramente nos conduzir a uma contraparte apropriada frente à diferença. Essa contraparte se abre para nós quando damos um passo para trás. Porque, com o distanciamento que este produz, dá-se pela primeira vez o que é próximo como tal, e a proximidade chega a seu primeiro aparecer"[12].

É própria do ser a vetorialidade de uma "transição", de uma "sobrevinda". O termo para o qual ele transita, o ente, não está presente *antes* da transição: O termo para o qual ele transita, o ente, não está presente *antes* da transição: "No entanto, o ser não passa para o ente abandonando seu lugar, como se o ente, antes sem ser, pudesse ser primeiramente abordado por este"[13]. O ente, *antes* da transição, não podem reivindicar nem um em-si nem um para-si. É, portanto, mantido em suspenso

---

12 *Ibid.*, p. 55.

13 *Ibid.*, p. 56.

por parênteses. O aí, a "chegada" do ente e seu *modo* só são *decididos* na transição: "O ser passa para (aquilo) e, desvelando, sobrevém a (aquilo), que apenas primeiramente graças a essa 'sobrevinda' chega como algo que, por si mesmo, foi desvelado"[14]. O tempo da "chegada" e o tempo da "sobrevinda" passam um pelo outro. O termo que transita, que sobrevém também não é preexistente à transição. Em vez disso, o que transita só se delineia na transição. Certamente, o ser "sobrevém" ao ente, mas não é que um dentro se enreda em um fora. Aqui não estão em jogo dois termos separados entre os quais haveria um desnível de poder; não há um termo isolado, independente, se submetendo a outro termo, superior a ele. O movimento descrito da transição impede qualquer hipostasiação dos termos entre cujas extremidades fixas ocorreria um vaivém, uma transição. A transição se dá sem qualquer transição. Os diferenciados não se movem de um termo para o outro em um único movimento, mas se entrelaçam ou se atravessam

---

14 *Ibid.*

um ao outro sem transição. No entrelaçamento inconsútil, surge uma matriz que se diferencia, na qual se delineiam os diferenciados, um espaço, um entre[15] que anula qualquer precedência do "para si": "O ser no sentido da sobrevinda desveladora e o ente como tal no sentido da chegada que se resguarda se essenciam como os assim diferenciados a partir do mesmo, a partir da diferença como inter-cisão. Esta primeiramente dá e mantém separado o espaço do entre, no qual a sobrevinda e a chegada são mantidas uma para a outra, são separadas uma da outra e levadas uma à outra"[16]. Neste processo, a matriz que se diferencia, a inter-cisão, não se destaca dos diferentes. Sua relação não é vertical, mas plana. A inter-cisão

---

15 Cf. *GA* 52, p. 97: "Transição é aquilo em que, no vaivém, ambos os lados que estão frente a frente se encontram pela primeira vez e se reúnem a partir da unidade original, para alcançar a determinação da sua essência a partir dessa unidade inicial. [...] Para a representação de coisas, a transição com ir e vir de um lado ao outro é apenas o posterior, o que faz a mediação entre dois lados existentes, como se eles tivessem subsistência por si mesmos, de outros modos e previamente". "Neste reino do transitório [...] o essencial é em toda parte o 'entre'" (*ibid.*, p. 98).

16 *Identität und Differenz*, p. 56s.

e o diferido estão no mesmo *plano*, o qual não tem nenhum desnível causal. "Sobrevinda" e "chegada" não são "separadas e levadas uma à outra" por um terceiro termo que seria externa a eles. A tensão de separação uma da outra e da condução uma à outra não é introduzida entre os termos. Em vez disso, os termos surgem apenas na tensão. Heidegger chama essa tensão de "resolução".

Na metafísica, a resolução se reveste de um círculo em que o ser e o ente giram em torno um do outro fundando-se e fundamentando-se: "Na medida em que o ser, enquanto ser do ente, essência-se como a diferença, como a resolução, perduram a separação e a aproximação do fundar e fundamentar, o ser funda o ente; e o ente fundamenta, enquanto ente máximo, o ser"[17]. Embora o ser, como fundamento, funde o ente, permanece em *dívida* com este; toma empréstimo junto àquilo que fundou. Pois o fundamento não assume, não se responsabiliza, ele próprio, por seu "aí". Ele se entrega ao ente que se alçou à "plenitude do

---

17 *Ibid.*, p. 61s.

ser"[18], ao maximamente ente como causa suprema: "No interior da clareira da resolução, o próprio fundar aparece como algo que é, o que, portanto exige, ele mesmo, como ente, a correspondente fundamentação pelo ente; isto é, a causação, e precisamente a causação pela causa suprema"[19].

O texto "A constituição onto-teo-lógica da metafísica" contém aberturas pelas quais o pensamento da diferença olha fora e remete para além de si mesmo. O texto se abre para a "localidade que se nega no inacessível", que é "mais antiga", "mais silenciosa", "mais mitigante"[20] do que a diferença entre ser e ente. Neste "local da antiquíssima apropriação" o homem se torna um mortal[21]. A pergunta pela diferença

---

18 *Ibid.*, p. 61.

19 *Ibid.*, p. 62.

20 *Ibid.*, p. 55.

21 "Assim, na conferência sobre a identidade, quando pensada a partir de seu final, é dito o que o acontecimento apropria – isto é, o que ele leva ao próprio e o conserva no acontecimento apropriador; a saber, a pertença mútua do ser e do homem. Nesta pertença mútua, os que se pertencem não é mais o ser e o homem, mas – enquanto mostrados como apropriados – são os mortais na quaternidade do

chega *ao descanso* no "mitigar" da inter-cisão entre o mundo e a coisa. O pensamento, tornado ainda mais objetivo com um passo atrás, mais pressentidor, mais quieto, mais silencioso, cresce para além da diferença entre ser e ente, busca construir, "no mais próximo do próximo", no acontecimento apropriador, uma casa para nela *morar*.

São próprias ao acontecimento apropriador a suavidade e a simplicidade: "O acontecimento apropriador é o mais inaparente do inaparente, o mais simples dos simples, o mais próximo do próximo e o mais distante do distante, no qual nós mortais passamos toda a nossa vida"[22]. O acontecimento não domina, não dispõe de um poder causal[23], não ocupa nenhum cargo transcendental que submeta tudo a uma obrigação *a priori*. Ele se anuncia

---

mundo. As conferências 'A terra e o céu de Hölderlin' [...] e 'A coisa' falam, de maneiras diferentes, do que foi apropriado, da quaternidade" (*Zur Sache des Denkens*, p. 45).

22 *US*, p. 259.

23 *Zur Sache des Denkens*, p. 17: "Cresce o perigo de que com a nomeação 'ele', estejamos assumindo arbitrariamente um poder indefinido que deveria provoca todo dar de ser e de tempo".

como um suave *deixar* ou *dar*, que carece do "caráter do efetuar"[24], mas que "concede mais do que qualquer efetuar, fazer e fundar"[25]. É muito difícil descrever esse suave fazer, essa *delicadeza* do acontecimento apropriador em uma linguagem que é preparada por esse pensamento que está sempre em busca de feitor e causa. Deve-se escrever e ler contra essas restrições inerentes à própria linguagem. Como a "mais simples e suave de todas as leis"[26], o acontecimento apropriador limita seu fazer a *oferecer*, *propagar*, *desdobrar* o aí, deixar tudo *repousar* em um pertencimento mútuo, em uma consonância, deixar "cada coisa a vigorar no seu próprio, a pertencer à sua pertença"[27]; ele é o aquietador de onde vem a tranquilidade do habitar. Ele arruma, e, embora se encarregue de um espaço ordenado, de uma "regra oculta" sobre a qual "repousa todo possível lugar de um pertencer"[28], ele não desempenha o trabalho

---

24 *Ibid.*, p. 50.

25 *US*, p. 259.

26 *Ibid.*

27 *Ibid.*

28 *VA*, p. 263.

indiferente de uma norma ou prescrição. "No entanto, o acontecimento apropriador não é lei no sentido de uma norma que paira sobre nós em algum lugar; não é nenhuma prescrição que ordena e regula um processo. O acontecimento apropriador é *a* lei na medida em que reúne os mortais no apropriar de sua essência e nele os mantém"[29]. O acontecimento apropriador é *um lado de cá profundo*, não uma transcendência inabitável e imortal que *põe de cima para baixo* o aí finito. O acontecimento apropriador é tão profundo, tão alto, tão próximo, tão antigo, tão finito[30] quanto a estada dos mortais. Entre o lugar do acontecimento apropriador e o dos mortais não impera nenhum desnível de ser que os contraste um com o outro.

---

29 *US*, p. 259.

30 "Em Heidegger [...] a finitude torna-se visível – e não só a finitude do ser humano, mas a do acontecimento" (*Zur Sache des Denkens*, p. 53). A finitude do acontecimento é in-finita. O in-finitude do finito significa que os fins se entregam um ao outro, passam um pelo outro, repousam um no outro. Estão sentados em círculo um sobre o outro, por assim dizer, sem nenhum apoio externo. O único suporte que os mantém unidos é seu conjunto, que derruba todo para-si isolado. Esse conjunto não é centrado em torno de uma base. O centro do círculo heideggeriano é vazio. O círculo hegeliano não conhece esse tipo de estar juntos.

O acontecimento é a *gravitação* da "relação que mantém o ser humano"[31], "da relação de todas as relações"[32]. A relação não é uma interação a ser traçada entre termos já desenhados, não descreve posteriormente o espaço intermediário delimitado por termos existentes. É própria da relação certa *anterioridade*. O contorno do respectivo termo desperta apenas nela. Apesar da anterioridade, a relação não reivindica nenhuma supremacia, nenhuma autonomia, não escreve preceitos, nem ordena com manobras *a priori*. A anterioridade não pode ser recalculada em desnível de potências. A relação não constrói um enclausuramento lógico-estrutural que mantenha o diferente aprisionado e incapacitado na totalidade da "estrutura". A fusão de um e muito tampouco é dialética. O acontecimento apropriador como relação não é dotado da astúcia do círculo, que por meio da negatividade sujeita o muito ao um, ou seja, à identidade, que consome o diferente ou lhe permite apenas uma

---

31 *GA* 13, p. 227.

32 US, p. 267.

existência servil. O relacionamento é uma *delicada*[33] gravitação de coesão, que é mais antiga do que a parte; somente na junção a parte desperta para si mesma e alcança sua *riqueza*. De fato, a relação não é poderosa nem é dotada da astúcia dialética, mas é "rica"[34], faz o pertencer-se um ao outro, fundir-se; ela guarda, nutre o aí, a morada dos mortais. A relação, embora dê ao respectivo termo seu contorno, evita todo contorno, toda marcação. Ela é um "entre" que não pode ser marcado, não pode ser centrado, não pode ser comprimido a nenhuma base, a nenhuma presença ou contraparte, *não pode se unilateralizar*, é uma "base intermediária" que só pode ser decidida "ambi-guamente". Por causa dessa *ambiguidade*, a proximidade – da qual se reveste a "relação que mantém o ser humano" – se preenche de distância. Não pode ser condensado em um

---

33 Cf. US, p. 236: "*Zart* [delicado] significa, de acordo com o antigo verbo *zarton*, o mesmo que: familiar, regozijante, cuidador. Cuidar é um oferecer, um libertar, mas sem voluntariedade e força, sem vício e domínio".

34 Cf. *idib.*: "Rico significa: capaz de conceder, de oferecer, capaz de deixar alcançar e deixar chegar".

quê, em um caso. A "proximidade do inacessível" desperta justamente no que não é o caso, em um a-cidente, em uma "in-cidência do entre ao qual o homem deve ser deslocado, para somente então ser novamente ele mesmo"[35]. É nesse espaço "ambíguo" que se deve situar a dor, no entre, onde a proximidade não produz nenhuma presença. A dor é a dor da queda, de cair em um espaço intermediário abismal que não se deixa arrebatar a uma proximidade tangível, firmemente delineável, a um próximo uni-lateral; um espaço intermediário que dilacera toda nomeação unilateral, unívoca e inequívoca. A "costureira", que "trabalha com a proximidade"[36], costura o meio ao costurar a proximidade no distante. *A costura dói*. A costureira trabalha na dor.

A gravitação da relação interioriza o mundo e a coisa, desenvolve sua "intimidade". A intimidade desperta na dilaceração que se contém, no "rasgo" que resolve a dupla propensão de separar e contrair. A gravitação da

---

35 *GA* 65, p. 317.

36 *Gelassenheit*, p. 71.

relação gera essa propensão dupla. Essa tensão que rasga e puxa concentra-se no centro tenaz, que, sem se desfazer, sem desmoronar, aguarda com paciência e perseverança em meio à dor dilacerante da dupla propensão. Este centro é a "soleira": "A soleira é a viga básica que sustenta a porta como um todo. Ela suporta o meio, no qual ambos, fora e dentro, se atravessam. A soleira sustém o entre. Na fiabilidade deste se encaixa o que, no entre, entra e sai. A fiabilidade do meio não deve ceder para lugar algum. A resolução do entre precisa do duradouro e, nesse sentido, do duro. A soleira, como resolução do entre, é dura, porque a dor a petrificou. [...] A dor vigora na soleira perseverando como dor"[37]. A intimidade da soleira não se recolhe a um interior que se distingue do exterior. É uma intimidade *voltada para fora*, *extrovertida*, na qual nada idêntico pode se aninhar. Além disso, a dupla tração, o *Double-bind*, ao qual a soleira se entrega sem recuo introvertido, não se forma em um espaço dialético; não é organizado pelo idêntico,

---

[37] *US*, p. 26s.

não cede a nenhuma terceira propensão a ser fornecida por esse idêntico e que poderia superar seu doloroso "conflito". Esse conflito infinito, a impossibilidade da dialética, é a dor. Por isso, a soleira é dura, obstinada, irreconciliável, intransigente porque não dialética.

A dor é o que "reúne no mais íntimo": "Sim, a dor dilacera, mas separa de tal maneira que ao mesmo tempo atrai tudo para si, reúne tudo em si. Enquanto corte que reúne, o dilacerar da dor é também um arrancar para si que, como riscas ou rasgaduras, traça e articula o que no corte se separa. A dor é a junta articuladora no dilaceramento que corta e reúne. Dor é a articulação do rasgo do dilaceramento. Dor é soleira. Ela dá suporte ao entre, ao meio dos dois que nela se separam. A dor articula e traça o rasgo da inter-cisão. A dor é a própria inter-cisão. Seu rasgo, como separação que reúne, é ao mesmo tempo aquele tirar para si que, como riscas e esboços, desenha e une o que está separado na disjunção. A dor é o ensamblar no rasgo que separa e reúne. A dor é a juntura do rasgo"[38]. A dupla

---

38 *Ibid.*, p. 27.

tração da dor *atrai* o esboço básico que reúne os "confrontantes até a origem de sua unidade"[39]. No entanto, a unidade do esboço não é dialética, não é uma identidade que, por assim dizer, enterre a diferença *viva* dentro de si. Ela afirma a diferença sem um oculto sentido dialético, permanece na ausência infinita do centro reconciliador. O conflito continua até entrar na unidade. A rasgadura atravessa até o meio da unidade. O *coração* da unidade é a rasgadura, a inter-cisão. O coração de Heidegger não bate dialeticamente.

A inter-cisão é uma figura da diferença. Vale lembrar que, em *Identidade e diferença*, a diferença é descrita como inter-cisão: "A diferença entre ser e ente, enquanto inter-cisão de sobrevinda e chegada, é a resolução descobridora e encobridora de ambos. Na resolução, reina o que se fecha cobrindo-se, reinar este que concede a separação e reunião da sobrevinda e da chegada"[40]. Tal como a diferença, a inter-cisão não pode ser averiguada pelo entendimento

---

[39] *HW*, p. 49.

[40] *Identität und Differenz*, p. 57.

que corre atrás do dado. Em vez disso, o entendimento só averigua os diferenciados: "A inter-cisão não medeia posteriormente ao vincular o mundo e as coisas por um meio trazido para isso. A inter-cisão, enquanto meio, medeia o mundo e as coisas à sua essência – isto é, à sua relação recíproca –, cuja unidade ela leva a termo. Assim, a 'inter-cisão' não significa mais uma distinção que só se estabelece entre objetos por meio de nossa representação. A inter-cisão tampouco é uma relação que existe entre mundo e coisa, que pode ser constatada por um representar que a encontre. A inter-cisão não é subsequentemente separada do mundo e da coisa como sua relação. A inter-cisão para mundo e coisa *apropria* as coisas no gestar o mundo, apropria o mundo no consentir as coisas"[41].

A inter-cisão é o doador que precede o dado, o diferenciador que não é propriedade do diferenciado, o in-comensurável que não pode ser medido pelo diferenciado. Mas a inter-cisão in-comensurável não é a exterioridade.

---

41 *US*, p. 25.

Ela se sente no diferenciado, aconchega-se a ele, oferece-lhe um lar; é uma *proximidade* em que os diferentes permanecem aproximados, *vizinhos*. Ela é o que tranquiliza, apazigua, é o "repousante"[42] que concede ao diferenciado a calma do pertencer a seu lugar, a "calma da pertença mútua"[43].

Como a inter-cisão antecede, de certa maneira, o diferenciado, não se pode negar a ela qualquer ser fundamental. Mas falta-lhe a atividade de uma causa ou de um fundamento fundador, determinante. Ela não se deixa pensar como um termo isolado em si mesmo que produza ou domine o diferenciado. Em vez disso, uma delicadeza caracteriza seu ser fundamental. Ela não deve ser onerada com a força de um efeito. É um "fundamento" a-causal[44], que não habita um fora que cause e funde o dentro. Por causa de uma precocidade, ela não está totalmente dentro – isto é, não pode ser fixada dentro do diferenciado –, razão pela

---

42 *Ibid.*, p. 256.

43 *Ibid.*

44 *GA* 9, p. 367.

qual ela permanece fora no dentro, e dentro no fora. A cruz que risca a palavra fundamento e *ao mesmo tempo* não a risca – isto é, que a suprassume –, leva a termo essa simultaneidade do dentro e do fora. Nesse sentido, a dor se poderia chamar soleira, pois esta persevera entre o dentro e o fora.

Na formação do "entre" não participam apenas dois termos. O entre formado pela "relação com o mundo"[45] se desdobra entre quatro termos. A fenda do mundo é quadrada. No "cruzeiro" retornam todos os traços básicos da inter-cisão binária. O "anel" não circunda posteriormente os quatro "como uma pulseira"; em vez disso, é ele que primeiramente os *liberta*. O "cruzeiro" precede os quatro de certa maneira: "A unidade da quaternidade é o cruzeiro. Mas o cruzeiro não se constitui de modo que envolva os quatro e se acrescente a eles apenas posteriormente como aquilo que envolve. O cruzeiro tampouco se esgota no fato de que os quatro, uma vez que estão aí, simplesmente fiquem juntos"[46]. A "intimidade" da dor que se

---

45 *US*, p. 215.

46 *VA*, p. 173.

contém na dilaceração nutre também a "luta" dos quatro, que só pode ser decidida "ambiguamente"; isto é, que não pode ser decidida. A "luta" dos quatro não visa à decisão. Nenhum dos quatro luta pela supremacia, nenhum árbitro dialético decide a "luta". A rasgadura que dispersa o fundamento e o descentra em um "entre" faz os quatro girarem em torno do centro vazio do "anel" que se arranca de qualquer ocupação dialética substancial. A persistência do centro no vazio é a dor. O "anel" é forjado pela dor. A dor não pode ser localizada na inter-cisão binária. Ela se mantém *sentada* em cada fenda, em todo entre da relação. A rasgadura quadrada da relação do mundo é o lugar de uma dor do mundo. É uma dor ontológica sem lágrimas nem gritos: "Incomensuráveis sofrimentos rastejam e se desencadeiam sobre a terra. A maré de sofrimento nunca para de subir. Mas a essência da dor se oculta. A dor é a fenda em que se inscreve o traçado da quaternidade do mundo. A partir deste traçado, o grande recebe aquela grandeza que é grande demais para o homem. A fenda da dor arrasta a velada marcha da graça até um advento inutilizado da clemência. Em todos os lugares somos assediados por incontáveis e imensuráveis sofrimentos. Mas nós somos sem dor, não apropriados pela essência da dor"[47].

A "costureira" de Heidegger não cerze a "meia rasgada" de Hegel[48], não trabalha na "UNIDADE da meia"[49]. Não costura uma identidade de corte hegeliano. Apesar de sua predileção pela unidade e totalidade, Heidegger não repete aquela unificação violenta em que o diferente é mantido preso pelo idêntico. O "um e mesmo"[50] a que Heidegger se dedica não é uma unidade sem costura. A proximidade, enquanto "mesmo", oferece espaços *intermediários*, de modo que a *liberdade do diferente* permanece preservada até certo grau. Permite uma "vizinhança" do muito sem uma autoridade central, uma comunicação do diferente sem antecipar o idêntico. O diferente não traz marcas do idêntico; não é um excerto, uma expressão, uma variedade do idêntico.

---

47 *GA* 79, p. 57.
48 Cf. *GA* 15, p. 286ss.
49 *Ibid.*, p. 288.
50 *GA* 4, p. 39.

O "um e mesmo" se deixa descrever como uma interação do diferente; é uma *variété* do ser. No entanto, o plural não leva a uma total dispersão e *desafinação*. A respectiva tonalidade afetiva fundamental enfeixa, junta o diferente. Mas esse enfeixamento acontece sem o laço dialético, que estrangularia o diferente. Aquela *variété*, no entanto, inclui apenas alguns números. Essa *performance* monótona é, em última análise, constitutiva de certa pobreza no *mundo* de heideggeriano.

A "intimidade" da "costureira" não se dobra em uma interiorização do sujeito. Ela realmente não entra em si mesma. Não tem contato introvertido consigo mesma. Certo fora-de-si a esvazia. É uma intimidade aberta, escavada, a intimidade do rasgo, que é sempre *vazio*, uma intimidade que se entrega ao "junto" sem retornar *a si*, um "centro oco"[51] incapaz de se condensar em um sujeito, em uma *vontade*.

Como se sabe, a dor de Hegel, o demorar-se no negativo, desencadeia aquela "força mágica" que inverte o negativo em "ser",

---

51 *GA* 65, p. 339.

na interioridade infinita do sujeito. Em virtude dessa inversão dialética, e do constante consumo e digestão do negativo, o sujeito se condensa, cresce até a totalidade. Em nenhum momento a negatividade põe em perigo o idêntico. Em vez disso, ela exerce um efeito terapêutico de endurecer o idêntico contra o distinto. Depois de cumprir o trabalho que lhe foi atribuído, a negatividade se dissolve no aparelho digestivo do idêntico. O "poder curador"[52] da dor de Heidegger, ao contrário, consiste justamente em inverter aquela inversão do negativo. A inversão da inversão fixa a finitude, a negatividade do ser. A negatividade em Heidegger é diferente. Ela não é contratada pelo idêntico para ser novamente demitida depois. Em vez disso, impede qualquer surgimento do idêntico. O ser é e permanece negativo, rachado, contencioso, doloroso. A dor de Heidegger não compensa dialeticamente. Nenhum lucro dialético é prometido pelo idêntico, que desde o início acompanha todas as cenas dolorosas do drama dialético. Para

---

52 *GA* 13, p. 79.

Heidegger, o fundamento é, como "base intermediária", um *rasgo* fundamental, que dói, que por causa da negatividade perene, não pode ser fechado: "O esboço do ser, seu rasgo fundamental, é a dor"[53].

---

53 *Erinnerung an Martin Heidegger*, p. 187.

VIII.3
Luto e trabalho de luto

> *Or si les larmes viennent aux yeux, si alors elles peuvent aussi voiler la vue, peut-être révèlent-elles, dans le cours même de cette expérience, dans ce cours d'eau, une essence de l'œil, en tous cas de l'œil des hommes, l'œil compris dans l'espace anthropo-theologique de l'allégorie sacrée. Au fond, au fond de l'œil, celui-ci ne serait pas destiné à voir, mais à pleurer. Au moment même où elles voilent la vue, les larmes dévoileraient le propre de l'œil. [Mas se as lágrimas vêm aos olhos, se elas podem então também velar a vista, talvez elas revelem, no curso mesmo desta experiência, nesse curso de água, uma essência do olho, em todo caso do olho dos homens, o olho compreendido no espaço antropoteológico da alegoria sagrada. No fundo, no*

fundo do olho, este não seria destinado a ver, mas a chorar. No mesmo momento em que velam a visão, as lágrimas desvelariam o próprio do olho.]
Jacques Derrida

A preocupação com a *imortalidade*, com *matar a morte*, não está inscrita secretamente apenas no coração de Platão ou Hegel. Seria a principal preocupação do arquivo cardiográfico da história da filosofia. Preocupado pela imortalidade, o filósofo *trabalha* para reverter o negativo em ser. A dialética seria uma fórmula mágica de imortalidade. A preocupação pela imortalidade leva Platão a dirigir-se ao cativeiro do ser. Não podemos *dar a nós mesmos a morte*. A prisão do ser não permite o suicídio. Segundo Platão, a morte não é uma libertação do ser, mas implica um compromisso inescapável com o ser. Nenhum suicídio poderá redimi-lo do ser. Antes, a morte é a afirmação do ser. No final, a preocupação de Heidegger pela morte também se transforma em júbilo pelo ser ou em compromisso com o ser. A morte obriga o homem a assumir o aí.

Somente na corrida para a morte o homem se torna *ser-aí*. Ao contrário de Platão, a preocupação de Heidegger pela morte não tem sabor infinitude. Pelo contrário, é a *assunção da finitude*. A morte compromete o homem com a existência finita, com a mortalidade. A tonalidade afetiva fundamental da mortalidade é o luto. "Ser capaz da morte como morte" significa *ser capaz do luto*. A preocupação de Heidegger com a morte implica uma *tragédia*, que se distingue radicalmente do ruidoso trabalho de luto da dialética hegeliana.

Para Hegel, a dor é um investimento que se amortiza integralmente. O espírito que mira o negativo não para de calcular, de capitalizar. Ele estabelece uma economia que converte o negativo em ser. Por meio da superação, ela torna a morte rentável. Ela *mata a morte*. A dialética é um trabalho de luto[1].

---

[1] O termo "trabalho de luto" é aqui retirado do contexto psicanalítico e inserido na filosofia de Hegel. O trabalho do luto no sentido freudiano consiste em matar a morte. Cf. LAPLANCHE, J.; PONTALIS, J.B. *Das Vokabular der Psychoanalyse*, p. 512s. • LAGACHE, D. Le travail du deliu. *OEuvres* I. Paris 1977, p. 245.

Hegel faz o negativo trabalhar, transforma-o no "negativo laborioso" (*le laborieux négatif*)[2]. O trabalho dialético, que consiste essencialmente em parar (*parer*)[3], adorna o túmulo, protege o espírito enlutado de cair no abismo. O "trabalho do negativo"[4], como trabalho de luto, processa a experiência original do completamente distinto; ele a idealiza, a assimila, a emoldura, a põe no caixão[5]. A dialética instala uma moldura circular no qual interna e mantém internada a diferença, o outro. O círculo dialético transforma a heteroafeição em autoafeição, a heteronomia em autonomia. A dor em que a diferença, o outro, se anuncia, transforma-se no prazer e na liberdade da

---

2 DERRIDA. *Glas*, p. 267.

3 Cf. DERRIDA. *Die Wahrheit in der Malerei*, p. 102. Deve-se atentar para a polissemia da palavra "*parer*". Significa tanto "evitar", "proteger-se" como também "adornar".

4 Hegel, *PdG*, p. 20.

5 Cf. DERRIDA. *Mémoires*, p. 58s.: "Desde Freud, a memória e a internalização têm sido frequentemente usadas para descrever o 'trabalho normal de luto'. Supõe-se um movimento mediante o qual uma idealização interiorizante absorve e integra em si, devora idealmente *e* quase literalmente o corpo e a voz do outro, seu rosto e sua pessoa".

"autofelação"[6]. A liberdade do "espírito vinculado à aparição da forma redonda"[7], que ao mesmo tempo significa liberdade do outro, da diferença, surge da finalização do trabalho de luto[8]. A distância abismal do distinto é trazida para a vizinhança da autopresença, da posse de si, do "para si"[9], é trazida ao "ciclo autônomo do ouvir-se a si mesmo falar"[10]. O ciclo finalizado põe fim à dor e ao dilaceramento.

O trabalho do luto é um traço básico do "logocentrismo". É o *trabalho* da metafísica. Generalização, idealização, interiorização podem ser descritas como formas do trabalho de luto. A negatividade nua, a diferença, o outro e a morte são lamentados, reprimidos e superados.

---

6 DERRIDA. *Randgängen der Philosophie*, p. 273s.

7 DERRIDA. *Die Wahrheit in der Malerei*, p. 104.

8 Cf. FREUD, S. Trauer und Melancholie. *In*: *Studienausgabe*, Bd. III, p. 199: "De fato, uma vez concluído o trabalho de luto, o eu torna-se novamente livre e desinibido".

9 Cf. HEGEL. *Logik* I, p. 148: "Ao contrário, a autoconsciência é o ser-para-si consumado e posto; e aquele lado da referência a um *outro*, a um objeto exterior está afastado. A autoconsciência é, portanto, o exemplo mais próximo da presença da infinitude".

10 *Ibid.*, p.271.

O trabalho de luto mata a morte, detém o perecer, interioriza, devora o distinto.

O trabalho do luto produzirá uma flor sem cor, sem perfume. Ele vai elogiar uma beleza esquelética. Ele trabalhará com astúcia e violência na quadratura do círculo. Ela enquadrará o belo com uma moldura roubada e mal ajustada.

A pretensão de Kant à validade universal ou "validade comum" em relação ao juízo do gosto sujeita o belo a uma *purificação* profunda. O trabalho de limpeza remove do objeto tudo menos a forma, que é a única que "se deixa, com certeza, comunicar universalmente"[11]. Ela esqueletiza o objeto. A flor de pura beleza, a flor para o "gosto genuíno, incorrupto, profundo"[12] apresenta-se incolor e inodora: "tudo florescerá à beira de uma sepultura desprovida de sua determinação: a flor com a beleza livre ou vaga (*pulchritudo vaga*) e não aderente (*pulchritudo adhaerens*). Esta será, para escolher um exemplo arbitrário, uma tulipa sem cor e sem perfume (mais ainda do que a cor,

---

11 KANT. *Kritik der Urteilskraft*. Hamburgo, 1974, p. 63.

12 *Ibid.*, p. 64.

o perfume se perdeu para a arte e a beleza [...], tente-se emoldurar um perfume) [...]"[13]. A beleza libertada de toda sensualidade, de todo estímulo, de todo propósito, de todo conceito, não se torna uma beleza vaga, vagabunda, errante. Kant a encerra, a emoldura. O sujeito forma a moldura. A beleza livre nunca é livre. Belo é o que se encaixa na moldura. A beleza da natureza é, na realidade, a beleza do sujeito, a beleza do "jogo livre", da interação, da "harmonia" das faculdades cognitivas. O prazer pelo belo nada mais é do que o prazer pelo sujeito, o contentamento com sua autonomia, identidade e unidade. Em frente ao objeto do contentamento "eu gosto de mim mesmo, acho-me belo". O sujeito cai inevitavelmente no narcisismo. O luto de Narciso, seu trabalho do luto, traduz a heteroafeição em autoafeição. Ele verá um narciso florescer à beira da fonte sem perfume nem cor: "Como o completamente outro da hetero-afeição, no prazer sem gozo e sem conceito, [ele] desencadeia

---

13 DERRIDA. *Die Wahrheit in der Malerei*, p. 104.

e delimita o trabalho de luto, o trabalho em geral como trabalho de luto"[14].

O trabalho de luto também opera na hierarquia das belas artes. Kant dá à poesia a categoria suprema. Segundo ele, ela possibilita ao sujeito ouvir a si mesmo falar. É a expressão da interioridade narcísica. Permite ao sujeito, segundo Kant, "sentir" a beleza de sua autonomia, sua "faculdade livre, espontânea, independente da determinação da natureza"[15]: *"C'est en elle (sc. la parole poétique) le travail du deuil, transformant hétéro-affection en auto-affection, produit le maximum de plaisir désintéressé"* [É nela (na palavra poética) que o trabalho do luto, transformando a hetero-afeição em autoafeição, produz o máximo de prazer desinteressado.][16].

O sujeito é a mais bela das criaturas. Kant reserva o ideal de beleza apenas para o ser humano: "[...] este *homem* é, portanto, capaz de um ideal de beleza, assim como a humanidade

---

14 *Ibid.*, p. 102.

15 KANT. *Op. cit.*, p. 183.

16 DERRIDA. *Economomimesis*, p. 83s.

em sua pessoa, como inteligência, é a única capaz do ideal de perfeição entre todos os objetos do mundo"[17]. A beleza da figura humana é a da autonomia e da liberdade. Somente o ser humano dotado de razão tem dentro de si o propósito de sua existência. Ele não *vaga errante*. Sua beleza, que não vagueia, escapa ao puro juízo de gosto. O que eleva a forma humana à beleza ideal é a sua capacidade de ser a "expressão visível das ideias morais", que "regem o homem interiormente". O ideal de beleza é a beleza da interioridade absoluta do sujeito.

O trabalho de luto devora o "abismo que ameaça devorar tudo"[18]. Ele efetua uma inversão dialética do negativo em ser. Estabelece uma economia dialética do sublime e sonha com a sublimidade do sujeito acima da natureza: "o cálculo econômico permite tragar o sublime. [...] o trabalho do luto não é absolutamente impedido, impossível, excluído"[19].

---

17 KANT. *Op. cit.*, p. 74.

18 *Ibid.*, p. 117.

19 DERRIDA. *Op. cit.*, p. 89.

A impotência perante a força da natureza põe em movimento no sujeito uma economia de "autoconservação de tipo completamente diferente", evoca "uma capacidade de resistência completamente diferente", que "nos encoraja a poder medir-nos com a aparente onipotência da natureza"[20]. O trabalho de luto kantiano leva a distância incontrolável da natureza à proximidade da interioridade subjetiva, inverte a relação de poder, cria o fantasma da "superioridade sobre a própria natureza em sua incomensurabilidade"[21]. Segundo Kant, a natureza nunca é sublime em si mesma. A suposta sublimidade da natureza é um produto da "confusão". A sublimidade, a "superioridade da determinação racional", é erroneamente projetada na natureza. O sublime da natureza reflete a sublimidade do sujeito racional sobre a natureza. O sentimento do sublime é uma forma de afeição de si, de ouvir a si mesmo falar. O portador do sentimento atribui a si mesmo o conteúdo do sentimento. O autêntico

---

20 KANT. *Op. cit.*, 107.

21 *Ibid.*

referente do sentimento do sublime que o sujeito "cultivado" sente em relação à condição abismal da natureza é seu próprio ânimo: "A sublimidade não está contida em nenhuma coisa da natureza, mas apenas em nosso ânimo, na medida em que podemos ter consciência de ser superiores à natureza em nós e, por isso, também à natureza fora de nós"[22].

O sublime da natureza não perturba completamente o sujeito. Certa dialética o mantém dentro de limites. A imaginação não sucumbe ao fracasso da síntese diante do sublime. A dor da agonia que a imaginação sofre pelo fracasso da representação é dialética, tornando-se um investimento que compensa integralmente. A razão enfaixa a ferida da imaginação, cura, santifica a imaginação preenchida pelo medo da morte, evitando assim que a moldura se desfaça. Esse movimento dialético arruína a natureza, a sensualidade, conduz o sujeito ainda mais fundo para a interioridade do ouvir-se falar, para o fantasma da "independência" absoluta[23].

---

22 *Ibid.*, p. 110.

23 *Ibid.*, p. 114.

A conclusão do trabalho de luto produz um sujeito sem tristeza. O sujeito de Kant não chora diante do sublime. O pranto de Adorno diante do sublime inverte o processo do trabalho de luto de Kant. As lágrimas de Adorno têm uma origem completamente diferente das lágrimas de Kant, que secam após o processo de luto, após o nascimento do sujeito, da interioridade absoluta. O olhar embaçado pelas lágrimas, o "olho inundado que desaparece"[24], torna visível, para além da interioridade subjetiva, um fora que não pode ser internalizado. As lágrimas liberam o sujeito de sua interioridade narcísica. Elas quebram o "feitiço que o sujeito lança sobre a natureza"[25]. O pranto de Adorno remete o sujeito, que em seu "sentimento espiritual" crê poder se livrar da natureza interior e exterior, à sua naturalidade reprimida, e devolve ao sujeito seu *sentimento da natureza*. A *Teoria estética* é o livro das lágrimas: "Ao contrário de que queria Kant,

---

24 ADORNO. *Musikalische Schriften*, IV – *Gesammelte Schriften*, vol. 17, p. 33.

25 ADORNO. *Ästhetische Theorie* – *Gesammelte Schriften*, vol. 7, p. 410.

o espírito percebe, frente à natureza, menos sua própria superioridade do que sua própria naturalidade. Esse momento leva o sujeito a chorar diante do sublime. A lembrança da natureza dissolve o desafio de sua autoposição: 'A lágrima brota, a terra me tem novamente!' Nela, o eu, espiritualmente, sai do aprisionamento em si mesmo"[26].

A experiência estética abala o sujeito narcísico que se julga soberano e faz desmoronar o endurecido "princípio do eu"[27]. No momento do abalo, o sujeito toma consciência de sua própria limitação e daquilo que ele negou, baniu, distorceu. O momento do abalo é o momento da verdade. A lágrima do sujeito abalado e comovido prova ser *capaz de verdade*. As lágrimas são as "cifras da reconciliação final"[28]: "O sujeito abalado pela arte tem experiências reais; mas trata-se de experiências nas quais, em virtude do discernimento da obra de arte como obra de arte, se dissolve o endurecimento

---

26 *Ibid.*

27 *Idib.*, p. 365.

28 ADORNO. *Musikalische Schriften*, p. 33.

do sujeito em sua própria subjetividade, e sua autoposição vê com clareza seu caráter limitado. Se, na comoção, o sujeito tem sua verdadeira felicidade nas obras de arte, então é uma felicidade contra o sujeito; por isso, seu órgão é o pranto, que também expressa a tristeza pela própria caducidade"[29].

A paixão de Lyotard pelo sublime também pode ser lida no contexto da crítica ao princípio do eu e ao princípio da identidade. Apesar de sua simpatia pela teoria kantiana do sublime, ele não dá o passo do luto dessa teoria rumo à interioridade do sujeito ou à superioridade do espírito. O sublime não confirma o sujeito em sua crença na liberdade e na autonomia frente à natureza. Ele é, antes, o outro da mente, o "inconsumível"[30], que o espírito não pode digerir. O sentimento do sublime não é o sentimento do aí inalcançável. O "i" do irrepresentável não dirige o olhar para a transcendência. Ele brota do "inquietante fato" do aqui

---

29 *Ibid.*, p. 401.

30 LYOTARD. *Das Undarstellbare- wider das Vergessen, ein Gespräch zwischen J.-F. Lyotard und C. Pries*, p. 340.

e agora, "de que aqui e agora alguma coisa é; de que 'há'"[31]; ele aparece em vista do "milagre de que algo é em vez de nada"[32]. No sentimento contraditório de medo, angústia, espanto e júbilo, o pensamento se dá conta de uma presença nua, com a qual se tem "dívida"[33]. Um "chamado" lembra ao pensamento essa dívida, essa obrigação para com a presença. O "dom" (*le don*) da presença dá a tarefa de cumprir a "incumbência"[34] ontológica de saldar a dívida, de dar testemunho da presença. Trata-se de uma dúvida ontológica que tem de ser saldada mediante representação do irrepresentável, de uma obra que não se pode completar: "Dívida [...] que um escritor, músico ou artista plástico procura constantemente saldar com sua obra – não mediante sua obra acabada, mas enquanto escreve, pinta, faz música, enquanto sua obra está sendo criada, porque não o faz para dizer no final que pagou a sua dívida, isso seria

---

31 LYOTARD. *Streifzüge*, p. 45.

32 LYOTARD. *Das Inhumane*, p. 153.

33 LYOTARD. *Das Gespräch mit C. Pries*, p. 327.

34 LYOTARD. *Das Inhumane*, p. 303.

ridículo [...]"[35]. A impossível representação da presença segundo a lei da identidade não implica o emudecimento total. Por certo, é ilícita a representação identificadora do "que", mas não a representação do "fato de que", que não lamenta, mas afirma a retirada, a subtração, a impossibilidade da identidade. A dor da impossibilidade de uma presença identificável implica a necessidade de um trabalho de luto alegre, que se oponha ao trabalho de luto que lamenta e chora a perda da identidade.

A presença se comunica apenas a um olhar ascético. Para ser receptivo[36] a ela, é preciso, assim exige Lyotard, "esvaziar a consciência"[37], exercitar-se na "indiferença"[38]. A

---

35 LYOTARD. *Das Gespräch mit C. Pries*, p. 329.

36 Lyotard distingue receptividade de passividade. A receptividade é mais passiva do que a passividade, e mais ativa que a atividade: "[...] a passividade se opõe à atividade, a receptividade não. Ainda mais: a oposição ativo/passivo pressupõe a receptividade [...]" (*Das Inhumane*, p. 202).

37 LYOTARD. *Streifzüge*, p. 44.

38 Lyotard põe em paralelo, de um lado, a indiferença e, de outro, o não-pensar zen e o nada taoísta. É interessante certa proximidade com a "tonalidade afetiva da serenidade da proximidade do retraído" de Heidegger. Segundo Lyotard, para ser receptivo ao "dom" é preciso abrir mão "da ativi-

"ascese"[39] do espírito renuncia à "mobilização da agressividade" e à "tomada de posse"[40]. O "mistério do ser"[41], o "encontro com o acontecimento"[42] ocorre ao preço da ascese do espírito. Esta desenvolve uma "paixão" que se expõe ao "abismal do ser", ao "nada", ao mistério do aqui e agora, a um "sofrimento" que padece aquela presença nua que "exerce uma ameaça fascinante sobre o pensar e o escrever". No momento "do acontecer da uma paixão, de um padecer"[43] o sujeito abandona o "lugar do falante"[44] e passa a ser o ouvinte. Lyotard não

---

dade desejada com tanto anseio" de querer compreender e conceituar: "[...] quanto mais forte a vontade, pior se ouve" (*Streifzüge*, p. 57). Lyotard aponta ainda para a relação que parece existir entre o sublime e o ser heideggeriano: "De certa forma, o problema do sublime está ligado ao que Heidegger chama de retração do ser, retração do dom. A recepção que é dada para o sensível, ou seja, para o sentido encarnado no aqui e agora antes de qualquer conceito, já não tem lugar nem momento. Essa retração expressa o nosso destino presente" (*Das Inhumane*, p. 197s.).

39 *Ibid.*, p. 44.

40 LYOTARD. *Das Inhumane*, p. 238.

41 *Ibid.*, p. 155.

42 LYOTARD. *Streifzüge*, p. 44.

43 LYOTARD. *Das Inhumane*, p. 241.

44 LYOTARD. *Gespräch mit C. Pries*, p. 342.

proclama a morte do sujeito. Em vez disso, ele salva o sujeito ensinando-o a ouvir. A audição é o "sofrimento imediato do que acontece"[45]. Essa escuta voltada para o "dom do acontecimento"[46] interrompe a escuta narcísica de si mesmo falando, e rompe e abre a interiorização formada pelo trabalho do luto.

Lyotard acredita que o sentimento é capaz dessa receptividade. É capaz de receber o dom: "Primeiramente deve haver algo dado. O sentimento é a *recepção* imediata do que é dado"[47]. Na "Disputa", em que se trata realmente de frases, o termo "sentimento" ocorre, e concretamente um sentimento sem um teto, sem um lugar próprio. O sentimento não é uma frase, mas "uma frase não aproveitada, uma frase imperfeita, uma frase não iniciada, reticências, um parêntese", mas um parêntese capaz de abarcar inúmeras frases. Portanto, segundo Lyotard, deve haver um "acréscimo à disputa"[48].

---

45 LYOTARD. *Das Inhumane*, p. 206.

46 *Ibid.*, p. 303.

47 *Ibid.*, p. 194.

48 LYOTARD. *Gespräch mit C. Pries*, p. 328.

No Lyotard tardio, o sentimento, ou o afeto, desempenha um papel importante. O renascimento desse fenômeno pode certamente ser atribuído à impossibilidade de síntese em relação ao acontecimento. Um acontecimento que brota do nada desperta um "afeto", um "sentimento fugaz"[49], aquém da síntese e da representação. A "matéria sensível"[50] invade a alma, desperta-a da anestesia, arrebata-a do nada. Somente ao se submeter ao acontecimento que irrompe, a alma pode se salvar da ameaça de cegueira. A arte, a literatura e também a filosofia se empenham em rastrear a *presença* marcada pelo nada, pelo desaparecimento, em rastrear aquele ponto de virada em que o "desaparecido" e o "aí" se cruzam: "O olhar do pintor é a visão da ausência de uma sensação em sua presença, do desaparecimento no aí"[51]. O "estilo"[52] mantém o aí no limbo ao inscrever nele um desaparecimento. Aqui

---

49 LYOTARD. *Anima Minima*, p. 13.

50 *Ibid.*

51 *Ibid.*, p. 10.

52 *Ibid.*, p. 12.

se revela um singular "niilismo"[53] estético. O artista é de certa forma um niilista. Este vincula o espanto do "aí" com o horror do "desaparecido", "arranca da noite a sensação e ao mesmo tempo a marca com o selo da escuridão"[54]. O mistério do jogo aí-desaparição não pode ser representado. Apenas um sentimento fugaz substitui a representação: "Um breve sentimento surge por um acontecimento, que, por sua vez, surge do nada"[55].

Curiosamente, Lyotard se apega à distinção entre dentro/fora em relação à "alma". O termo "alma" designa o interior que é "movido e excitado" por um "aí sensível"; isto é, "a partir de fora"[56]. O acontecimento sensível exerce certa violência que "atua a partir de fora sobre algo letárgico"[57]. Assim ele desperta a alma para vida. No entanto, a alma lyotardiana difere da interioridade subjetivo-autônoma. Não

---

53 *Ibid.*

54 *Ibid.*, p. 10.

55 *Ibid.*, p. 13.

56 *Ibid.*, p. 8.

57 *Ibid.*

tem "memória", nem "continuidade", nem "espírito". É "mínima"[58]. Talvez seja de esperar que nessa minimização da alma se dê uma mudança, uma maximização, onde o dentro se mostra como uma invaginação do fora.

Seria possível ler o feio, uma lacuna no sistema kantiano, como o outro do sujeito a ser reprimido, a ser excluído? Seria possível extrair o em-si do feio? Não mais o feio em si, mas "feio apenas à luz da ideia de reconciliação, que vem ao mundo com o sujeito e sua nascente liberdade"[59]. Além disso, não há uma conexão entre a exclusão do feio e o fracasso do trabalho de luto? O feio não seria o heterogêneo por excelência, que rompe o ciclo do ouvir-se a si mesmo falar?

Apesar da desordem e inquietação na economia do sujeito, apesar do conflito entre imaginação e razão diante do sublime, em Kant a moldura construída pelo sujeito não desmorona. O princípio de morte da imaginação não invalida o princípio de prazer do sujeito.

---

58 *Ibid.*, p. 13.

59 ADORNO. *Ästhetische Theorie*, p. 76.

A agonia da imaginação, a negatividade do sublime, novamente produz um prazer, mais precisamente um "prazer negativo"; ela dá ao sujeito a "sensação de uma inibição momentânea das forças vitais e a subsequente e ainda mais forte efusão delas"[60]. O feio, por outro lado, se encaixa mal na moldura. Como um "obstáculo" ao "jogo livre"[61] das faculdades cognitivas, ele resiste ao enquadramento. Frente ao feio, a moldura ameaça romper-se. Segundo Kant, o feio que não pode ser "representado [...] belamente [...] em pinturas"[62], ou seja, que não se encaixa em nenhuma moldura, desperta "asco". O feio asqueroso se impõe sobre o desfrute[63], não permite a distância necessária para a idealização, para o trabalho de luto. O sujeito vomita. O asqueroso é o distinto do sujeito "cultivado" kantiano. Este vomita o feio como o heterogêneo: *"Qu'on l'entende en tous les sens: ce qui se dé-nomme sous le mot*

---

60 KANT. *Kritik der Urteilskraft*, p. 88.

61 KANT. *Reflexionen* (1922).

62 KANT. *Kritik der Urteilskraft*, p. 166.

63 *Ibid.*

dégoûtant. C'est ce dont on ne peut pas faire son deuil. Et si le travail du deuil consist toujours à manger le mors, le dégoûtant ne peut être que vomi" [Que seja entendido em todos os sentidos: o que é denominado sob a palavra *repugnante*. Isso é o que não podemos lamentar. E se o trabalho do luto consiste sempre em comer o pedaço, o repugnante só pode ser vomitado.][64].

Para o sujeito de Kant, a *différance* de Derrida seria o asqueroso por excelência. Aparece como o outro do sistema, como o "heterogêneo"[65] que interrompe a totalização, que obstinadamente perturba a calma do ouvir-se-a-si-mesmo-falar. Isso transtorna o sistema kantiano. Como o "fora absoluto"[66], ela se deixa interiorizar. Provoca rachaduras na moldura, desloca, entorta, danifica, desmonta ininterruptamente a moldura: "[...] certa desmontagem repetida, um dano controlado que não pode ser contido, que geralmente faz que a moldura se quebre,

---

64 DERRIDA. *Economimesis*, p. 90.
65 DERRIDA. *Die Wahrheit in der Malerei*, p. 103.
66 DERRIDA. *Randgänge der Philosophie*, p. 357.

e a danifica circularmente em seus ângulos e articulações [...]"[67]. A *différance* que constantemente produz rachaduras no quadro e assim rompe e abre o cerramento circular autoauditivo é outra palavra para a morte: "A morte é o movimento da *différance*, na medida em que esse movimento é necessariamente finito"[68]. O trabalho do luto kantiano consistiria, portanto, em *matar a morte*. Baseia-se no fantasma da infinitude.

A *différance* marca o ponto de fratura no sistema dialético, faz aparecer o "resto do ângulo na moldura redonda"[69], abala o espírito de Hegel "ligado à aparição da forma redonda". A negatividade da *différance* não pode ser domada dialeticamente. Ela se recusa a *trabalhar*. Falta-lhe a diligência do "negativo laborioso" de Hegel. O "a" mudo da différ*a*nce, que sublinha seu "caráter conflituoso"[70], libera a negatividade do trabalho que está a serviço

---

67 DERRIDA. *Die Wahrheit in der Malerei*, p. 96.

68 DERRIDA. *Grammatologie*, p. 247.

69 *Ibid.*, p. 104.

70 DERRIDA. *Positionen*, p. 91.

da identidade. A impossibilidade da identidade simples, da presença simples, justifica tanto a negatividade hegeliana quanto a derridiana, mas esta última é mais incondicional, mais irreconciliável que a primeira e não pode ser invertida em positividade. O pensar a *différance* é "insensível à contradição"[71] e supera a superação por meio de uma negatividade não dialética: "Se pudéssemos definir a *différance*, seria preciso dizer que ela se contrapõe à superação hegeliana onde quer que ela atue como limite, interrupção e destruição"[72].

A *différance* deflora a identidade pura, contaminando-a com uma "ruptura" interna (*la brisure*)[73]. A ruptura tem a função de dobradiça, de uma junta *com dobradiça*. Ela separa *e* conecta, estabelece uma (auto)referência. A identidade nunca é separada, mas articulada, conjuntada e dobrada. É o produto de uma síntese[74]. Mas esta pressupõe certa separação,

---

71 *Ibid.*, p. 92.

72 *Ibid.*, p. 86.

73 DERRIDA. *La dissémination*, p. 293.

74 Cf. "Der Satz der Identität". *In*: *Identität und Differenz*, p. 11: "Portanto, a fórmula mais adequada do princípio de

uma "dobra" interior (*le pli*), um "ângulo" interior (*l'angle*)[75]. A identidade não pode se livrar de toda diferença. A diferença, ou *différance*, é a condição da impossibilidade da identidade: "*Le présent ne se presente comme tel qu'en se rapportant à soi, il ne se dit comme tel, il ne se vise commee tel qu'à se diviser, en se pliant à soi dans l'angle, dans la brisure [...] La possibilité – ou la puissance – du présent n'est que sa propre limite, son pli intérieur, son impossibilité – ou son impuissance*" [O presente só se apresenta como tal relacionando-se consigo mesmo, ele não se diz como tal, não visa a si como tal senão ao dividir-se, dobrando-se a si mesmo no ângulo, na ruptura [...]. A possibilidade – ou o poder – do presente é apenas seu próprio limite, sua dobra interna, sua impossibilidade – ou sua impotência.][76].

---

identidade, A é A, não apenas diz: Todo A é ele mesmo o mesmo. Em vez disso, diz: todo A é consigo mesmo o mesmo. Na mesmidade se encontra a relação do 'com'; isto é, uma mediação, uma vinculação, uma síntese, a unificação na unidade". Este "com" marca um ponto de dobradiça da identidade.

75 Cf. *Positionen*, p. 96: "Em *La dissémination* e também em *La double séance* [...] trata-se de remarcar (remarquer) um veio, uma dobra, um ângulo, que devem interromper a totalização [...])".

76 DERRIDA. *La dissémination*, p. 336.

A *différance* constantemente arranca o que está presente (*le présent*) para além de si, ela o traz para *fora de si*, envolve-o no mundo exterior. Devido ao exterior no interior, torna-se impossível a presença definitiva, repousante em si mesma. A *différance* cria a inquietação da constante "transição de um diferente para outro". A transição designa um entre ativo, diferenciador, um ENTRE os diferentes. De certa forma, a transição antecipa o transitante, é ela que o constitui em primeiro lugar. Na *transposição* da *différance*, o transitante é posto. A *différance* é um mudo *prenunciador*[77] do

---

[77] A prematuridade da *différance*, que se distingue da *différence* pelo "a" mudo, em relação ao diferente também é própria da *Unter-Schied* (inter-cisão), formada a partir da Unterschied (diferença) com o hífen mudo e a maiúscula. A inter-cisão, de certa forma, precede o diferenciado e a diferença. Estes só são *decididos* pela inter-cisão: "A inter-cisão não é ulteriormente separada do mundo e da coisa como sua relação" (*US*, p. 25) A mesma prematuridade é inerente à "conjuntura", à "relação entre as coisas". A conjuntura não retém posteriormente a relação entre coisas que já foram decididas: "A conjuntura não é acrescentada posteriormente, como relação sobreposta, ao ser e ao tempo. A conjuntura apropria ser e tempo a partir da sua relação em seu próprio [...]" (*Zur Sache des Denkens*, p. 20). A prematuridade da diferença em relação ao diferente também está na base do "jogo do espelho" como *jogo da diferença*. O "cruzeiro" designa

diferente, que não transita para a presença, que não é presente ele mesmo[78], e não é imediatamente presente à presença.

---

o diferir ou o diferenciar quaternário. Ele *dobra*, *diferencia* e *desdobra* assim os "quatro". Tal como a *différance*, ele expropria a presença que só remete a si mesma e persevera em si mesma. Trata-se aqui de um jogo peculiar, no qual quem perde ganha a si mesmo, quem se deixa expropriar adquire sua propriedade: "O espelhar, vinculativo no livre, é o jogo em que cada um dos quatro confia a cada um deles, desde a coesão dobrante da união. Nenhum dos quatro insiste em sua particularidade separada. Em vez disso, cada um dos quatro é, dentro de sua própria união, *expropriado ao seu próprio*" (*VA*, p. 172, *grifos meus*).

78 A *différance* inaugura uma "alteridade" absoluta que, sem cruzar a soleira do lado de cá, transcende a alternativa da presença e da ausência, um "rastro" que foge de qualquer marca na presença. Ela "apaga-se quando aparece, torna-se muda quando ressoa" (*Randgänge*, p. 48). Apesar de sua inapreensibilidade, a *différance* não designa nenhuma transcendência, nenhuma "supraessencialidade" (*ibid.*, p. 32). Ao contrário, permanece profundamente imersa no aqui, trabalha na raiz da presença, do presente, sem ser absorvido por eles: Mas se a *différance* é (eu também risco o "é") que torna possível a presentificação do ente presente, então ela nunca se presentifica como tal. Ela nunca se rende ao presente" (*ibid.*, p. 31). A resistência da *différance*, de nunca se *manifestar* como tal, também é inerente à diferença heideggeriana. Nem o ser nem o ente são capazes de rastreá-la. É algo que não é, não existe, algo que é. Tanto o ser quanto o ente devem sua aparição à diferença, mas ela mesma foge obstinadamente de qualquer aparição. Esse acanhamento da diferença fundamenta o esquecimento da diferença na metafísica: "O que pensais da diferença quando tanto o ser quanto o ente aparecem, cada um à sua maneira, *a partir da diferença*" (*Identität und Differenz*, p. 55).

Não é um si mesmo separado de todos outros e de todo fora que se relaciona com o outro por meio de uma diferença existente. Somente um diferir ou um diferenciar (*différer* da *différance*) ativo e gerador cede uma identidade semântica. A *différance* não designa a diferença entre termos fixos, já existentes. Como um inconsciente mudo da diferença, é a *différance* que primeiramente engendra esses termos, diferencia os diferenciados. A atividade da *différance* não se limita ao campo semiológico. Em vez disso, ela é atuante em toda formação da identidade e da presença.

A *différance* frustra a formação de uma presença definitiva, livre de qualquer contradição, arrancada de qualquer diferença, e que só se refere a si mesma. Somos constantemente impedidos de desfrutar uma presença pura e plena. O "tempo da presença pura"[79], o momento feliz do "desvelamento puro sem rasgo", o "matrimônio sem diferença" permanecem negados[80]. O momento em que a presença

---

79 DERRIDA. *Grammatologie*, p. 449.

80 DERRIDA. *La dissémination*, p. 293.

atingiria a plenitude autossuficiente é constantemente adiado. Uma certa morte, uma certa falta, uma certa não-presença, uma certa fenda trabalham no interior da presença, descaroçando-a, expropriando-a, profanando-a. A *différance* faz que a presença se conscientize de sua derivatividade, sua impureza, sua dilaceração. Essa negatividade da *différance* apaga o mito de uma presença ao meio-dia sem sombra. O que é trágico é que a presença, a vida, não é senão uma morte adiada, a luz não é senão uma escuridão adiada.

Enquanto traço básico da *différance*, a transição que adia constantemente a presença tem o traço *trágico* da negatividade hegeliana. A dialética de Hegel também poderia ser lida além do "hegelianismo convencional". Se não levássemos em conta o fato de a *différance* aparecer como cúmplice da identidade, de permanecer encerrada no círculo do ouvir-se a si mesmo falar, então ela mostraria uma face diferente. Poderíamos explorá-la com respeito à diferença, ao longo dos rasgos, a partir do lado trágico da negatividade. Como se sabe, a dialética rompe com a tranquilidade da identidade simples. A ausência da identidade simples explica a inquietação dialética. A necessidade do trabalho, ou do trabalho de luto, só pode ser compreendida a partir da origem trágica da dialética. Derrida vê a possibilidade de uma leitura não convencional do pensamento hegeliano, a possibilidade de ler a dialética como uma tragédia: "Pois se pensarmos o *horizonte* da dialética de maneira apropriada – fora de um hegelianismo convencional – então talvez entendamos que ela é o movimento indeterminado da finitude, da unidade da vida e da morte, da diferença, da repetição originária; isto é, da origem da tragédia como ausência de uma origem simples. Nesse sentido, a dialética é a tragédia, a única afirmação possível contra a ideia filosófica ou cristã da origem pura [...]"[81]. A impossibilidade da presença que repousa em si, da identidade *simples*, uma impossibilidade que torna possível a dialética de Hegel, acarreta dor e dilaceração. No rastro do outro no interior do um está delineada a morte do um. A falta de concordância total de um

---

81 DERRIDA. *Die Schrift und die Differenz*, p. 376.

consigo mesmo, a divergência do um de si mesmo produzido pela diferença, acarretam a dissolução do um em favor do outro. Essa necessidade de dissolução, a impossibilidade de presença perene, constitui o trágico da *différance*.

É interessante constatar que, no seminário sobre a *Ciência da lógica* de Hegel, Heidegger usa a palavra "diferir" para descrever o movimento trágico-dialético da diferença: "Mas, na verdade, em Hegel o ente não existe mais, pois todo ente se dissolveu no movimento do conceito absoluto. Hegel pensa o ser no ente como um ser movido, em cujo movimento o ente é, por assim dizer, apenas uma estação provisória, apenas um ponto de parada, um ponto de repouso. Ao ser inundado, dissolve-se nas ondas da corrente. [...] A diferença como diferença permanece como esse dissolver-se; o diferente é acolhido de volta no diferir. O diferir é, portanto, realizado por Hegel, mas não é experimentado como *a* coisa do pensar"[82]. O diferir, como coisa do pensar, designa o *ser* do diferente que desde o início da metafísica

---

[82] Dos protocolos do seminário, inéditos.

foi esquecido, ocultado, que se ocultou, e se ocultou *como* ocultador. A "diferença como diferença", o "diferir", é o ponto cego da metafísica. Este vive dela e nela sem percebê-la como tal. Uma *sobre-exposição do diferente*, de certa maneira inevitável, obscurece a "diferença como diferença".

A *différance* é mais *contenciosa* do que a diferença de Hegel. Não se articula em "contradições" que se cristalizam no espaço da identidade e *trabalham* para a manifestação da identidade. A *différance* rompe a "ponta da contradição"[83]. A "discordância em movimento"[84] (*différend*) da *différance* não pode ser resolvida por meio de um terceiro: "Hegel, na grande *Lógica*, define a diferença como uma contradição com o único objetivo de dissolvê-la, interiorizá-la e superá-la com a ajuda do processo silogístico da dialética especulativa na autopresença de uma síntese ontoteológica ou ontoteleológica. A *différance* deve marcar o ponto de ruptura com o sistema da *superação* e

---

83 HEGEL. *Logik* II, p. 61.

84 DERRIDA. *Randgänge der Philosophie*, p. 44.

da dialética especulativa"[85]. A *différance* mantém a "discórdia [...] sem jamais formar uma terceira expressão", mantém o contencioso, "sem jamais dar motivo a uma solução nos moldes da dialética especulativa"[86]. Se medíssemos a objetividade do pensar com a medida que Heidegger formula no seminário sobre a *Ciência da lógica* de Hegel, o pensamento de Derrida seria mais "objetivo" do que o de Hegel: "Possivelmente, o pensamento, justamente quando permanece na coisa objetiva do pensar anterior, será forçado a tornar-se ainda mais objetivo; isto é, ainda mais contencioso, pois o contencioso se oculta na diferença"[87].

A *différance* se apresenta como o "um sem si" (*Un sans soi*)[88]. Enquanto a diferença de Hegel já está sempre emaranhada na interioridade subjetiva, o jogo da *différance* ocorre sem a formação do sujeito. Ela designa o "exterior absoluto que não pode mais

---

85 DERRIDA. *Positionen*, p. 91s.

86 *Ibid.*, p. 90.

87 Dos protocolos do seminário, inéditos.

88 DERRIDA. *Positionen*, p. 266.

ser interiorizar"[89]. A referência ao outro não se curva até se transformar em autorreferência. A *différance* não se curva, não se dobra de volta sobre si mesma. Ela nunca alcança a si mesma: "*Le jeu pur de la difference n'est rien, il ne se rapporte même pas à son propre incendie. La lumiere s'enténèbre avant même devenir sujet. Pour devenir sujet, il faut en effet que le soleil décline. La subjectivité se produit toujours dans un mouvement d'occidentalisation. Ou ici le soleil ne se couche pas – ou bien il se couche immédiatement, il ne connaît pas de déclin, de trajet qui le ramène à soi [...]*" [O puro jogo da diferença não é nada, nem sequer se *relaciona* com seu próprio incêndio. A luz escurece antes mesmo de se tornar um sujeito. Para se tornar sujeito, é preciso que o sol, de fato, se ponha. A subjetividade se produz sempre em um movimento de ocidentalização. Mas aqui o sol não se põe – ou então se põe imediatamente, não conhece declínio, um caminho que o reconduza a si mesmo.][90].

---

89 DERRIDA. *Randgänge der Philosophie*, p. 357.

90 DERRIDA. *Glas*, p. 266

O pensar da *différance* impede a dialética, que mata a morte e devora o distinto, por meio do trabalho de luto e por meio de internalização, interiorização, rememoração, acumulação e totalização. Em contraste com a dialética, como trabalho de luto, ela inaugura uma tragédia, um jogo do luto, um "jogo sem trabalho" (*le jeu sans travail*)[91] sustentado pelo luto? Mantém vivo um luto diferente, um luto sem trabalho, um "luto sem sublimação e sem o triunfo maníaco"[92], um luto sem fantasma narcísico, que "cede ao outro sua alteridade, que respeita a sua distância infinita, recusa-se ou prova-se incapaz de acolhê-lo em si como se fosse na sepultura ou na caverna do narcisismo"[93], um luto que não lamenta, que não chora a perda, um luto que não "capitaliza", não interioriza, que, em vez disso, sensibiliza o pensar para o distinto , para o não-saber ou para o não-idêntico?

---

91 *Ibid.*
92 DERRIDA. *Mémoires*, p. 64
93 *Ibid.*, p. 20

É possível o luto sem trabalho, sem preservação e memória? Todo luto não é forçado a trabalhar? Sobre o dom, Derrida escreve: "Como desejar o esquecer? Como não querer preservar? Como desejar o luto (pressupondo que o enlutar-se, a realização do trabalho de luto, não significa preservar – e aqui tocamos no problema inevitável do luto, entre o que deveria ser o não-trabalho, o não-trabalho do dom, e o trabalho do luto)?"[94]

Que luto pode Derrida ainda inscrever em seu pensamento? O luto por ter de renunciar ao luto? O pensar da *différance* é praticado na renúncia ao luto dialético. A renúncia (*faire son deuil*) é, ela mesma, certo ato de luto. A renúncia repete em si um luto. Não pode extinguir completamente seu referente. Tem de fazer uso secreto dele. É preciso transformar o luto em outro luto: "*Il faut faire l'impossible. S'y remettre aujourd'hui. Au travail, bien sûr. Du deuil. Farie du deuil son deuil. C'est ce que j'appelle faire l'impossible*" [É preciso fazer o impossível. Voltar a isso hoje. Ao trabalho,

---

94 *Faschgeld*, p. 53.

claro. Do luto. Fazer do luto *seu* luto. Isso é o que eu chamo de fazer o impossível.][95]. Se um luto surgisse na renúncia ao luto, então esse luto teria necessariamente de se diferenciar do luto a que se renuncia. O luto de Derrida deriva da impossibilidade do luto? No entanto, este não seria idêntico ao fracasso do luto, que resultaria na melancolia. Esta não é menos voraz. Como se sabe, ela surge da incorporação do outro. O melancólico devora o outro sem poder digeri-lo. Com isso, ele se torna refém do corpo estranho inassimilável dentro de si.

Para além de filosofemas "infinitamente astutos", dos produtos do trabalho de luto, Derrida se apega, com uma espécie de mescla de amor e ódio, a uma coisa terrível "(*une chose terrible*). Essa coisa "incrível", "que não

---

95 DERRIDA. *La vérité en peinture*, p. 243. A tradução alemã de "Faire du deuil *son* deuil", "Die Trauer in den Wind schreiben" ("Dar adeus ao luto"), não só desconsidera o rearranjo sintático ("Die Trauer in den Wind schreiben" é uma *possível* tradução de "Faire *son* deuil du deuil"[Fazer do luto *seu* luto]), mas também desfigura o jogo de palavras de Derrida. A ênfase em "*son*" também não é levada em conta na tradução alemã. Cf. *Die Wahrheit in der Malerei*, p. 252: Derrida também escreve a frase usando a sintaxe usual: "Et faire son deuil du deuil" ("Ja, ou le faux-bond", p. 98).

existe" designa o dobro impossível, mas necessário, do luto, "*le deuil du deuil*"[96] [o luto do luto], que o faz escrever, falar, "correr e esperar": "*[...] je tente d'expérimenter dans mon corps un tout autre rapport à l'incroyable 'chose-qui-n'est-pas'. Ce n'est sans doute pas possible, surtout si on veut en faire autre chose qu'une consolation, un deuil, un nouveau bien-être, une réconciliation-avec-la-mort, sur laquelle d'ailleurs je ne crache pas. Mais cet impossible quant à 'la-chose-qui-n'est-pas' est la seule chose qui finalment m'interesse. Voilà ce que j'appelle, encore mal, le deuil du deuil. C'est une chose terrible que je n'aime pas mais que je veux aimer. Vous me demandez ce qui me fait écrire ou parer, voilà. C'est quelque chose comme ça: non pas ce que j'aime mais ce que j'aimerais aimer, et qui me fait courir, ou attendre*"[97]. [...] tento experimentar em meu corpo uma relação completamente diferente com a incrível 'coisa-que-não-é'. Provavelmente isso não seja possível, especialmente se quisermos fazer

---

96 Um excerto da expressão "Faire son *deuil du deuil*"?

97 DERRIDA. "Ja, ou le faux bond", p. 98s.

421

dela algo diferente de um consolo, um luto, um novo bem-estar, uma reconciliação com a morte, que, aliás, não desdenho. Mas esse impossível quanto à "coisa-que-não-é" é a única coisa que finalmente me interessa. Isso é o que chamo, ainda mal, o luto do luto. É uma coisa terrível que eu não amo, mas que quero amar. Perguntaste-me o que me faz escrever ou falar, aqui está. É algo assim: não o que eu amo, mas o que eu gostaria de amar, e que me faz correr ou esperar.]

O "luto do luto" dá um fim definitivo ao luto? Certamente ele não designa o fim do trabalho de luto, em que secariam as lágrimas: "*Oui, le deuil du deuil, jusqu'à l'épuisement. Ce dont on pourrait rêver, c'est la fin du deuil. Mais cette fin est le processus normalement achevé du deuil. Comment faire affirmation d'une autre fin?*"[98] [Sim, o luto do luto, até a exaustão. Aquilo com que poderíamos sonhar é com o fim do luto. Mas esse fim é o processo de luto normalmente concluído. Como *afirmar outro fim*?] Isso significa um fim que também dá

---

98 *Ibid.*, p. 100.

por perdido o fim ou o objetivo de luto? Está a caminho de um além do princípio do luto (un *au-delà du principe du du deuil*), de um além do trabalho (de luto)? Esse além é o lugar onde as lágrimas não correm mais? Com "luto do luto", Derrida está marcando o fim do luto? *Ele não deve, em vez disso, ruminar secretamente até a exaustão?* O caminho para o além não está repleto de rastros de lágrimas? Estes rastros não são sinalizações do caminho até lá? Como se pode pensar o trabalho de escrita de Derrida, que não pretende ser um *trabalho*, um trabalho de luto será? O que faz as "lágrimas negras"[99] sair de sua pena? É a confissão de uma culpa, da condição de ser devedor fora da economia, que as faz sair da pena? O ser devedor implica a tarefa de saldar as lágrimas, sem contabilidade secreta, de pagá-las com um trabalho de escritura que não é luto dialético? As lágrimas testemunham um "dom" que não se deve pegar na mão, mas que faz a mão escrever, um dom transmitido em cada traço da escrita e que continua a acontecer? Então

---

99 DERRIDA. "Die Schrift und die Differenz", p. 98s.

as lágrimas são um *contra-dom* que responde ao dom? As lágrimas dão testemunho do outro, que o olho voraz e identificador não vê, do fora que abafa o ouvir-se-a-si-mesmo-falar do sujeito? As lágrimas são um sinal materializado de que o distinto existe? Que metamorfose do luto está ocorrendo aqui? Estamos perante um luto sublime e heroico que não chora, não lamenta a perda e não demanda?

Em torno de que *gira* a dor de Derrida? Em torno da falta de um nome sagrado? Seu pensamento rumina a retirada abismal de um nome sagrado? Derrida provavelmente apontará que seu luto, como a *différance*, é *banal*[100];

---

100 É preciso ler as palavras de Derrida "não há nome para isso" "em toda a sua banalidade" (*Randgänge der Philosophie*, p. 51). O discurso da *différance* não é capaz de um "anúncio profético de uma nomeação iminente e ainda inédita". Ele não tem "nada de querigmático", não proclama o "sagrado", que até então permanece inalcançado, negado, esquecido, oculto, retirado. Essa impossibilidade do nome *parece* incompatível com aquela nomeação impossível: "Para este segredo falta a palavra" (*US*, p. 236). O esforço por "uma nomeação certeira dos nomes que lhe são adequados (ao sagrado) e que o iluminem" (*GA* 13, p. 232) e a preocupação com a "falta da presença do divino" relacionada com o "falta de nomes sagrados" (*ibid.*) não estão na base do discurso da *différance*: "Este inominável não é um ser inexprimível do qual nenhum nome poderia se aproximar:

que não está inscrita em seu luto a narração sobre a origem retraída ou sobre o santo nome; que ele não se deixa descrever como um jogo de proximidade e distância, um jogo baseado em uma *ideia determinada da origem e da verdade*, em uma certa concepção da mãe *que não procria, mas amamenta*; que ele questiona justamente essa ideia; que ele se desabituou; que no "estrangeiro" ele não anseia pela "pátria", pela "cerrada"[101], pela "mão da mãe"[102]; que sua dor não gira *em torno de nada*, e que o nada rompe e abre todo círculo.

O luto de Heidegger é circular, circundante. Por certo, esse circundar não é um *emolduramento* violento. Mas esse movimento circular de luto pressupõe necessariamente um centro. O luto de Heidegger gira em torno do "um". "Pois este (o luto) move todas as pequenas e

---

Deus, p. ex." O "rastro" no qual a *différance* se anuncia não é o rastro do sagrado. Não é uma "promessa quase inaudível que anunciava uma libertação para o livre e aberto, ora obscuro e confuso, ora como um relâmpago tal qual um súbito vislumbre que, por muito tempo, escapava novamente a qualquer tentativa de dizê-la" (*US*, p. 137).

101 *GA* 53, p. 164.

102 *GA* 13, p. 88.

múltiplas coisas para o indiferente e se mantém apenas na intangibilidade do um. [...] esse luto original é a superioridade clarividente da bondade simples de uma grande dor – tonalidade afetiva fundamental. Ela inaugura o ente em sua totalidade de maneira diferente e essencial"[103]. O um inunda a totalidade, ou esta se concentra em torno daquele. O luto é a nota tônica, o traço principal da totalidade. Essa arquitetônica do luto, essa *procissão fúnebre* que percorre a totalidade, que forma e preenche o mundo não seria o traço básico do pensamento de Derrida. Este é baseado em uma "alternância de tons". A única nota tônica ou tração básica até o um seria, para Derrida, um traço metafísico. A *différance* ou a *dissémination* é a *dispersão* do um, que "multiplica as vozes e faz saltar os tons, e que abre cada discurso à visitação pelo outro; isto é, a uma polifonia indomável, com seus enxertos, intrusões, distúrbios"[104]. No entanto, esse delírio da alternância imprevisível ou polifonia incontrolável terá de

---

103 *GA* 39, p. 82.

104 DERRIDA. *Apocalypse*. Viena, 1985, p. 62s.

se submeter à nota única ou à tonalidade única, que atravessa a alternância de notas e assim a determina e a *afina*. O *permanente*, a nota que determina e *afina* a alternância de tons seria o luto. Não "a desafinação generalizada", mas uma tonalidade afetiva fundamental terá de escandir a alternância de vozes, do tom, ou da tonalidade afetiva[105]. Uma desafinação total não poderá explicar a *eloquência* da *différance*. Equivaleria a um *emudecimento* total. Deste não surgiria nenhum "canto", nenhuma *voz oculta*, que Derrida provavelmente não negará a seus textos.

O luto de Derrida não só carece da exclusividade do "um", mas também do movimento

---

[105] Cf. *ibid.*, p. 63: "A desafinação generalizada dá ao outro tom ou ao tom de outro a possibilidade de interromper uma harmonia familiar a qualquer momento (como imagino que ocorra constantemente na análise, mas também em outras partes quando, de repente, um tom, vindo não se sabe de onde, corta a palavra, por assim dizer, daquele que calmamente parecia *determinar* a voz e assim assegurar a unidade da determinação, a autoidentidade de algum destinatário ou remetente). A desafinação, se assim chamarmos o descarrilamento doravante, a mudança de tom, ou, se assim se quiser, a mudança de humor, é a desordem ou o delírio da determinação, mas também a possibilidade de toda emissão".

do apontar ou do tender para, da tração para o que falta ou para um "âmbito da fonte". Não é marcado por aquele "anseio" heideggeriano, pela "dor da proximidade da distância"[106]. A proximidade e a distância, ou a ausência e o aí repetem um movimento circular. Este é mantido por uma força centrípeta. Mas essa *gravidade* não é o principal traço do jogo do luto, da tragédia de Derrida. O jogo da proximidade e da distância pressupõe um *centro*. O luto de Heidegger é a tração para esse centro que se retrai, para essa presença *irrepresentável*.

As lágrimas de Heidegger brotam de um "âmbito da fonte"[107], um "fundo da fonte"[108], que "se retira, hesita na retirada e se poupa"[109]. O vocabulário do luto de Heidegger é sublime, querigmático, profético e parece incompatível com a "platitude" do discurso da *différance*, que é isenta de qualquer profundidade mística e inadequada à "profundidade do sagrado".

---

106 *VA*, p. 104.
107 *US*, p. 131.
108 *VA*, p. 137.
109 US, p. 169.

Remete ao sagrado oculto, recusado, esquecido, ao "inacessível"[110], que "se resguarda em retraimento retentivo"[111].

O luto de Heidegger é marcado por certa ausência, por certa falta: "Apenas três colunas que se erguem abandonadas ainda falam do antigo templo de Zeus: na vastidão da paisagem como três cordas de uma lira invisível, na qual talvez, inaudível para mortais, os ventos tocam cantos elegíacos – ecos da fuga dos deuses"[112]. Ele é o luto do que se foi, que, entretanto, não exclui nenhum aí. O luto de levar a termo essa ausência libera um aí: "O luto torna-se um saber de que verdadeiramente levar a sério os deuses fugidos como fugidos é em si uma perseverança junto aos deuses, ou seja, junto a sua divindade como uma divindade que não é mais cumprida"[113]. O jogo de "desaparecimento-aí", o aí no que se retirou, e o que se retirou no aí, é constitutivo do luto de Heidegger.

---

110 *GA* 4, p. 63.

111 US, p. 44.

112 HEIDEGGER. *Aufenthalt*. Frankfurt, 1989, p. 12.

113 *GA* 39, p. 97.

É certo, o jogo de desaparecimento-aí pressupõe a retirada da *mãe*, mas esta sempre lança sua sombra sobre o jogo interminável do luto.

Apesar das diferenças, há uma afinidade estrutural entre o luto de Derrida e o de Heidegger. A renúncia à autonomia do sujeito e a seu acesso apropriador também caracteriza o luto de Derrida: "Por mais narcisista que nossa especulação subjetiva siga sendo, ela não pode mais se fechar a esse olhar, diante do qual nós mesmos nos mostramos no momento em que o convertemos em nosso luto ou podemos desistir dele [*faire de lui notre deuil*], fazendo *nosso* luto, fazendo de nós mesmos o luto por nós mesmos, quero dizer, luto pela perda de nossa autonomia, por tudo que nos fez a nós mesmos a medida de nós mesmos"[114]. Heidegger, como Derrida, não deixa o luto trabalhar. Ele o pensa além da economia do trabalho. O trabalho de luto é substituído por um jogo de luto: "Contudo, quanto mais alegre a alegria tanto mais pura a tristeza que nela

---

114 DERRIDA. "Kraft der Trauer". *In*: WETZEL, M.; WOLF, H. (Eds.). *Der Entzug der Bilder*, 1994, p. 13-35, esp. p. 31.

dorme. Quanto mais profunda a tristeza tanto mais nos chama a alegria que nela repousa. O jogo entre tristeza e alegria as leva uma à outra. O jogo em si, que afina uma à outra aproximando a distância e distanciando a proximidade, é a *dor*. Por isso, tanto a alegria mais elevada quanto a tristeza mais profunda são, cada uma à sua maneira, dolorosas. Mas a dor toca o ânimo dos mortais de tal maneira que este recebe dela sua gravidade. Essa gravidade mantém os mortais na calma de sua essência, em meio a todas as oscilações. O 'estado de espírito' correspondente à dor, o estado de ânimo afinado por ela e com ela, é a melancolia"[115]. O luto de Heidegger não mata a morte, não quer *superá*-la pelo *trabalho*. Em contraste com o jogo de luto, o trabalho de luto, de acordo com Heidegger, apenas duplica a morte. Tentar matar a morte acarreta uma morte ainda pior: "O querer ressuscitar, ultrapassar violenta e ativamente o limite da morte só os arrastaria (os deuses) para uma proximidade falsa e não divina e traria a morte em vez de

---

[115] *US*, p. 235.

nova vida"[116]. Embora o luto de Heidegger implique certo sintoma de *abstinência*, este não é um sintoma que possa ser eliminado pela contabilidade psicoeconômica. Ele não tem um traço deficitário que implique o trabalho (de luto). O "retirado", o "poupado"[117] para o qual bate o coração "santo e enlutado" de Heidegger não é submetido à economia. O "poupado" não se pode gastar nem capitalizar.

A identidade de renúncia e agradecimento, ou posse, só é concebível fora da economia. O "suportar pesarosamente a necessidade de renunciar"[118] promete a "impensável doação"[119]. A renúncia é a "forma mais elevada de posse"[120]. A renúncia se torna "agradecimento" e "dever de agradecimento"[121]. O luto de Heidegger não acusa a retirada. Na retirada, ele se torna cônscio da referência, da "referência

---

116 *GA* 39, p. 94.
117 *US*, p. 169.
118 *GA* 39, p. 94.
119 *GA* 65, p. 23.
120 *Ibid*.
121 *US*, p. 234.

à máxima alegria"[122]. A dor aumenta, se aprofunda tornando-se alegria: "Quanto mais profunda a tristeza tanto mais nos chama a alegria que nela repousa"[123].

O luto de Heidegger não pode ser descrito com os sintomas do luto freudiano. Faltam-lhe suas características sintomáticas típicas: a "inibição de todo rendimento" e a "consciência do vazio e da pobreza do mundo". Por um lado, o luto heideggeriano é "formador de mundo". Por outro lado, esse luto faz falar e escrever; é "criador e gerador"[124]. No entanto, não se trata de uma *sublimação*. A sublimação capitaliza o luto, força-o a trabalhar.

A falta do divino, que acarreta o luto, remonta a um obstinado esquecimento do ser,

---

122 *Ibid.*, p. 169.

123 Também Derrida fala de um sentimento singular de alegria: "Havia dessa vez ainda mais, algo distinto. Enquanto esse primeiro luto, esse luto comum me abalava, eu o deixava girar sobre si mesmo – não ousarei dizer que refleti sobre ele até ficar tonto –, creio que dependiam de certo tempo de leitura outra emoção, outra qualidade distinta e outra intensidade da emoção que era ao mesmo tempo demasiado dolorosa e estranhamente alegre". Cf. "Kraft der Trauer". *Op. cit.*, p. 29.

124 *GA* 39, p. 94.

no qual Heidegger inscreve o divino. Esse esquecimento decorre do próprio ser, de sua negatividade. A retirada é a referência. A possibilidade do ser é garantida pelo fato de que ele, de certo modo, se torna impossível, que ele se retira, "se priva ao pensamento"[125]. A retirada mantém a diferença entre ser e ente. O ser está aí na medida em que, de certa forma, foi *embora*. O aí é o aí da ausência. Enquanto jogo do aí e do desaparecer, o jogo do luto é o próprio *jogo do ser*.

O luto ou jogo do luto é, em última instância, um conceito oposto à economia do "procedimento", que arrasta tudo para a proximidade do representável, compreensível e disponível, e assim apaga toda distância[126]: "Procedimento – significa o estabelecimento do processo de pensar contra [...] investigar uma coisa como objeto, segui-la, persegui-la, para torná-la disponível ao acesso do conceito"[127].

---

125 *GA* 13, p. 234.

126 Derrida, em relação ao luto, fala do "ser na distância". Cf. "Kraft der Trauer". *Op. cit.*, p. 31.

127 *GA* 13, p. 233.

O luto e a dor decorrem do impossível trabalho do luto, do impossível enquadramento da distância, da impossível repressão da distância pelo sujeito. Se se compreende o *distinto* como *instância da distância*, como epítome da distância que se impõe como proximidade, então o luto e a dor mantêm desperta a sensibilidade para o distinto, despertam a *capacidade da distância*. Sem emoldurá-lo, sem interiorizá-lo, sem fundi-lo no igual, eles padecem o distinto, que é mais antigo que o *a priori*, mais distante que o objeto mais distante, mas ao mesmo tempo mais próximo que o mais próximo que se encontre à frente. O padecimento deixa ao distante sua distância, ao outro sua alteridade, recebe a distância sem desfazê-la. O luto, como padecimento, designa a passividade ativa no interior do ativo, ou a receptividade da experiência. Esta não tem o aperto da garra possessiva que se alastra ao redor. É a capacidade de resistir à "afluência"[128]

---

[128] *GA* 45, p. 172. "Porém, esse perguntar pensativo não é a curiosidade invasiva e apressada do querer explicar, mas sim o suportar e o aguentar o inexprimível como tal, sobrepujados pela afluência do que se desvela".

sem se agarrar a um ponto de vista invariável, de entregar-se a ela, é a capacidade de "escutar resistindo"[129]. A dor é o traço fundamental, a "gravidade", a "melancolia"[130] da experiência: "A experiência [...] é em sua essência a dor, na qual se revela a alteridade essencial do ente em relação ao habitual"[131]. No luto e na dor ocorre uma paixão, a "paixão"[132] da experiência. A "coisa"[133], que brilha por sua ausência, comunica-se a esta paixão que padece.

---

129 *GA* 39, p. 201.

130 *GA* 29/30, p. 270: "Criar é um formar livre. A liberdade existe apenas onde há um assumir um fardo. No criar, esse fardo é, em cada caso a seu modo, uma medida e uma necessidade que sobrecarregam o ânimo do homem, de modo que ele se sente pesaroso. Toda ação criativa existe na melancolia".

131 *GA* 5, p. 249.

132 *GA* 39, p. 175: "O ser além do humano, de acordo com o qual um homem não é apenas simplesmente homem, terá, portanto, um gênero segundo o qual ele assume o ser como algo que lhe sobreveio de maneira suprema; ou seja, ele verdadeiramente padece – num padecimento que está distante de qualquer queixume e de qualquer tolerar meramente oprimido, nesse sofrimento que é a origem daquilo que devemos compreender verdadeiramente como *paixão*".

133 *Zur Sache des Denkens*, p. 4: "A palavra 'coisa', 'uma coisa' deve agora significar para nós aquilo que se trata num sentido decisivo, na medida em que algo incontornável se oculta nela. Ser – uma coisa, supostamente *a* coisa do pensar".

O luto não é a rigidez cadavérica do pensamento fracassado, mas uma forma de pensar, um traço básico, uma paixão do pensar. Ele possibilita, redime o pensamento. Ele é um "pensar na consciência que se libertou do irresolúvel"[134].

---

134 HANDKE, P. *Die Geschichte des Bleistiftes*, p. 201.

VIII.4
O resto cantável

> RESTO CANTÁVEL – *O perfil*
> *daquele, que, pela escrita de foice,*
> *abriu brecha, silente,*
> *à parte, no lugar da neve.*
> Paul Celan

> *O narrador abriu os olhos,*
> *desenlaçou as mãos, estirou as*
> *pernas, sentou-se direito, respirou*
> *fundo e olhou atentamente por*
> *cima do ombro, para o vazio, como*
> *se esperasse por alguém ou se*
> *lembrasse de alguém; ou como se*
> *concentrasse para uma narração*
> *completamente diferente.*
> Peter Handke

> *Ainda que não haja o cantado,*
> *há ao menos a voz do cantor.*
> Peter Handke

Em "Para que poetas?" Heidegger aponta para a conexão entre dor, linguagem e finitude: "Os mortais ainda não estão de posse de sua essência. A morte se retrai no enigmático. O mistério da dor permanece velado. Não se aprendeu o amor. Mas os mortais são. Eles são na medida em que há linguagem"[1].

Até que ponto a dor é constitutiva da linguagem? Até que ponto esta última fornece informações sobre o "mistério da dor"? A dor é um fenômeno da diferença. Há que se perguntar, portanto, pela diferença que se inscreve na linguagem.

A linguagem não pode ser pesada apenas em termos do que é falado. Ela tem o vazio, que a torna mais pesada do que a do que a totalidade do que é falado. Esta peculiar diferença de peso também pode ser encontrada em *Ser e tempo*. O "lugar aberto"[2] constitutivo da linguagem não pode ser marcado pelo que é dito. Este se distingue daquela por um atraso originário. O "lugar aberto" designa o aí,

---

1 *HW*, p. 253s.

2 *SZ*, p. 443.

que não pode se dissolver no dito. Temos de estar lançados nesse "espaço aberto", assumir e resolver esse estar-lançado: "Para a linguagem, o estar-lançado é essencial"[3]. Não somos lançados em enunciados. Esse estar-lançado se refere principalmente ao aí, que é aberto na tonalidade afetiva: "A sintonização afetiva leva o ser-aí perante sua condição de lançado, de tal maneira que esta não é reconhecida como tal, mas é muito mais originariamente aberta no modo 'como alguém se sente'. [...] A tonalidade afetiva representa a maneira como eu, a cada vez, sou primariamente o ente lançado"[4]. Na sintonização afetiva, abre-se o espaço linguístico de onde o dito é liberto, mas um espaço que nunca se esgota totalmente no dito. No dito, o espaço linguístico é de certa maneira recortado, mas não pode ser recomposto a partir do dito. O resto renitente seria o distinto do dito, o qual torna possível o dito. Trata-se de um resto que é mais antigo e de certa forma maior do que a soma hipotética

---

3 *Ibid.*

4 *Ibid.*, 340.

do dito. Em relação ao dito, ele se mostra um nada, que, no entanto, é mais pesado do que aquela totalidade econômica. Esse mais, esse excedente de peso da linguagem em relação ao dito, a diferença singular, separa a significação da facticidade do dizer, diante do qual se é levado no estar-lançado, na sintonização afetiva.

A facticidade, o é, é o traço prévio da linguagem que *acarreta* a significação. O é, a "palavra de todas as palavras", "significa", "concede"-lhes significados. *Dão-se* significados, há significados. O "dá-se" não pode ser traduzido a um significado dado. A diferença entre o dar e o dado, entre o conceder e o concedido, não pode ser apagada. O "é" seria um *dom prévio*, que dá significados. Esse dom prévio é, de certa maneira, *anterior* à significação. O traço posterior da linguagem, a sonoridade significativa da palavra, dispersa o "é". Essa refração do é distribui sons e significados. Com isso, rompe-se o silêncio do é: "Na enunciação, seja na fala ou na escrita, a quietude é rompida"[5].

---

5 *US*, p. 31.

Contra essa refração e dispersão, é exigido aquele "recolhimento incomum"[6].

A falta de retrovinculação da palavra com o "é" leva ao autoesquecimento da linguagem, à sua dispersão. A linguagem esquece-se de si mesma, esquece-se do terreno em que se encontra. A reminiscência do "é" deve corrigir seu autoesquecimento. O "é", por isso, é "o verbo auxiliar por excelência, na medida em que é ele que primeiramente ajuda a linguagem a chegar a si, mesmo onde esta palavra imperceptível permanece para trás na ocultação do começo". De caminho à linguagem, o "passo atrás" reencontra a "quietude rompida" que *acalma* a linguagem para si, submergindo-a no "fluxo do silêncio". O "recolhimento incomum" pretende restaurar, mediante certa retração da palavra enunciada, o silêncio interrompido. Este surge com a "ruptura da palavra": "Um 'é' se dá onde a palavra se rompe. Romper aqui significa: A palavra ressoante retorna ao não sonoro, de volta para onde foi concedida: ao ressoar do silêncio, que, como a saga do dizer,

---

6 *Ibid.*, p. 107.

en-caminha as regiões da quaternidade do mundo para sua proximidade"[7]. Essa ruptura da palavra é o "passo atrás" no caminho para a linguagem. Ela "silencia" o silêncio. Heidegger fala de silenciar-se sobre o silêncio como se até mesmo falar sobre o silêncio fosse um ruído que quebrasse o silêncio que se deve escutar: "P. – Antes de tudo, silêncio sobre silêncio... / J. – Porque falar e escrever sobre o silêncio ocasiona o mais pernicioso vozerio... / P. – Quem poderia simplesmente silenciar sobre o silêncio? / J. Somente o verdadeiro dizer o deveria ser [...]"[8.] O silêncio não pode ser tematizado. É *anterior* ao enunciado, que o tema necessariamente acarreta.

Em *A caminho da linguagem*, Heidegger pergunta: "Como a quietude rompida molda a palavra mortal, que ressoa em versos e frases?"[9] Como o silêncio quebrado se faz sentir

---

7 *Ibid.*, p. 216.

8 *Ibid.*, p. 152. Cf. tb. p. 266: "Ela (sc. a saga) exige de nós que alcancemos pelo silêncio o encaminhamento apropriador no essenciar-se da linguagem, sem falar do silêncio".

9 *US*, p. 31.

no discurso mortal? O que a "alma cantante" ouve e canta?[10] O *resto cantável* aparece como ritmo no discurso mortal? Para além da significação, o ritmo remete de novo ao silêncio rompido? "A poesia de um poeta permanece não dita. Nenhum dos poemas individuais, nem mesmo o seu conjunto, diz tudo. No entanto, cada poema fala a partir da totalidade da poesia única e a diz a cada vez. Do lugar da poesia emerge a onda que cada vez move o dizer como um dizer poético. [...] O lugar do poema, como manancial da onda movedora, abriga a essência velada do que pode inicialmente aparecer como ritmo para a representação metafísico-estética"[11].

Surpreendentemente, o termo "ritmo" surge com frequência na reflexão linguística e filosófica (pós-)moderna. Para J. Kristeva, o espaço sonoro rítmico é aquela "*chora* semiótica"[12]

---

10 *Ibid.*, p.70.

11 *Ibid.*, p. 37s.

12 Kristeva toma de empréstimo o termo "*chora*" (espaço, espaço intermediário, lugar ou região) de *Timeu*, de Platão. Platão introduz esse conceito, muito controverso na pesquisa, ao tentar explicar a formação do cosmos. Trata-se daquele

que vibra antes do simbólico e, como local de nascimento do sujeito, é ao mesmo tempo o lugar de sua negação. A separação sujeito/

"terceiro gênero" que difere tanto do ente imperecível quanto do que devém. Não é sensível nem inteligível, mas "participa" "de uma maneira muito difícil daquilo que apenas se pode pensar". Curiosamente, Platão fala da "ama de leite do devir", que "concede um lugar a tudo o que surge", sem que ela mesma pareça ter lugar próprio. Seus pés estão sobre base insegura. Seria comparável àquele "X" kantiano. Heidegger chama isso de "horizonte" ou "nada" que dá a cada ente um lugar, sem ser ele próprio um ente. Heidegger lhe dá um lugar, a saber, a "imaginação", que atua como mediadora entre a sensibilidade e o entendimento. Heidegger suspeita que Kant "recuou" perante esse "desconhecido e perturbador" (cf. *Kant und das Problem der Metaphysik*, p. 157). Segundo Heidegger, esse lugar estranho, essa *chora* kantiana, é o lugar da verdade, o "lugar do ser completamente diferente daquele do ente": "O conhecimento ontológico 'forma' a transcendência, uma formação que nada mais é do que manter aberto o horizonte no qual o ser do ente pode ser previamente captado com o olhar. Se, por outro lado, a verdade diz: manifestação de [...], então a transcendência é a verdade originária" (*ibid.*, p. 119).• Derrida dramatiza a ambivalência da *chora* platônica, convertendo-a no lugar que não pode ser marcado pelas categorias do "logocentrismo". Ele também fala de um "X" "que não pode ter nenhuma determinação própria – sensível ou inteligível, material ou formal – e, portanto, nenhuma identidade consigo mesmo" (*Chora*, p. 26). Ele requer, segundo Derrida, um "discurso filosófico impuro, ameaçado, espúrio, imundo e híbrido" (*ibid.*, p. 70). No decorrer da dramatização, ele situa a *chora* fora da origem, fora da geração. Trata-se de uma mãe estéril, ou que não tem interesse na procriação. É preciso assinalar expressamente que o ser de Heidegger deve

objeto ou dentro/fora ainda não foi marcada nele. É um espaço pré-tético, pré-subjetivo, pré-discursivo que antecede o significado e o enunciado de um sujeito tético em relação a um objeto. Ele forma uma "canção sob o texto"[13] enigmática e feminina. O pensamento de Kristeva certamente se orienta pela economia do instinto. O semiótico consiste em marcadores da economia do instinto, entre os quais se estabelecem conexões pré-sintáticas. Apesar de seu caráter econômico, a *chora* remete

---

ser pensado, de certa maneira, como anterior à origem. O "lugar" da "clareira" não é um *local de nascimento*, mas um *local de residência*. Heidegger chama a atenção para aquela *chora* peculiar no *Timeu*. A *chora*, essa região inquietante, certamente pode ser levada à proximidade daquele "lugar do ser completamente diferente daquele do ente, ou seja, o lugar do particular. O lugar do ser dá a todo ente, como seu outro, um lugar". Heidegger interpreta a *chora* da seguinte forma: "*Chora* não poderia significar aquilo que se separa de tudo o que é singular, aquilo que se esquiva e que desse modo admite o outro e 'lhe dá lugar'"? (*Einführung in die Metaphysik*, p. 51). A *chora* seria, portanto, o lugar onde os lugares se reúnem. Ela concentra em si os lugares, preservando a *diferença* em relação a eles. Cf. *US*, p. 37: "O lugar, reunindo, introduz em si, preserva o que foi envolvido, mas não como uma cápsula que se fecha, mas de tal maneira que brilha através do que é reunido e só assim o entrega para sua essência".

13 Cf. KRISTEVA, J. *Die Revolution der poetsichen Sprache*, p. 41.

a um momento do processo de construção de significado que ocorre aquém do "significado".

O ritmo desempodera o sujeito. Lévinas fala da impossibilidade do "si mesmo": *"Le rythme représente la situation où l'on ne puisse parler de consentement, d'assomption, d'initiative, de liberté – parce que le sujet en est saisi et emporté. Il fait partie de sa propre représéntation. Pas meme malgré lui, car dans le rythme il n'y a plus de soi, mas comme un passage de soi à l'anonymat. C'est cela l'ensorcellement ou l'incantation de la poésie et de la musique. Un mode d'etre auquel ne s'appliquent ni la forme de conscience, puisque le moi s'y dépouille de sa prérogative d'assomption, de son pouvoir"* [...]. ["O ritmo representa a situação em que não se pode falar de consentimento, de assunção, de iniciativa, de liberdade – porque o sujeito é apanhado e levado pelo ritmo. Ele faz parte de sua própria representação. Nem *mesmo apesar dele*, porque no ritmo não há si-mesmo, mas como uma passagem de si para o anonimato. Este é o feitiço ou encantamento da poesia e da música. Um modo de ser ao qual não se aplicam nem a forma da consciência, pois o

447

eu se despoja de sua prerrogativa de assunção, de seu poder [...]"][14]. Essa relação desinteressada com a linguagem seria a experiência da circuncisão: "A referência poética à linguagem é a experiência daquilo que nos faz chegar à linguagem, a experiência de que a linguagem já está aí, a experiência do fato de que a linguagem nos precede, comanda nosso pensamento e dá nomes etc. Esta experiência poética da linguagem é, de antemão, uma experiência de circuncisão (corte e pertença, entrada originária no espaço da lei, aliança assimétrica entre o finito e o infinito)"[15]. "A linguagem fala" é, portanto, a fórmula de circuncisão.

No ritmo, o sujeito tem de se deixar levar. Nessa passividade, o sujeito deixa de ser tético. Ele é, de certa maneira, posto; imita algo objetivo, torna-se mimético. Ele abre mão de sua autonomia e soberania: "*Il est 'normal' que le rythme soit refoulé, si on peut dire, et même par les théories du refoulement. La pression qu'il*

---

14 LÉVINAS, E. *La réalité et son ombre*, p. 107.

15 Entrevista com J. Derrida. *In*: WEBER, E. (Ed.). *Jüdisches Denken*, p. 68.

exerce et la pression qui s'exerce sur lui forment une compression, une compulsion, pourrait-on dire, régulièrement scandée par des traces: qui toutes signalent que la compulsion rythmotypique constitue, traduisez dé-constitue, désiste le 'sujet' en son nœud central, en son âme, en son inéluctable 'destin', tous les noms qu'on voudra pour la dis-location de ce lieu destinal. Latéralité inéluctable, donc, en marge de la philosophie tout occupée à éviter le rythme: Hölderlin ('Tout est rythme [Rhythmus], le destin tout entier de l'homme est un seul rythme céleste, de même que l'œuvre d'art est un unique rythme'), Mallarmé ('[...] parce que toute âme est un nœud rythmique'). [É 'normal' que o ritmo seja reprimido, por assim dizer, e mesmo pelas *teorias* da repressão. A pressão que ele exerce e a pressão que é exercida sobre ele formam uma compressão, uma *compulsão*, digamos, regularmente escandida por traços: todos sinalizam que a compulsão ritmotípica constitui, traduza-se des-constitui, *desiste* (ênfase minha) o 'sujeito' em seu nó central, em sua alma, em seu 'destino' inescapável, como se queira nomear a des-locação desse lugar de destino. Lateralidade inelutável, portanto, à margem da filosofia toda ocupada em evitar o ritmo: Hölderlin (Tudo é ritmo [*Rhythmus*], todo o destino do homem é um único ritmo celestial, assim como a obra de arte é um único ritmo"), Mallarmé ('[...] porque toda alma é um nó rítmico')[16]. O ritmo faz o sujeito sair de si. Esse estar-fora-de-si do sujeito é a "desistência". A "desistência" marca o rasgo, a ruptura do sujeito, ou no sujeito[17]. O canto irrompe através dessa rasgadura. Para se entregar à ilusão de uma identidade que persevera em si mesma, o sujeito deve necessariamente reprimir esse ritmo. Por outro lado, o *sujeito ritmizado* torna-se um apaixonado *ouvinte* da canção oculta nas letras.

Aquela "fonte" incomum, que deve parecer como ritmo para a representação metafísico-estética, seria para o pensamento não

---

16 DERRIDA, J. *Psyché*, Paris, 1987, p. 628s.

17 Cf. LACOUE-LABARTHE, P. *Die Fiction des Politisches*, p. 122s.: "Jacques Derrida me sugere chamar 'desistência' a essa fragilidade inata, sem a qual não haveria referência (nem a si, nem ao próximo), nem consciência nem espírito de comunidade".

metafísico, não estético que Heidegger reivindica para si, aquela "estrutura de vibrações do dizer" que determina a escolha, a posição e a ordem das palavras e que, embora não tenha "significado", "dá significado". É a "primeira vibração criadora que apenas pressente a linguagem, a origem não só da ordem e posição das palavras, mas também da escolha das palavras, uma origem que constantemente vibra já antes do tropo"[18]. A estrutura de vibrações anterior à significação, à expressão e ao significado sempre se agrupa numa tonalidade afetiva fundamental: "A estrutura de vibrações do dizer, porém, é determinada desde o início pela tonalidade afetiva básica da poesia, que obtém para si sua figura no esboço interno do todo"[19]. É interessante que, em outro lugar, Heidegger fale sobre a "melodia". Aqui fica claro que a tonalidade afetiva é o traço básico da linguagem, traço de certa forma pré-significativo, que dá o tom para a fala: "Uma tonalidade afetiva é uma maneira, não apenas uma

---

18 *GA* 39, p. 14s.
19 *Ibid.*, p. 15.

forma ou modo, mas uma maneira no sentido de uma melodia que não paira sobre a assim chamada autêntica presença do homem, mas dá o tom para este ser; isto é, que afina e determina a maneira e o como de seu ser"[20]. O resto cantável que passa pela rede significativa ressoa na tonalidade determinada e afinada pela tonalidade afetiva fundamental. Trata-se da "ressonância cantável de uma lenda indizível"[21]. A tonalidade não é um traço tardio, adicional da linguagem, mas seu traço fundamental. Palavras e significados se reúnem em torno da respectiva nota tônica da linguagem.

O vazio, o "vazio fervilhante"[22] fala infinitamente mais do que o falado ou dito. É o traço mais profundo, fundamental, a gravitação da linguagem que atribui direção e peso ao dito, o espaço oculto e esquecido da linguagem, que só *floresce* em certa retirada, em certa hesitação do que está presente como dito. Como o "distinto de tudo o que está presente

---

20 *GA* 29/30, p. 101.

21 *US*, p. 231.

22 HANDKE, P. *Phantasien der Wiederholung*, p. 65.

e ausente"[23], o vazio é mais ausente do que o ausente e mais presente do que o presente. É mantido aberto por uma "incomum concentração". Esta concentração requer a "arte do prolongado olhar (no qual estaria tudo, e nada estaria)"[24], aquele "olhar invisível", "que se aproxima do vazio de maneira tão recolhida que nele e por ele aparece a cordilheira"[25].

A saga resiste à transposição para o enunciado: "A saga, sua peculiaridade, não se deixa capturar em nenhum enunciado"[26]. A faculdade da linguagem é acompanhada de maneira peculiar por uma incapacidade: "A saga do pensamento só se acalmaria em seu essenciar-se se se tornasse incapaz de dizer o que deve permanecer não dito. Tal incapacidade traria o pensamento perante seu assunto"[27]. É dessa incapacidade, que fundamenta a capacidade

---

23 *US*, p. 108.

24 Cf. HANDKE, P. *Op. cit.*, p. 62.

25 *US*, p. 108.

26 Cf. tb. *US*, p. 67: "O dito por ela guarda o poema como o essencialmente não-dito".

27 *GA* 13, p. 83.

linguística humana, que surge a dor. Esta não pode ser separada da dor do quebramento na linguagem. A incapacidade é condicionada pela necessidade de quebrar o silêncio. A dor da incapacidade atesta a finitude da fala humana, do "discurso mortal"[28]. A linguagem é a finitude. A dor não é sofrimento pela impossibilidade do falar, mas é a própria possibilidade do falar autêntico.

O falante deve manter aberta a diferença, o rasgo, como uma ferida. Esta abertura dolorosa designa a negatividade da linguagem, ou da saga. A negatividade mantém a dor viva. O falar seria, portanto, uma rima para a dor ou uma metáfora, uma metonímia da dor.

---

28 *US*, p. 31.

IX
As batidas do coração para o todo

> *A verdade é o todo.*
> F.G.W. Hegel

Quem ainda hoje fala sobre o todo levanta suspeitas. O discurso sobre o todo é imediatamente associado à violência e à metafísica. O pós-modernismo proclama a morte da metanarrativa, a narrativa sobre o todo, o que significa também a morte do narrador onisciente. O todo é descartado. Em seu lugar entra a multiplicidade ou pluralidade caleidoscópica, que não pode ser monitorada por nenhuma instância de poder.

O coração de Heidegger bate pela totalidade desde o início. Já em sua tese de doutorado, Heidegger expressa seu *pathos* pelo todo:

"O que foi dito talvez indique que o presente trabalho pretende ser filosófico, na medida em que foi empreendido a serviço da totalidade última"[1]. Assim, Heidegger desde muito cedo tomou a peito as palavras de Periandro de Corinto: "[...] cuida do todo como um todo"[2]. O "cuidado" de *Ser e tempo* é o cuidado com o todo ou com aquela "capacidade de ser inteiro" do ser-aí. A preocupação com o todo continua sendo, ao longo de suas metamorfoses, *a* preocupação de Heidegger.

Heidegger se perde na busca do todo, que já foi declarado morto? Sua pós-metafísica é apenas um fantasma da metafísica? O discurso do todo é suficiente para acusar de metafísica o pensamento de Heidegger?

Em determinado aspecto, Heidegger retira a violência do todo. Ele tenta situá-lo fora da economia de poder. Não aparece como aquela totalidade repressiva que triunfa sobre a morte e a dor do particular. Heidegger não permite que o particular *trabalhe* em favor do

---

[1] *GA* 1, p. 186.

[2] Cf. *GA* 15, p. 263.

todo. Em contraste com o hegeliano, o todo heideggeriano não *capitaliza* a morte do particular. Tampouco é uma autorrepresentação do sujeito canibal que, para se estabelecer como totalidade, devora todo outro.

É preciso primeiro olhar mais detidamente o todo heideggeriano, antes de acusar que seja metafísico. Ele se apresenta como o "multiplamente unido"[3], como uma unidade que vivifica a multiplicidade, como uma composição não violenta do múltiplo. As diferenças não são costuradas dialeticamente. A "costureira" de Heidegger não trabalha dialeticamente. O todo é aqui um conceito relacional, uma preposição. O todo hegeliano certamente abriga o diferente dentro de si. Mas esse diferente, em última análise, serve apenas para exercitar a força do todo ou do idêntico.

O todo heideggeriano não é o *idêntico*. Apesar da ausência de *identidade*, ele não pode ser concebido como uma justaposição indiferenciada do diferente. Representa uma estrutura que não é soldada por um vínculo dialético.

---

3 *GA* 65, p. 333.

Em vez disso, o que o mantém coeso é a gravitação da nota tônica, ou da tonalidade afetiva fundamental. Ela é constitutiva da coerência afinada de toda a estrutura. O todo não deve ser pensado em termos de *totalidade*, mas em termos de *tonalidade*. A tonalidade afetiva (fundamental) seria a *expressão objetiva* da coerência do todo *harmônico*. Estar em sintonia significa estar unido. Logo no início, Heidegger pensou no todo em termos de tonalidade afetiva: "Filosofar a partir do 'no conjunto'! / Como é o 'no conjunto' – tonalidade afetiva – estar sintonizado. / Tonalidade afetiva [...] que leva perante o todo em seu conjunto [...]". – "O no conjunto – tonalidade afetiva – e a 'experiência' que aí ocorre [...]. Esse experienciar não é uma aquisição de conhecimento, mas um ser sintonizado e determinado no conjunto"[4]. O *coração* como "guardião" da tonalidade afetiva fundamental guarda este todo ensamblado, sintonizado e harmônico.

---

4 "Unbenuzte Vorarbeiten zur Vorlesung vom Wintersemester 1929/30: 'Die Grundbegrife der Metaphysik. Welt-Endlichkeit-Einsamkeit'". *In*: *Heidegger Studien*, 7, p. 5-12, esp. p. 6s, 1991.

O todo, a estrutura do mundo, é tonalmente organizado ou ritmizado. O ser-aí sem som seria estar-presente. A nota tônica afinadora estabelece a base para o ser (aí). O tipo de tom seria o tipo de estar-aí. O tom não pode ser enquadrado metafisicamente. É certamente mérito de Heidegger ter concebido uma estada tonal na terra e sob o céu, o ser-no-mundo tonal. O todo heideggeriano não é um *lugar de nascimento*, não é um lugar de origem, mas um *lugar de residência*. É aqui que o pensamento de Heidegger difere do pensamento metafísico-econômico. O Heidegger que se preocupa com o simples aí, que não quer fazer a contabilidade do mundo ou da "casa" na forma de teoria, projeta a casa não metafísica como espaço de morada. Qualquer *contabilidade* sobre esta casa desencantaria a "magia do mundo harmonizador".

No entanto, a "multiplicidade" de Heidegger que se dobra formando uma unidade ou totalidade é muito *pobre* e indiferenciada. A "inter-cisão" ou "conflito" de Heidegger abarca apenas alguns termos. Os termos em conflito ou que se diferenciam no "aro do anel" do mundo, o "aro do anel que joga espelhando", são realmente exíguos. Trata-se, principalmente, de terra e céu, coisa e mundo, Deus e homem, ou luz e trevas. Vista desta forma, a moldura que mantém coeso o todo, nada mais é do que a moldura da janela da casa cheia de harmonia. O mundo seria o mundo intacto e são visto da moldura dessa janela, um mundo pacífico e paisagístico, o mundo natal com veredas, campos, carvalhos, vento a leste, muros da cidade, cruz do campo, lenhadores, campanário e sinos, com a vastidão do céu e as trevas da terra. O "cheiro de carvalho" também pertence ao mundo de Heidegger ou ao todo de Heidegger. Ele devolve o cheiro do carvalho ao mundo. O emolduramento metafísico do mundo terá de emoldurar também o cheiro…

A totalidade mundana de Heidegger não se deixa aclimatar ao clima de pensamento pós-moderno. Pode-se notar a *total ausência de odor, paisagem ou natureza* no pensamento pós-moderno. A natureza, o outro do sujeito, constantemente suprimido por este, também é estranho à dramatização do outro em Lévinas.

A "acusação" (*l'accusation*) também pode se referir ao outro do sujeito. O pensamento de Lévinas sobre o outro obviamente não ouve a voz *da natureza, do outro distinto*, que *acusa* o sujeito. O sujeito que tomou a natureza como refém talvez tenha realmente sido o "refém" (*l'otage*) da natureza.

A metafísica certamente não pode ser superada por uma mudança da cidade para o campo, ou do campo discursivo para a paisagem. O mundo campestre-paisagístico de Heidegger é, em certos aspectos, tão pobre e problemático quanto o mundo da metafísica. Deve-se reconhecer, entretanto, que Heidegger via um *outro* mundo, peculiarmente diferente dos mundos da metafísica.

Certamente não se pode negar que o pensamento de Heidegger também possui traços metafísicos. Heidegger não se detém no "caminho do campo", ele não apenas vagueia de um lado para o outro entre o Ehnried e o "portão do jardim da corte" como aquele "martelo das horas", cuja face escura ele descreve em *O caminho do campo*, mas também se dirige ao campo dos discursos. Aqui ele entra em uma marcha metafísica. O todo também é articulado de maneira diferente. Curiosamente, Heidegger torna-se mais metafísico onde se fala de superação da metafísica ou da história do ser. Seu pensamento sobre a época do ser definida e afinada pela tonalidade afetiva fundamental se enreda novamente no pensamento metafísico da totalidade. Evidentemente, Heidegger se empenha aí em iluminar as épocas do ser com a luz do ser. Com a história do ser, Heidegger escreve certa metanarrativa. De fato, Heidegger tenta "vencer" a metafísica através de sua reflexão sobre a história do ser, mas na realidade ela é duplicada. Ele tenta determinar e afinar o todo, toda a história (do ser). Aqui Heidegger pensa mais metafisicamente do que a metafísica. É verdade, a sucessão das épocas não é regulada dialeticamente, mas Heidegger pergunta pelo *mesmo* que perpassa o diferente. Sem dúvida, sua reflexão sobre o mesmo, sobre o dar, ou o acontecimento apropriador tem, por sua vez, traços não metafísicos, se entendermos o metafísico como o econômico. Heidegger é certamente um pensador de transição. Seu coração bate entre a metafísica e a não metafísica.

Apesar de sua preferência por "disputa" ou "conflito", Heidegger não lida bem com a pluralidade. Para Heidegger, os participantes do conflito não são jogos de linguagem, nem discursos. A pluralidade da linguagem não é o tema de *Heidegger*. Para Heidegger só existe uma linguagem, ou *a* linguagem. Para Heidegger, a diversidade dos jogos de linguagem seria um fenômeno ôntico. Ela não afeta a "essência da linguagem", que se situa aquém do conflito dos discursos.

No nível discursivo, o conflito dificilmente é tolerado. A presença simultânea de diferentes tonalidades afetivas ou diversos discursos seria insuportável para Heidegger. Seria um estado de confusão a ser resolvido. Heidegger está constantemente à procura daquela tonalidade afetiva que precisa ser arrancada do ocultamento: "Parece que estamos apenas levantando questões históricas. Mas, na verdade, estamos considerando a essência futura da filosofia. Tentemos ouvir a voz do ser. Em que tonalidade afetiva o pensamento de hoje coloca essa voz? Tal pergunta dificilmente pode ser respondida de maneira unívoca. Provavelmente impera uma tonalidade afetiva fundamental. Mas permanece oculta para nós. Isso seria um sinal de que nosso pensamento atual ainda não encontrou seu caminho claro. O que encontramos é exatamente isso: diferentes tonalidades afetivas do pensar"[5]. A polifonia só leva a uma *desafinação* no pensamento. O pensar ou o coração permanecem desafinados enquanto não forem univocamente determinados e *sintonizados*. A falta de uma só tonalidade afetiva fundamental é, portanto, uma deficiência que deve ser remediada o mais rápido possível em favor do único pensar. O sentimento de pluralidade, que seria capaz de permitir diversas afinações do pensar, certamente seria estranho a Heidegger.

Quando o pensamento de Heidegger sobre o todo ou a tonalidade afetiva fundamental deixa a moldura da janela da casa bem guardada, ou a *lareira doméstica*, e se dirige ao cenário político-histórico, ele pode, favorecido por sua preferência pela partida, pela

---

[5] *Was ist das-die Philosophie?*, p. 28.

"brusquidão"[6] e pela "revolução"[7], aliar-se novamente àquele poder insensível à sensibilidade local, à diferença e à incomensurabilidade. Para ele, a pluralidade só aparece na forma de dispersão e fragmentação, que devem ser superadas. A "luta sem guerra" não se dá entre partidos ou discursos, mas entre a luz e a escuridão ou entre o céu estrelado e a terra florestada. No entanto, diante do burburinho de vozes na terra povoada, a poética heideggeriana da "disputa" falha. Ela não pode suportar a *política vindoura*.

Heidegger nem sempre foi o pensador da *lentidão*. Seu pensar não toma tempo suficiente para escutar ao redor, para olhar em torno em busca do *diferente* e do *plural*. A *audição* certamente não se esgota em escutar o entorno. Mas os impacientes *ouvem vozes*. Nunca se tem um ouvido de mais. É preciso confiar mais no *tímpano*. Heidegger provavelmente

---

6 *GA* 54, p. 222.

7 Cf. *GA* 45, p. 41: "A sublevação do habitual, a revolução, é a verdadeira referência ao início. O conservador, por outro lado, o conservar, apenas fixam o que começou após o início e o que este se tornou".

sempre ouviu *vozes*. As vozes de que o ouvido do coração está à escuta fundam, fundamentam, legitimam o todo. O desejo de Heidegger pela voz é ao mesmo tempo o desejo pelo todo, pela coerência e unissonância. É esse desejo que *escuta* a "*voz* do povo", que segundo Heidegger soa "*raramente* e apenas em alguns poucos"[8]. As vozes dos outros rebentam contra essa voz monstruosa e *solitária*, que deveria se tornar *a lei de todos os corações* e que funda a *tonalidade afetiva fundamental do povo*[9]. *A voz única* ergue um monopólio do coração. *Por outro lado*, uma aporia é inerente ao fundo do coração. Por causa dessa aporia, toda voz é, *no fundo*, *solitária*. É a *aporia do fundo*, que o transforma em abismo. A voz surge do fundo *quase místico da tonalidade afetiva*. Essa voz sem *fundamento* seduz o coração para um desejo ou para uma violência que faz a aporia passar como um *a priori*.

---

8 *GA* 65, p. 319.

9 Cf. *GA* 39, p. 143s.

Referências

I

HEIDEGGER, M. *Unterwegs zur Sprache*. Pfullingen, 1959 (*US*).

HEIDEGGER, M. *Ansprache zum Heimatabend. 700 Jahre Stadt Messkirch*. Messkirch, 1962, p. 7-16.

HEIDEGGER, M. *Was ist das- die Philosophie?* 3. ed., 1963.

HEIDEGGER, M. *Die Kunst und der Raum*. St. Gallen, 1969.

HEIDEGGER, M. *Nietzsche*. Vol. I und II. Pfullingen, 1969.

HEIDEGGER, M. *Schellings Abhandlung über das Wesen der menschlichen Freiheit*. Tübingen, 1971.

HEIDEGGER, M. *Was heist das Denken?* 3. ed. Tübingen, 1971.

HEIDEGGER, M. *Holzwege*. 5. ed. Frankfurt a. M., 1972 (*HW*).

HEIDEGGER, M. *Kant und das Problem der Metaphysik*. 4. ed. Frankfurt. a. M., 1973.

HEIDEGGER, M. *Gesamtausgabe*. Frankfurt a. M., 1975ss. (*GA*).

HEIDEGGER, M. *Einführung in die Metaphysik*. 4. ed. Tübingen, 1976.

HEIDEGGER, M. *Zur Sache des Denkens*. 2. ed. Tübingen, 1976.

HEIDEGGER, M. *Identität und Differenz*. 6. ed. Pfullingen, 1978.

HEIDEGGER, M. *Der Satz vom Grund*. 5. ed. Pfullingen, 1978.

HEIDEGGER, M. *Wegmarken*. 2. ed. Frankfurt a. M., 1978 (*WM*).

HEIDEGGER, M. *Sein und Zeit*. 15. ed. Tübingen, 1979 (*SZ*).

HEIDEGGER, M. *Zur Frage nach der Bestimmung der Sache des Denkens*. St. Gallen, 1984.

HEIDEGGER, M. *Gelassenheit*. 8. ed. Pfullingen, 1985.

HEIDEGGER, M. *Vorträge und Aufsätze*. 5. ed. Pfullingen, 1985 (*VA*).

HEIDEGGER, M. *Briefwechsel mit E. Blochmann*. Marbach am Neckar, 1989.

II

ADORNO, T.W. *Stichworte, Kritische Modelle 2*. Frankfurt a. M., 1969.

ADORNO, T.W. *Gesammelte Schriften (GS) – Herausgegeben von R. Tiedemann*. Frankfurt a. M., 1970ss.

ADORNO, T.W. *Aristoteles: Metaphysik – Griechisch-Deutsch: Übersetzt von Hermann Bonitz.* Hamburgo, 1980.

ADORNO, T.W.; HORKHEIMER, M. *Dialektik der Autklärung.* Amsterdã, 1947.

BANGE, E. *An den Grenzen der Sprache.* Frankfurt a. M., 1982.

BLANCHOT, M. *L'espace littéraire.* Paris, 1955.

BLANCHOT, M. *Warten Vergessen.* Frankfurt a. M., 1964.

BLANCHOT, M. *L'entretien infini.* Paris, 1969.

BOLLNOW, O.F. *Das Wesen der Stimmung.* 6. ed. Frankfurt a. M., 1980.

CASPER, B. Illéité – Zu einem Schlüssel "begriff" im Werk von Emmanuel Levinas. *Philosophisches Jahrbuch*, 91, p. 273-288, 1984.

CASPER, B. (Ed.). *Gott nennen – Phänomenologische Zugänge.* Friburgo/Munique, 1981.

CELAN, P. *Gesammelte Werke.* Frankfurt a. M., 1983.

CIXOUS, H. *La jeune née.* Paris, 1975.

CIXOUS, H. *Weiblichkeit in der Schrift.* Berlim, 1980.

CULLER, J. *Dekonstruktion.* Hamburgo, 1988.

DELEUZE, G. *Differenz und Wiederholung.* Munique, 1992.

DELEUZE, G.; FOUCAULT, M. *Der Faden ist gerissen.* Berlim, 1977.

DERRIDA, J. *La dissémination*. Paris, 1972.

DERRIDA, J. *Die Schrift und die Differenz*. Frankfurt a. M., 1972.

DERRIDA, J. *Grammatologie*. Frankfurt a. M., 1974.

DERRIDA, J. *Glas*. Paris, 1974.

DERRIDA, J. Economimesis. *In*: AGACINSKY, S. et al. *Mimesis des Artikulations*. Paris, 1975, p. 55-93.

DERRIDA, J. Ja, ou le faux bond. *Digraphe*, 11, p. 84-121, 1977.

DERRIDA, J. *La verité en peinture*. Paris, 1978.

DERRIDA, J. Fors. *In*: ABRAHAM, N.; TOROK, M. *Kryptonymie – Das Verbarium des Wolfsmanns*. Frankfurt/Berlim/Viena, 1979.

DERRIDA, J. *Die Stimme und das Phänomen*. Frankfurt a. M., 1979.

DERRIDA, J. *Die Postkarte von Sokrates bis an Freud und jenseits*. Berlim, 1982/1987.

DERRIDA, J. *Apokalypse – Von einem neuerdings erhobenen apokalyptischen Ton in der Philosophie*. Viena, 1985.

DERRIDA, J. *Positionen*. Viena, 1986.

DERRIDA, J. *Schibboleth – Für Paul Celan*. Viena, 1986.

DERRIDA, J. Entzug der Metapher. *In*: BOHN, V. (Ed.). *Romantik, Literatur und Philosophie*.

Frankfurt a. M., 1987, p. 317-355.

DERRIDA, J. *Husserls Weg in die Geschichte am Leitfaden der Geometrie*. Munique, 1987.

DERRIDA, J. *Psyché*. Paris, 1987.

DERRIDA, J. *Geschlecht (Heidegger)*. Viena, 1988.

DERRIDA, J. *Mémoires – Pour Paul de Man*. Viena, 1988.

DERRIDA, J. *Randgänge der Philosophie*. Viena, 1988.

DERRIDA, J. *Feuer und Asche*. Berlim, 1989.

DERRIDA, J. Chora. Viena, 1990.

DERRIDA, J. *Mémoires d'aveugle – L'autoportrait et autres ruines*. Paris, 1990.

DERRIDA, J. *Was ist Dichtung*. Berlim, 1990.

DERRIDA, J. *Vom Geist*. Frankfurt a. M., 1992.

DERRIDA, J. *Wahrheit in der Malerei*. Viena, 1992.

DERRIDA, J. *Falschgeld – Zeit geben I*. Munique, 1993.

DERRIDA, J. *Passions*. Paris, 1993.

DERRIDA, J. Kraft der Trauer. *In:* WETZEL, M.; WOLF, H. (Eds.). *Der Entzug der Bilder*. Munique, 1994, p. 13-35

DERRIDA, J.; BENNINGTON, G. *Jacques Derrida*. Paris, 1991.

DERRIDA, J.; RABATE, M. (Ed.). *Donner la mort – L'ethique du don* (Colloque de Royaumont, dez./1990). Paris, 1992.

DESCARTES, R. *Discour de la Méthode.* Hamburgo, 1960.

DESCOMBES, V. *Le même et l'autre.* Paris, 1979.

DE VRIES, H. *Theologie im pianissimo & Zwischen Rationalität und Dekonstruktion – Die Aktualität der Denkfiguren Adornos und Lévinas.* Kampen, 1989.

DILTHEY, W. *Gesammelte Schriften.* Leipzig, 1914ss.

DÜNKELSBÜHLER, U. *Kritik der Rahmen--Vernunft – Parergon Version nach Kant und Derrida.* Munique, 1991.

FERRY, L.; RENAUT, A. *Antihumanistisches Denken – Gegen die französischen Meisterphilosophen.* Munique/Viena, 1987.

FICHTE, H. *Petersilie.* Frankfurt a. M., 1980.

FINK, E. *Welt und Endlichkeit.* Würzburg, 1990.

FOUCAULT, M. *Archäologie des Wissens.* Frankfurt a. M., 1973.

FOUCAULT, M. *Die Ordnung der Dinge.* Frankfurt a. M., 1974.

FOUCAULT, M. *Schriften zur Literatur.* Munique, 1974.

FRANK, M. *Was ist Neostrukturalismus?* Frankfurt a. M., 1984.

FRANK, M.; RAULET, G.; REIJEN, W. (Eds.). *Die Frage nach dem Subjekt*. Frankfurt a. M., 1988.

FREUD, S. *Gesammelte Werke*. Londres/Frankfurt a. M., 1940ss.

FUNK, R. *Sprache und Transzendenz im Denken von Emmanuel Lévinas*. Friburgo/Munique, 1989.

GADAMER, H.-G. *Heideggers Wege*. Tübingen, 1983.

GONDEK, H.-D. *Angst Einbildungskraft Sprache – Ein verbindender Aufriss zwischen Freud-Kant-Lacan*. Munique, 1990.

GREISCH, J. *La parole heureuse – Martin Heidegger entre les choses et les mots*. Paris, 1987.

GUZZONI, U. *Werden zu sich – Eine Untersuchung zu Hegels "Wissenschaft der Logik"*. Friburgo/Munique, 1963.

GUZZONI, U. *Identität oder nicht*. Friburgo/Munique, 1981.

GUZZONI, U. *Wege im Denken*. Friburgo/Munique, 1990.

GUZZONI, U. (Ed.). *Nachdenken* über *Heidegger*. Hildesheim, 1980.

HANDKE, P. *Die Geschichte des Bleistiftes*. Salzburg/Wien, 1982.

HANDKE, P. *Der Chinese des Schmerzes*. Frankfurt a. M., 1983.

HANDKE, P. *Phantasien der Wiederholung*. Frankfurt a. M., 1983.

HANDKE, P. *Die Wiederholung*. Frankfurt a. M., 1986.

HARDENBERG, F. *Novalis Schriften*. Darmstadt, 1963ss.

HEGEL, G.W.F. *Wissenschaft der Logik*. 2. ed. Hamburgo, 1932.

HEGEL, G.W.F. *Phänomenologie des Geistes*. 6. ed. Hamburgo, 1952 (*PdG*).

HEGEL, G.W.F. *Werke in 20 Bänden – Hrg. von Eva Moldenhauer und Karl Markus Michel*. Frankfurt a. M., 1970.

HORKHEIMER, M. *Gesammelte Schriften*, Frankfurt a. M., 1985.

HUSSERL, E. *Logische Untersuchungen*. 5. ed. Tübingen, 1968.

HUSSERL, E. *Cartesianische Meditationen*. Hamburgo, 1977.

JABÈS, E. *Die Schrift der Wüste*. Berlim, 1989.

JÜNGER, E. *Sämtliche Werke*. Stuttgart, 1979.

KANT, I. *Kritik der reinen Vernunft*. Hamburgo, 1956 (*KdrV*).

KANT, I. *Werke in 6 Bänden – Hrg. von Wilhelm Weischedel*. Darmstadt, 1966.

KANT, I. *Kritik der Urteilskraft*. Hamburgo, 1974.

KIERKEGAARD, S. *Gesammelte Werke*. Düsseldorf, 1950ss.

KOFMAN, S. *Melancholie de l'art*. Paris, 1985.

KRISTEVA, J. *Die Revolution der poetischen Sprache*. Frankfurt a. M., 1980.

KRISTEVA, J. *Solei noir – Dépression et mélancolie*. Paris, 1987.

LACAN, J. *Ecrits*. Paris, 1966.

LACAN, J. *Le Séminaire de Jacques Lacan*. Paris, 1973ss.

LACOUE-LABARTHE, P. *Le sujet de la philosophie – Typographies I*. Paris, 1979.

LACOUE-LABARTHE, P. *Die Fiktion des Politischen. Heidegger, die Kunst und die Politik*. Stuttgart, 1990.

LÉVINAS, E. *De l'existence à l'existant*. Paris, 1978.

LÉVINAS, E. *Le temps et l'autre*. Montpellier, 1979.

LÉVINAS, E. Gott und Transzendenz. *In*: CASPER, B. (Ed.). *Gott nennen*. Friburgo/Munique, 1981.

LÉVINAS, E. *De l'évasion*. Montpellier, 1982.

LÉVINAS, E. La realité et son ombre. *Revue des Sciences Humaines*, 185, p. 103-117, 1982.

LÉVINAS, E. *Die Spur des Anderen*. Friburgo/Munique, 1983.

LÉVINAS, E. *Die Zeit und der Andere*. Hamburgo, 1984.

LÉVINAS, E. *Wenn Gott ins Denken einfällt*. Friburgo/Munique, 1985.

LÉVINAS, E. *Ethik und Unendliches*. Viena, 1986.

LÉVINAS, E. *Totalität und Unendlichkeit – Versuch über Exteriorität*. Friburgo/Munique, 1987.

LÉVINAS, E. *Jenseits des Seins oder anders als Sein geschieht*. Friburgo/Munique, 1992.

LYOTARD, J.-F. *Grabmal des Intellektuellen*. Graz/Viena, 1985.

LYOTARD, J.-F. *Die Mauer des Pazifik*. Graz/Viena, 1985.

LYOTARD, J.-F. *Postmoderne für Kinder*. Viena, 1987.

LYOTARD, J.-F. *Widerstreit*. Munique, 1987.

LYOTARD, J.-F. *Enthusiasmus*. Viena, 1988.

LYOTARD, J.-F. *Das Inhumane*. Viena, 1989.

LYOTARD, J.-F. *Streifzüge*. Viena, 1989.

LYOTARD, J.-F. Das Undarstellbare wider das Vergessen – Ein Gespräch zwischen J.-F. Lyotard und C. Pries. *In:* PRIES, C. (Ed.). *Das Erhabene*. Weisheim, 1989.

LYOTARD, J.-F. Anima Minima. *Information Philosophie*, 4, 1993.

MARION, J.-L. *Le Dieu sans l'être*. Paris, 1982.

MARTEN, R. *Heidegger lesen*. Munique, 1991.

MEISTER ECKHART. *Die deutschen und lateinischen Werke*. Stuttgart, 1963.

MÖRCHEN, H. *Adorno und Heidegger*. Stuttgart, 1981.

NESKE, G. (Ed.). *Erinnerung an Martin Heidegger*. Pfullingen, 1977.

NIETZSCHE, F. *Kritische Gesamtausgabe*. Berlim, 1967ss.

OTTO, R. *Das Gefühl des Überweltlichen*. Munique, 1932.

OTTO, R. *Das Heilige*. Breslau, 1923 [Munique, 1971].

PASCAL, B. Über *die Religion und über einige andere Gegenstände (Pensées) – Übersetzt von Ewald Wasmuth*. Heidelberg, 1963.

PLATÃO. *Werke in 8 Bänden: Griechisch und Deutsch – Übersetzt von Friedrich Schleiermacher*. Darmstadt, 1970ss.

PLATÃO. *Sämtliche Werke – Übersetzt von Rudolf Rufener*. Zurique/Munique, 1974.

PLATÃO. *Sämtliche Dialoge. Übersetzt von Otto Apelt*. Hamburgo, 1988.

PRÉLI, G. *La force du dehors*. Clamecy, 1977.

SARTRE, J.-P. *Der Ekel*. Hamburgo, 1949.

SARTRE, J.-P. *Das Sein und das Nichts*. Hamburgo, 1962.

SARTRE, J.-P. *Die Transzendenz des Ego*. Reinbek, 1975.

SCHLEIERMACHER, F. *Asthetik*. Berlim/Leipzig, 1931.

SCHLEIERMACHER, F. *Der christliche Glaube*. Berlim, 1960.

TAULER, J. *Predigten*. Friburgo/Basel/Viena, 1961.

THOMÄ, D. *Die Zeit des Selbst und die Zeit danach – Zur Kritik der Textgeschichte Martin Heideggers 1910-1976*. Frankfurt a. M., 1990.

VATTIMO, G. *Jenseits vom Subjekt – Nietzsche, Heidegger und die Hermeneutik*. Viena, 1986.

WEBER, E. *Verfolgung und Trauma – Zu Emmanuel Lévinas' Autrement qu'être ou au-delà de l'essence*. Viena, 1990.

WIEMER, T. *Die Passion des Sagens*. Friburgo/Munique, 1988.

WIMMER, K.-M. *Der Andere und die Sprache*. Berlim, 1988.